高等职业教育“十四五”规划教材

化工生产标准化与法律法规

主编　魏　刚　吴生慧　赵　芳
主审　张守贵

中国石化出版社

内 容 提 要

本书围绕《安全生产法》和《企业安全生产标准化》阐述了化工企业安全生产必须遵守的法律规范。全书内容主要包括：安全生产法律法规概述、中华人民共和国安全生产法、企业安全生产标准化基本规范、危险化学品从业单位安全标准化通用规范、危险化学品安全管理条例、中华人民共和国环境保护法、中华人民共和国特种设备安全法、企业安全文化与责任关怀八个模块，适合于50学时左右的教学活动。

本书是职业本科、高职高专类院校化工安全技术类教材，可供安全技术和管理人员参考，也可作为化工类学生学习贯彻《安全生产法》和危险化学品生产、使用、运输、储存等操作过程标准化的启蒙教材，或可作为配合、协同危化品安全监察机构做好法规、标准、制度方面安全教育的基础资料。

图书在版编目(CIP)数据

化工生产标准化与法律法规 / 魏刚，吴生慧，赵芳主编. — 北京：中国石化出版社，2022.8(2025.6 重印)

ISBN 978-7-5114-6792-8

Ⅰ.①化… Ⅱ.①魏… ②吴… ③赵… Ⅲ.①化工生产-安全生产-安全法规-汇编-中国 Ⅳ.①D922.292.9

中国版本图书馆 CIP 数据核字(2022)第 128598 号

中国石化出版社出版发行

地址：北京市东城区安定门外大街 58 号
邮编：100011 电话：(010)57512500
发行部电话：(010)57512575
http://www.sinopec-press.com
E-mail:press@sinopec.com
北京科信印刷有限公司印刷
全国各地新华书店经销

*

787×1092 毫米 16 开本 18.25 印张 440 千字
2022 年 8 月第 1 版 2025 年 6 月第 2 次印刷
定价：52.00 元

前言
PREFACE

化学品及危险化学品生产、使用、储存、运输过程引发的严重事故，在全世界都是屡见不鲜的。虽有石油化工、化学工业、精细化工、煤化工等分类，但它们的原理都是相同的，那就是将原料通过不同的途径合成或分离出人类所需要的高附加值的工业品(商品)，以获得更大的经济效益。毋庸置疑，化学科学和化工技术的发展大大提高了人类的文明程度，推动了人类文明的发展。试想一下，如果没有化工和化学产品，我们的世界将会怎样，可能只能退回到石器时代。化学工业这样一个有前景的行业，是人类无论如何都无法放弃的。然而由于人类对化学过程认识有限，造成了化工生产恶性事故频发，损害生命财产，在一定程度上也损害了大自然，破坏了环境和生态平衡。化工生产正如一枝“带刺的玫瑰”，除了美丽和实用价值外，还可能“扎手”。

人类生产了化学品，创造了巨大的经济效益和社会效益，并推动了人类文明进程，然而由于我们自身认识的有限性、工作欠缺责任感和管理欠缺科学性，从而造成了诸多事故，使业外人士谈“化”色变，增强了社会对化学品的抵触情绪和拒绝心理。而在化工行业如此普遍的社会环境下和趋利性驱使下，一些不懂化工的投机者想从化工产业中分一杯羹，并且无视公共利益，引发了灾难，破坏了人们的生存环境。

所以化工行业需要规范、规则、标准和准入门槛，并且规范、规则和标准应该是融入化工人血液的自觉的行为规范，不应该是放在文件夹里的归档文件，或是一遍遍官宣的严厉措辞。对技术标准、法律、规范的认知和研究也不只是主体责任人及技术人员等少数人的事情，而应是化工从业者人人都应具备的基本素质。

千里之行，始于足下。任何化工从业者，都必须学习并掌握化工技术和相应的法律法规。由于国际、国内化工行业的相关法律、标准、规范“浩如烟海”，面面俱到难度很大，必须选择一些基础性的、必须性的、常识性的、全局性的法律标准和规范作为职业准入者在有限学时内的学习和认知内容。安全素养的养成建设以企业安全文化的建设为切入口，以求建设效果的全面化、本土化和持久化。

由于法律标准和规范的严肃性和权威性，本书选择了一些法规的内容，供从业者学习、研读和理解，并按业内专家和作者的理解增加了相关学习引导和讨论，以免对律法的理解有失偏颇，造成误导。

本书共分为八个学习模块：其中模块一安全生产法律法规概述，模块二中华人民共和国安全生产法，模块三企业安全生产标准化基本规范和模块八企业安全文化与责任关怀由兰州石化职业技术大学魏刚教授编写；模块四危险化学品从业单位安全标准化通用规范，模块五危险化学品安全管理条例，由兰州石化职业技术大学吴生慧老师编写；模块六中华人民共和国环境保护法，模块七中华人民共和国特种设备安全法，及各章习题，授课PPT的编辑和视频资料的收集由兰州石化职业技术大学赵芳老师完成。全书由兰州石化职业技术大学魏刚教授统稿。

本书由中国石油兰州石化公司高级工程师张守贵审定，他一直从事生产、安全环保管理工作，参与编写审定了多部专著及制度案例，从专业安全的角度对本书的内容和编写工作提出了宝贵的指导意见。

由于编者的水平所限，本书难免有不足之处，敬请批评指正。

目录
CONTENTS

模块一　安全生产法律法规概述 …………………………………………………… (1)

1.1　安全立法的起源与发展趋势……………………………………………… (1)

1.2　国际上安全生产法律法规的概况………………………………………… (4)

1.3　我国安全生产法律制度的形成和发展…………………………………… (12)

1.4　我国的安全生产责任制…………………………………………………… (15)

模块二　中华人民共和国安全生产法 ……………………………………………… (29)

2.1　《中华人民共和国安全生产法》的立法依据 …………………………… (29)

2.2　《安全生产法》立法的目的和意义 ……………………………………… (30)

2.3　制定《安全生产法》的宗旨 ……………………………………………… (31)

2.4　《安全生产法》的特点及其基本框架 …………………………………… (32)

2.5　严格落实新《安全生产法》 ……………………………………………… (34)

2.6　新《安全生产法》十大亮点 ……………………………………………… (38)

2.7　《中华人民共和国安全生产法》原文及导读 …………………………… (41)

模块三　企业安全生产标准化基本规范 …………………………………………… (70)

3.1　安全生产标准化建设的意义和目的……………………………………… (70)

3.2　安全生产标准化的作用和要求…………………………………………… (71)

3.3　《企业安全生产标准化基本规范》基本框架和主要内容 ……………… (73)

3.4　企业开展安全生产标准化建设之策略…………………………………… (78)

3.5　安全标准化基础管理台账要点…………………………………………… (85)

3.6　危险化学品从业单位安全生产标准化评审工作管理办法……………… (89)

3.7　《企业安全生产标准化基本规范》原文及导读 ………………………… (110)

模块四　危险化学品从业单位安全标准化通用规范 ……………………………… (132)

4.1　《危险化学品从业单位安全标准化通用规范》的制定依据 …………… (132)

4.2　《危险化学品从业单位安全标准化通用规范》制定的目的和意义 …… (133)

4.3 《危险化学品从业单位安全标准化通用规范》的特点及其基本框架 ……… (133)
4.4 《危险化学品从业单位安全标准化通用规范》原文及导读 ………………… (136)
模块五 危险化学品安全管理条例 ……………………………………………… (162)
5.1 《危险化学品安全管理条例》立法的目的和意义 ………………………… (162)
5.2 《危险化学品安全管理条例》监管范畴 …………………………………… (163)
5.3 《危险化学品安全管理条例》所赋予的职责 ……………………………… (163)
5.4 《危险化学品安全管理条例》的特点及其基本框架 ……………………… (165)
5.5 典型案例分析…………………………………………………………………… (167)
5.6 危险化学品安全管理制度范本……………………………………………… (168)
5.7 《危险化学品安全管理条例》原文及导读 ………………………………… (175)
模块六 中华人民共和国环境保护法 ……………………………………………… (202)
6.1 《环境保护法》立法的目的和意义 ………………………………………… (202)
6.2 "绿水青山就是金山银山"的绿色环保发展理念 ………………………… (204)
6.3 《环境保护法》的主要内容和框架 ………………………………………… (207)
6.4 《环境保护法》主要亮点及特点 …………………………………………… (208)
6.5 典型案例分析…………………………………………………………………… (209)
6.6 《中华人民共和国环境保护法》原文及导读 ……………………………… (213)
模块七 中华人民共和国特种设备安全法 ……………………………………… (227)
7.1 《特种设备安全法》立法的目的和意义 …………………………………… (227)
7.2 《特种设备安全法》主要内容和基本框架 ………………………………… (230)
7.3 《特种设备安全法》的立法亮点 …………………………………………… (232)
7.4 典型案例分析…………………………………………………………………… (235)
7.5 《中华人民共和国特种设备安全法》原文及导读 ………………………… (237)
模块八 企业安全文化与责任关怀 ………………………………………………… (256)
8.1 企业文化………………………………………………………………………… (256)
8.2 企业安全文化…………………………………………………………………… (259)
8.3 HSE 和责任关怀的安全文化…………………………………………………… (263)
8.4 "责任关怀"(Responsible Care)的安全理念 ……………………………… (267)
8.5 成功的中国企业文化案例——万华化学的可持续发展策略……………… (269)
致　谢 ………………………………………………………………………………… (286)

模块一　安全生产法律法规概述

☞ **知识目标**

1. 熟悉安全生产立法的目的和意义；
2. 了解安全生产相关的法律、规范、标准；
3. 熟悉安全生产责任制度。

☞ **能力目标**

1. 能利用企业安全生产法律法规约束人们在生产过程中的不规范行为；
2. 能根据安全生产责任制制度规范企业中各类人员的安全行为。

1.1　安全立法的起源与发展趋势

1.1.1　国际上安全法规立法起源和发展状况

安全法规的制定起源于18世纪工业革命后，是工业革命生产技术发展的需要，是工人运动高涨、推动和斗争的结果。人类的安全生产法规从无到有，从单一、零星、只适用于某一特定范围(行业、地区、工人)的法规到综合、全面，适用范围更为广泛的基本法，并辅以一系列的从属法规，逐渐形成一个较为完整的安全生产法规体系。

随着工业社会的不断发展，生产技术规模和速度不断扩大，矿山塌陷，瓦斯爆炸，锅炉爆炸，机械伤害等工业事故不断发生。在工业社会初期安全技术比较落后的状况下，人们首先想到的是从立法的角度来控制日益严重的工业事故。

英国、德国、美国等工业发达国家是劳动安全立法最早和最为完善的国家。人类最早的劳动安全立法，可追溯到13世纪德国政府颁布的《矿工保护法》。1802年，英国议会制定了《保护学徒的身心健康法》。这部法规是为劳动保护而设立的，制定了学徒的劳动时间，规定了矿工的劳动保护措施，工厂的室温、照明、通风、换气等工业卫生标准。接着又在1833年颁布了世界上第一个《工厂法》，该法对工人的劳动安全、卫生、福利做了规定，成为工厂立法时期的先驱。19世纪中叶以后，一些资本主义国家纷纷效仿英国的做法，加入“工厂立法”的行列。

第二次世界大战(1939~1945年)结束后，随着经济、生产不断发展以及高、新、尖端技术的运用，一些国家越来越感到现有的职业安全卫生法规已不能适应工业发展的需要，必须把职业安全卫生作为一个极重要的问题，单独制定一个统一的、综合的、全面的安全卫生基本法，这就是20世纪70年代时各国相继纷纷制定和颁布《职业安全卫生法》的原因。

到20世纪70年代，一些国家相继制定和颁布了职业安全卫生法，并在发达国家形成了较为完整的安全卫生法规体系。这一时期，资本主义发展正处于垄断资本主义阶段，工业生产已形成现代工业。科学技术的发展使生产面貌日新月异，但随着新技术、新工艺、新设备的应用，在安全卫生方面也带来许多新的风险和问题。不少国家都鉴于这种新的形势，为适应生产的发展，不断修改原来的《工厂法》。

美国于1971年制定了第一个职业安全与健康标准，即《工作场所劳动保护标准》。此后，美国相继制定了石棉尘标准、铅标准、苯标准、砷标准等400多种有毒物质最高阈值和听力保护方面的标准。这些标准涉及范围广泛，关系大众的职业安全与健康问题。与此同时，美国从制定职业安全与健康标准开始十分注重职业安全与健康标准的适用性和可操作性，在实施过程中逐步完善，贴近实际，使绝大多数企业能达到或做到这一标准，从而得到了广泛的贯彻实施。大部分行之有效的职业安全与健康标准是20世纪80年代制定的，如在制作化学药剂过程中，要求雇主提供的工作场所危害物浓度符合允许最高阈限值标准、危险品运输标准、石棉尘标准、乙烯氧化物标准、苯浓度标准、甲醛(福尔马林)浓度标准、消防标准、危险物品处置和紧急救助标准、危险核能源封闭处置标准等。20世纪90年代以来，美国又相应制定了安全管理规程、太空限制允许标准、建筑业高处坠落保护标准、施工现场用电安全标准、脚手架标准、职业接触血缘病因物质标准、建筑物铅暴露接触标准等。同时，对以往甲醛标准、亚甲氯化物标准、个人防护设备标准、呼吸器保护标准等进行了修改。

日本在第二次世界大战后，制定和颁布了《劳动基准法》，把劳动安全卫生法规作为其中的一章，但随着日本经济的迅速恢复和发展，颁布的劳动安全卫生法规逐渐显得不适应工业界和劳动者的要求。1972年，日本劳动省在中央劳动基准审议会的建议下，提出了单独的《劳动安全卫生法》(草案)，经国会通过后于1972年6月8日正式颁布。英国于1974年10月1日、1975年1月1日、1975年4月1日分3批颁布了《劳动安全卫生法》的全部条款。这项立法虽然比美国、日本晚了几年，但是当时最全面、最严谨的，法中有法、措施有力、规定详细，成为不少国家借鉴的蓝本。继上述国家之后，1974年12月1日联邦德国颁布了《职业安全法》，1978年加拿大颁布了《职业卫生与安全法》，1979年芬兰颁布了新的《职业卫生法》，另外墨西哥(1978年)、玻利维亚和委内瑞拉(1979年)也颁布了《安全卫生法》。这一时期可称为安全卫生立法时期。资本主义国家颁布的职业安全卫生法是关于职业安全与卫生问题的基本大法，又多是授权法，即该法规定授权有关大臣、部长或机构可根据需要制定从属性法规，例如：条例、规程等，无须再经国会审议等繁杂立法手续。这样可以加速立法进程，及时发挥法律效力，解决存在的问题。现在英、美等国已根据职业安全卫生的要求制定了不少条例，形成了较为完整的安全卫生法规体系。

20世纪末，21世纪初发达国家各自建立标准：

(1) 1996年，英国颁布了BS8800《职业安全卫生管理体系指南》。

(2) 1996年，美国工业卫生协议制定了《职业安全卫生管理体系》的指导性文件。

(3) 1997年，澳大利亚、新西兰提出了《职业安全卫生管理体系原则、体系和支持技术通用指南》草案。

(4) 1998年6月，ILO关于劳动权力和基本原则之宣言生效，174个成员国，无论是否认可，都有义务遵守、促进和实现在ILO公约中所包含的原则。

(5) 日本工业安全卫生协议(JISHA)提出了《职业安全卫生管理体系导则》。

(6) 挪威船级社(DNV)制订了《职业安全卫生管理体系认证标准》。

(7) 1999 年，英国标准协会(BSI)，挪威船级社(DNV)瑞士通用验证集团(SGS GROUP)等 13 个组织提出了职业安全卫生评价系列(OHSAS)标准，即 OHSAS 18001《职业安全卫生管理体系——规范》、OHSAS 18002《职业安全卫生管理体系——OHSAS 18001 实施指南》。

(8) 1999 年 10 月，中国国家经贸委颁布了《职业安全卫生管理体系试行标准》(内容与 OHSAS 18000 基本相一致，简称：OSHMS)。

(9) 2001 年 11 月 12 日，中国国家质量监督检验检疫总局(现称国家市场监督管理总局)发布了《职业健康安全管理体系规范》(简称：OHSMS)。

(10) OHSAS 的国际化情况：

① ISO/TC176——1987 年发布 ISO 9000 标准；

② ISO/TC207——1996 年发布 ISO 14000 标准；

③ ISO 组织自 90 年代中后期一直努力把职业安全卫生标准国际化；

④ 1996 年 9 月 5~6 日，召开专门会议，44 个国家及 IEC、ILO、WHO 等 6 个国际组织参加，未达成一致。

⑤ 1997 年 1 月，又召开了技术工作委员会(TMB)会议，会议决定职业安全卫生暂不发布国际标准。

因此，目前职业安全卫生没有国际标准，各组织可选择已有的相应标准进行贯彻。

[问题讨论 1-1]：西方世界最初的安全立法解决了哪些问题?

____

____

____

____

____

____

____

1.1.2 安全生产法治建设的发展趋势

1. 安全生产立法的趋势和特点

在科技飞速发展和建立以人为本的和谐社会的时期，人类的安全生产立法必将体现出如下趋势和特点。

(1) 安全生产法规从专门化走向综合化，从分散发展到体系建设。

(2) 安全生产法规的任务更突出预防性，更强调超前和本质安全化的特点。

(3) 安全生产法的目标体系更趋明确。立法的目标不但包含防止生产过程的人员伤亡，还包括避免生产过程的危害(职业病)，以及生产资料的安全保障和社会财产损失的控制等。

(4) 安全生产立法的层次体系更为全面。国际通用的职业安全卫生法规[OHSAS 18000 (Occupational Health and Safety Assessment Series 18000)、ILO 标准(International Labour Or-

ganization)等国际公约]，各国的国家安全生产法规，世界范围及各国的行业安全生产法规(石油、核工业等)，地区安全生产法规(欧盟、亚太等)得到全面的发展。

(5) 安全生产立法的功能体系更为合理。建议性法规(如ILO标准)、强制性法规(各国制定的国内安全生产法都属此类)承担不同法律功能，如法律、技术标准，行政法规、管理规章等，各守其责，发挥各自的功能和作用。

[拓展学习1-1]：查阅学习OHSAS 18000和ILO标准的主要内容。

OHSAS 18000：____

____

____

____

____

____

____

ILO标准：____

____

____

____

____

____

____

2. 我国的安全生产法制建设发展趋势

根据国家有关部门的规划，我国的安全生产法制建设将在以下几个方面进行。

(1) 我国在安全生产领域在《宪法》框架之下颁布了综合性的法律——《安全生产法》。目前，有关部门一直在完善、修改配套法规。

(2) 对新中国成立以来颁布的各类安全生产法规，按机构改革的职责分工和执法主体的变化进行修订和完善，各类安全生产技术标准需要系统认真地进行清理，国家安全生产方面的法规，如《劳动法》《矿山安全法》《消防法》等，需要制定配套规程和条例。各省市、行业的法规条例等也需要进行完善和修订。

(3) 充分发挥现有的安全生产法规的效益。

(4) 随着生产理念的转变、科技的发展、社会的进步和生产生活方式的改变，包括《安全生产法》在内的法律法规都有待于进一步的修订和完善。

1.2 国际上安全生产法律法规的概况

1.2.1 国外职业安全健康法律制度基本情况

国际上最早颁布职业安全与健康法的国家是美国。联合国所属机构以及国际劳工组织对重要生产领域的国际管理也采用了有效的约定和建议。

目前，一些发达国家相应建立起了适应企业的职业安全健康管理体系OSHMS(Occupational Safety and Health Management Series)，这是实施职业安全健康管理的大趋向。

1.2.2 国外职业安全健康法律制度的特点

1. 有明确的立法目标体系

职业安全健康目标既包括防止生产过程中发生人员伤亡，又要避免劳动中的职业病危害和财产的损失。因此职业安全健康立法就围绕这些目标进行。国际劳工组织颁布的《预防重大工业事故公约》及各国的工业安全法规，都主要以控制伤亡事故为目标。

2. 建立了完整的立法层次体系

既有世界范围内的职业安全健康法规标准，又有地区范围内的法规，如欧盟、亚太地区及各国的国家职业安全健康法规。

3. 在法律法规的强制性和具体执行方面的特点

(1) 各国政府都明确规定职业安全健康的法律法规是强制性的，必须严格遵守和实施。

(2) 职业安全健康立法的指导思想是防范工业场所的危害和危险，因此法规都明确规定雇主为其雇员提供安全健康的作业环境与条件。

(3) 通常情况下，为强化法律法规的可操作性，除了强制性的法律法规的规定外，还颁布一些配套的技术标准，明确规定各方的责任与义务。

1.2.3 国外职业安全健康法律关系各方的权责

1. 安全与健康监督管理部门的权限

(1) 可以命令雇主或者安全负责人回答有关问题和提交相应的资料。

(2) 安全监督管理人员不仅有权在任何工作时间进入生产场所、工作室检查和审查业务资料，还有权检查生产设施、劳动工具和人体防护装备，调查了解工艺和工作过程，进行测量，尤其是确定危害健康因素，并检查工作事故和因工作生病或受到伤害的原因，有权要求雇主或者雇主指定的人陪同检查。在非工作时间，如工作场所或在住宅中，监督管理人员为了避免危及公共安全和秩序的紧急事故，可以不经雇主允许实施上述检查措施。

(3) 雇主必须在规定时间内报告基本情况，包括企业名称和地址，雇主的姓名和住址，企业所归属的经济部门，雇员人数、性别、年龄和国籍。

(4) 可发布具体命令。如果雇主、安全负责人或雇员未履行自己的义务采取相应安全措施，从而危及雇员生命和健康安全，同时危险状况不能拖延。监督管理部门可下达安全指令和执行期限，如果在规定期限内没有执行上述命令或没有马上执行，监管部门可以勒令企业停产等。

(5) 应为雇主保守商业秘密。监督管理人员只有在法定情况下、诉讼时、或在执行保护受保险人任务、保护环境时才有权向事故保险机构或有关部门透露商业秘密。

2. 雇主的职责

(1) 雇主的基本职责：必须采取必要保护措施保障雇员的安全和健康；必须审查措施的有效性和合适性。根据工种雇员数量建立适当的安全机构、准备必要的安全手段。所发生的费用不得分摊在雇员身上。

（2）采取保护措施时应遵循的原则：安排工作时尽量避免危及健康和生命的危险，将危害降至最低限度，消除危害根源。工作前必须对雇员进行安全与教育培训。为预防可能的危险，必须限定雇员的工作时间和人数，禁止使用对雇员有特殊危害的设备或方法，否则要经安全监督管理机构批准。对某些存在特别危害的生产设施，投产前必须根据监督管理部门的指示进行专业检测后方能进行。

（3）必须认真保管好相关资料。

（4）要依据能力安排雇员工作。

（5）雇主间要建立合作防范事故机制。

（6）必须制定事故救援措施。

（7）必须定期对从业人员进行体检。

3. 雇员的权利和义务

（1）权利：雇员有权就所有危及安全和健康的问题向雇主建议。如果雇主不采取措施或采取措施不够，可直接向有关监督管理部门投诉，雇主不得刁难。

（2）义务：遵守职业安全与健康标准的规定，关心职业安全与健康，严格按规定要求进行操作施工；按规定使用机器、设备、工具、材料、运输工具、其他工作方法及安全仪器和防护装置。支持雇主做好安全工作，发现危险和故障及时报告。

4. 安全监督管理机关及其监督管理人员的权利

（1）可随时对企业进行安全与健康监督管理，如遭到拒绝时，可由警方或其他强制机关派人陪同，强行进入。

（2）为便于开展调查工作，有权携带调查所需要的材料和设施，并有权要求企业雇主在指定的时间内，保持被调查场所的原状不得更改。

（3）有权测量、照相、记录和对可疑物进行取样，并查询有关文件及复制各种记录，登记或任何文件。

（4）有权要求有关人员做口头诉述或写出书面材料。

（5）有权排除或拆除被认为对安全与健康构成危险的物质。

（6）当监察人员发现企业违反安全与健康法律法规时可根据法规的性质，采取下述方法来实施监督管理行为，使其得到改进。

①口头或书面通知或警告。②发改进通知。③发禁止通知。如果存在严重危及人身伤亡的危险，监察人员可发出禁止通知。要求立即停止工作，在采取补救措施之前不得恢复生产。如果雇主拒不执行监察人员签发的命令，监督机关有权起诉，依据法律对企业主作出监禁和罚款处罚。

［案例 1-1］：Nike 公司与血汗工厂的劳工

总部设在俄勒冈州比佛顿市的 Nike 公司是主要生产运动鞋和服装的厂家。公司的年销售额达 120 多亿美元，其中有一半以上来自美国以外的国家和地区。Nike 公司创建于 1964 年，由普华永道会计师事务所的一位注册会计师 Phil Knight 和一名大学田径队教练 Bill Bowerman 每个人出资 500 美元共同创办。1971 年，这家最初叫作蓝带体育用品公司的企业改名为 Nike，并用“swoosh”商标在全球范围内形成统一标识。该标识最初是公司花费 35 美元请一名大学生设计的，之后 Nike 公司通过设计和推销深受大众喜爱的诸如“飞人乔丹”等最畅销的运动鞋产品而取得巨大的成功。

Nike 公司在美国并没有生产线，它通过转包商在中国、印尼、越南等亚洲国家生产运动鞋和服装，然后再销售到美国及国际市场上。在 Nike 公司拥有生产线的那些亚洲国家，与美国相比，其工资成本非常低廉。在亚洲的这些工厂里，工人的每小时工资不到 1 美元，而在美国本土的工资则达到每小时 20 美元。此外，这些国家的工人经常在条件简陋和不安全的环境里工作，他们的权益得不到很好的保障。这些亚洲国家希望通过将引进 Nike 这类公司来促进经济发展，从而提高本国人民的生活水平。然而 Nike 公司近来遭到了广泛的批评，主要因为公司以如此低廉的价格(在批评人士看来，简直可以忽略不计)雇佣工人并且提供的工作环境又如此糟糕。

起初，Nike 公司否认关于剥削工人的指责并给予了回击，但后来，公司开始检查其海外工厂的用工行为并进行评级以改善劳工标准。Nike 公司还同意无利害关系的社会团体对其进行随机检查。

[案例 1-2　问题讨论]

1. 考虑到东道国对就业机会的需要，你认为对 Nike 公司的批评公平吗？

2. 你认为 Nike 的经营者可以通过国际典型的职业卫生法和当地地区“劳动卫生法规”依法处理这些劳动纠纷吗？

3. 公司在做投资决策时需要考虑公司应有的社会责任吗？

1.2.4 国际上危险化学品安全监督管理程序

由于各国立法传统、立法技术与法治的成熟程度等具体因素的不同，各国的安全监督管理程序也各不相同。但比较各国安全监督管理程序的立法规定，还是有一些内容是相通的。在一般情况下，各国安全监督管理程序是这样的，监督管理机构一般有计划地对企业的安全健康状况进行监督检查，通常对企业按一定的原则进行评估，依不同的情况进行分类，将有紧迫危险的企业排在重点监督管理检查的首位；在监督管理检查之前，不得通知被监督管理企业，透露消息者以违法论。监督管理人员进入被监督管理企业应出示证件，供雇主或其代表确认。在具体进行监督管理前，要召开雇主及其代表、工会代表、雇员、监督人员会议，说明监督管理原因和意图，提出检查路线，由各方代表陪同监督管理，检查过程中发现违法情况要做好记录，并告知陪同人。检查完毕后召开总结会，会上由监督人员对监督管理情况进行介绍，指出不安全、不健康、违反标准的地方并提出自己的建议，说明有可能因此发出传票，并告诉雇主有权申诉。会上监督人员、雇主、雇员代表可自由辩论，但检察人员不能指出将做什么处罚，只能提出拟请上级签发的《改进通知书》或《禁止通知书》的具体意见。有待于地区办事处主任在接到报告后签发相应的处罚命令或传票。监督管理结束后，如果企业接到《改进通知书》或《禁止通知书》，雇主则应按照办理，否则，依法惩处，如果不服可在法律期限内向法庭或仲裁机构提出申诉，雇主如拒不执行监督，管理部门也有权提出申诉，由法庭作出终审或裁决。

1.2.5 我国危险化学品安全监督管理制度

我国危险化学品管理是由国家安监总局(2018 年 3 月，国家安全生产监督管理总局撤销，其职能由应急管理部接替)总体布置规划，各地方政府安监部门负责监督，企业具体负责的管理制度。

1. 应急管理部职能

(1) 承担国务院安全生产委员会办公室的日常工作。具体职责是：研究提出安全生产重大方针政策和重要措施的建议；监督检查、指导协调国务院有关部门和各省、自治区、直辖市人民政府的安全生产工作；组织国务院安全生产大检查和专项督查；参与研究有关部门在产业政策、资金投入、科技发展等工作中涉及安全生产的相关工作；负责组织国务院特别重大事故调查处理和办理结案工作；组织协调特别重大事故应急救援工作指导协调全国安全生产行政执法工作；承办国务院安委会召开的会议和重要活动，督促、检查安委会会议决定事项的贯彻落实情况；承办国务院安委会交办的其他事项。

(2) 综合管理全国安全生产工作。组织起草安全生产方面的综合性法律和行政法规，研究拟订安全生产工作方针政策，制定发布工矿商贸行业及有关综合性安全生产规章规程，研究拟订工矿商贸安全生产标准，并组织实施。

(3) 依法行使国家安全生产综合监督管理职权，指导、协调和监督有关部门安全生产监督管理工作；制定全国安全生产发展规划；定期分析和预测全国安全生产形势，研究、协调和解决安全生产中的重大问题。

(4) 依法行使国家煤矿安全监察职权。依法监察煤矿企业贯彻执行安全生产法律、法规情况及其安全生产条件、设备设施安全和作业场所职业卫生情况；对不具备安全生产条件的煤矿企业依法进行查处；组织煤矿建设工程安全设施的设计审查和竣工验收。对设在各地的煤矿安全监察局及煤矿安全监察办事处进行管理。

（5）负责发布全国安全生产信息，综合管理全国生产安全伤亡事故调度统计和安全生产行政执法分析工作；依法组织、协调重大、特大和特别重大事故的调查处理工作，并监督事故查处的落实情况；组织、指挥和协调安全生产应急救援工作。

（6）负责综合监督管理危险化学品和烟花爆竹安全生产工作。

（7）指导、协调全国安全生产检测检验工作；组织实施对工矿商贸企业安全生产条件和有关设备(特种设备除外)进行检测检验、安全评价、安全培训、安全咨询等社会中介组织的资质管理工作，并进行监督检查。

（8）组织、指导全国安全生产宣传教育工作，负责安全生产监督管理人员、煤矿安全监察人员的安全培训、考核工作，依法组织、指导并监督特种作业人员(特种设备作业人员除外)的考核工作和生产经营单位主要经营管理者、安全管理人员的安全资格考核工作；监督检查生产经营单位安全培训工作。

（9）负责监督管理中央管理的工矿商贸企业安全生产工作，依法监督工矿商贸企业贯彻执行安全生产法律、法规情况及其安全生产条件和有关设备(特种设备除外)、材料、劳动防护用品的安全管理工作。

（10）依法监督检查新建、改建、扩建工程项目的安全设施与主体工程同时设计、同时施工、同时投产使用情况；依法监督检查生产经营单位作业场所职业卫生情况和重大危险源监控、重大事故隐患的整改工作，依法查处不具备安全生产条件的生产经营单位。

（11）拟订安全生产科技规划，组织、指导安全生产重大科学技术研究和技术示范工作。

（12）组织实施注册安全工程师执业资格制度，监督和指导注册安全工程师执业资格考试和注册工作。

（13）组织开展与外国政府、国际组织及民间组织安全生产方面的国际交流与合作。

（14）承办国务院交办的其他事项。

2. 应急管理部(原国家安监局)的职责

“三定”规定(该规定是国务院的规范性文件，是各职能部门履行职责的重要依据。三定主要指定部门职责、定内设机构、定人员编制)明确了国家应急管理部、国家煤矿安全监察局承担的职责，是依法行政，加强全国安全生产综合监管和煤矿安全监察工作的重要依据。

各级安全监管部门和煤矿安全监察机构要认真组织学习，按照监管、监察职责，找准在安全生产工作格局中的定位，进一步转变职能、转变观念、转变工作方式、转变工作作风，树立政治意识、大局意识、责任意识，努力开创安全生产工作新局面。

要以落实“三定”规定为契机，大力推动地方各级安全生产监管机构建设，进一步健全和完善安全监管体制，提高监督执法的权威性，在安全监管工作中全面履行政府职能。

煤矿安全作为安全监管、监察工作中的重中之重，要按照“国家监察、地方监管、企业负责”的原则，切实落实地方各级煤矿安全监管责任，健全煤矿安全监察工作机制，加大监察执法力度，努力改善煤矿安全状况，促进全国安全生产形势的稳定好转。

我国现行的关于危险化学品监管的法律、法规、标准范围非常广泛。概括起来有以下几类。

1）最核心文件

《中华人民共和国安全生产法》；

《危险化学品安全管理条例》(国务院591号令)；

《危险化学品目录》；

《危险化学品安全法》。

2）新化学物质

《中国新化学物质环境管理办法》；

《中国新化学物质申报登记指南》；

《中国现有化学物质名录》等。

3）危险化学品登记

《危险化学品登记管理办法》(53号令)；

《化学品物理危险性鉴定与分类管理办法》(60号令)等。

相关名录：《易制毒化学品目录》《重点监管的危险化学品名录》《易制爆名录》《剧毒化学品目录》《危险化学品重大危险源辨识》等。

4）危险化学品进出口

《进出口商品检验法》及其实施条例；

《关于进出口危险化学品及其包装检验监管有关问题的公告》。

相关技术规范：《联合国关于危险货物运输的建议书规章范本》(TDG)；《全球化学品统一分类和标签制度》(GHS制度)；《国际海运危险货物规则》(IMDG—CODE)；《空运危险货物安全运输技术规则》(IATA—DGR)；《国际公路运输危险货物协定》(ADR)；《国际铁路运输危险货物规则》(RID)；《化学品分类和危险公示通则》(GB 13690)；《化学品分类、警示标签和警示性说明安全规范》(GB 30000系列)；《化学品安全技术说明书编写指南》(GB/T 17519)；《化学品安全技术说明书内容和项目顺序》(GB/T 16483)；《化学品安全标签编写规定》(GB 15258—2009)；《进出口危险化学品检验规程基本要求》(SN/T 3203—3218)；《进出口危险化学品测试技术规范》(SN/T 3704. 1—7)等。

5）危险化学品储存

《常用化学危险品的安全贮存通则》(GB 15603)；

《易燃易爆性商品储存养护技术条件》(GB 17914)；

《腐蚀性商品储存养护技术条件》(GB 17915)；

《毒害性商品储存养护技术条件》(GB 17916)；

《危险化学品经营企业开业条件和技术要求》(GB 18265)；

《危险化学品重大危险源辨识》(GB 18218)；

《危险废物贮存污染控制标准》(GB 18957)；

《建筑设计防火规范》(GB 50016)等。

6）危险化学品(货物)运输

《中华人民共和国道路运输条例》；

《汽车运输危险货物规则》(JT/T 617);

《汽车运输、装卸危险货物作业规程》(JT 618);

《危险货物运输包装通用技术条件》(GB 12463);

《道路运输危险货物车辆标志》(GB 13392);

《道路危险货物运输管理规定》;

《危险货物品名表》(GB 12268);

《危险货物分类和品名编号》(GB 6944);

《船舶载运危险货物安全监督管理规定》;

《中国民用航空危险品运输管理规定》;

《中华人民共和国邮政法》《快递暂行条例》《禁止寄递物品管理规定》《禁止寄递物品指导目录》等。

7) 危险化学品废弃

《中华人民共和国环境保护法》;

《中华人民共和国固体废物污染环境防治法》;

《危废危险化学品污染环境防治办法》;

《危险废物经营许可证管理办法》《医疗废物管理条例》;

《固体废物进口管理办法》;

《进口可用作原料的固体废物环境保护管理规定》;

《危险废物转移联单管理办法》;

《固体废物鉴别导则》《危险废物鉴别标准》(GB 5085.1~7)《危险废物鉴别技术规范》;

《国家危险废物名录》《进口废物管理目录》《医疗废物分类目录》等。

8) 危险化学品相关行政许可

《危险化学品生产企业安全生产许可证实施办法》;

《危险化学品经营许可证管理办法》;

《危险化学品安全使用许可证实施办法》;

《危险化学品目录》《危险化学品使用量的数量标准》等。

9) 相关特种危险化学品监管

《剧毒化学品购买和公路运输许可证件管理办法》(公安部令 第77号);《剧毒化学品、放射源存放场所治安防范要求》(GA 1002)等;

《易制毒化学品管理条例》《非药品类易制毒化学品生产、经营许可办法》《易制毒化学品购销和运输管理办法》《易制毒化学品进出口管理规定》《易制毒化学品进出口国际核查管理规定》《药品类易制毒化学品管理办法》《两用物项和技术进出口许可证管理办法》等;

《易制爆危险化学品治安管理办法》等;

《危险化学品"两重点一重大"的安全监督办法》等;

《中华人民共和国监控化学品管理条例》及其实施细则;《两用物项和技术进出口许可证管理办法》等;

《危险化学品重大危险源监督管理规定》《危险化学品重大危险源辨识》等;

《有毒有害大气污染物名录》《麻醉药品和精神药品品种目录》《中国进出口受控消耗臭

氧层物质名录》《中国严格限制的有毒化学品名录》等。

［拓展学习 1-2］：你对我国危化品管理有什么建议？

1.3 我国安全生产法律制度的形成和发展

1.3.1 我国安全生产法律制度的建设

早在我国的第一部《宪法》中就明确规定，国家通过国民经济有计划地发展，逐步扩大劳动就业，改善劳动条件和工资待遇，以保证公民享受这种权利。对改善劳动条件和建立工时休假制度也做了明确的规定。

在我国国民经济恢复发展时期，由中央产业部门和地方人民政府制定和颁布的各种安全生产法规就有 119 种。

自 2000 年以来，由于我国经济社会快速发展，工业生产能力进一步提高，我国的经济主要依赖能源、原材料等重工业的发展拉动，这些工业生产事故风险大，加之安全管理不善，重特大事故明显增多，恶性事故上升，给人民生命财产安全造成了重大的损伤。由于我国已于 2001 年加入了世贸组织以及对外开放程度的进一步加深，安全事故对我国国际形象有所损害，因此必须借鉴国际先进的安全管理手段，通过加强法制建设，依法规范生产经营单位的生产经营活动，以改变事故多发的局面，树立我国既是经济大国也是安全大国的新形象。

1.3.2 实现安全管理的法制化

1. 我国安全生产的目标和任务

安全生产关系到人民群众的生命财产安全，关系改革发展和社会稳定大局，所以安全管理必须坚持“安全第一，预防为主”的基本方针，进一步强化政府对安全生产工作的领导，大力推进安全生产各项工作，落实经营单位安全生产主体责任，加强安全生产监督管理，大力推进安全生产管理体制，安全生产法制和执法队伍“三项建设”。建立安全生产长效机制，实施科技兴安战略。积极采用先进的安全管理方法和安全生产技术，努力实现全国安全生产状况的根本好转。根据规划，我国建立起了完善的安全生产监管体系，到 2010 年，初步形成了规范、完善的安全生产法治秩序。重点对矿山企业、建筑企业、危险化学品生产经营单位等进行安全生产专项整治，整顿和规范安全生产活动。并对《安全生产法》确立的各项法律制度制定配套法规、规章。认真做好各项安全生产技术规范标准的制定和修订工作，加大安全生产法律法规的学习宣传和贯彻力度，普及安全生产法律知识，增强全民安全生产法制观念。到 2020 年，全国安全生产情况实现根本性好转，亿元国内生产总值死亡率，10 万人死亡率等指标达到或接近了中等发达国家水平。

2. 落实和强化生产经营单位的安全生产主体责任

依法加强和改进生产经营单位安全管理，必须强化生产经营单位安全生产主体地位，进一步明确安全生产责任，全面落实安全保障的各项法律法规。生产经营单位要根据《安全生产法》等有关法律规定设置安全生产管理机构，或者配备专职（或兼职）的安全生产管理人员保证安全生产的必要投入，积极采用安全性能可靠的新技术、新工艺、新设备和新材料，不断改善安全生产条件，改进经营单位安全管理，积极实施、执行职业安全健康管理体系（OSHMS）认证、风险评估、安全评价等方法，落实各项安全防范措施，提高安全生产管理水平。生产经营单位必须对所有从业人员进行必要的安全生产技术培训，主要责任人及其有关经营管理人员、重要工种人员必须按照有关法律法规的规定接受规范的安全生产培训，经考核合格后持证上岗。

3. 建立和完善安全生产行政许可制度，加强安全生产监督管理

建立安全生产行政许可制度，把安全生产纳入国家行政许可的范围，在各行业的行政许可制度中，把安全生产作为一项重要的内容，从源头上制止不具备安全生产条件的企业进入市场。开办企业必须具备法律规定的安全生产条件，依法向政府有关部门申请办理安全生产许可证，持证生产和经营。

强化安全生产监督检查等行政执法，各级安全生产监督检查机构要增强执法意识，做到严格公正文明执法，依法对生产经营单位安全生产情况进行监督检查指导，监督生产经营单位建立健全安全生产责任制，落实各项防范措施，积极开展好企业安全评估，搞好分类指导和重点监管。对严重忽视安全生产的企业及其负责人或业主，要依法加大行政执法和经济处罚的力度，认真查处各类事故。坚持事故原因未查清不放过，责任人员未处理不放过，整改措施未落实不放过，有关人员未受到教育不放过的“四不放过原则”，不仅要追究事故直接责任人的责任，同时要追究有关负责人的领导责任。

1.3.3 我国的安全生产法律体系

我国法律体系一般认为是由《宪法》《行政法》《刑法》《民法》《民事诉讼法》《劳动法》《经济法》等法律构成。其中，安全生产法律制度是指对生产经营单位在生产经营活动中的安全生产条件、安全生产工作规则和监督管理办法进行规范。以保护劳动者在生产经营活动中的人身安全为根本宗旨的法律，是属于《劳动法》体系中的劳动安全与卫生法律法规类的规范。

建立健全《安全生产法》律制度的宗旨或目的是加强安全生产监督管理。对安全生产工作依法实行监督管理，是国家保障人民生命财产安全的重要手段。我国生产经营单位的安全事故不断发生，是由多种因素造成的，其中对安全生产的监督管理不力，及安全生产法律制度不完善是主要原因之一。因此，健全安全生产法律制度，依法加强对安全生产的监督管理，可以防止和减少生产安全事故，保障人民生命财产安全，促进经济发展。

安全生产法律制度是由国家权力机关、行政机关及有关行业协会等单位为规范生产经营单位的安全生产活动，保护从业人员的人身安全、生产单位的财产安全，针对生产经营

行为而制定的法律、法规、规则、标准等一系列规范的总称。安全生产法律体系是一个包含多种法律形式和法律层次的综合性系统。从法律规范的形式和特点来讲，既包括作为整个安全生产法律法规基础的宪法规范，也包括行政法律规范，技术性法律规范，程序性法律规范，按法律地位及同等效力原则，安全生产法律体系分为以下五个门类。

1. 宪法

《宪法》是安全生产法律体系框架的最高层级，“加强劳动保护，改善劳动条件”是有关安全生产方面最高法律效力的规定。

2. 安全生产方面的法律

（1）基础法。我国有关安全生产的法律包括《中华人民共和国安全生产法》和与其平行的专门法律和相关法律。《安全生产法》是综合规范安全生产的法律制度，它适用于所有生产经营单位，是我国安全生产体系的核心。

（2）专门法律。专门安全生产法律是用以规范某一专业领域的安全生产法律制度。我国安全生产相关法律有《中华人民共和国刑法》《中华人民共和国行政处罚法》《中华人民共和国劳动法》《中华人民共和国职业病防治法》《中华人民共和国消防法》《中华人民共和国特种设备安全法》《中华人民共和国环境保护法》等。

（3）相关法律。与安全生产相关的法律是指安全生产专门法律以外的其他法律中涵盖有安全生产内容的法律。如《中华人民共和国劳动法》《中华人民共和国建筑法》《中华人民共和国煤炭法》《中华人民共和国铁路法》《中华人民共和国民用航空法》《中华人民共和国工会发》《中华人民共和国全民所有制企业法》《中华人民共和国乡镇企业法》《中华人民共和国矿产资源法》等。

3. 安全生产行政法规

（1）全国性安全生产法规。安全生产行政法规是指由国务院组织制定并批准公布的，为实施安全生产法律和规范、安全生产监督管理制度而制定并颁布的一系列具体规定，是我们实施安全生产监督管理工作的重要依据。我国已颁布了多部安全生产行政法规，如《国务院关于特大安全事故行政责任追究的规定》等。

（2）地方性安全生产法规

地方性安全生产法规是指有立法权的地方权力机构人民代表大会及其常务委员会和地方政府制定的安全生产规范性文件，是由法律授权制定的，对国家安全生产法律法规的补充和完善，以解决本地区某一特定的安全生产问题为目标，具有较强的针对性和可操作性。

（3）部门生产规章、地方政府安全生产规章

根据《立法法》的有关规定，部门规章之间、部门规章与地方政府规章之间具有同等效力，在各自的权限范围内施行。地方政府安全生产规章一方面从属于法律和行政法规，另一方面又从属于地方法规，并且不能与它们相抵触。

4. 安全生产标准

安全生产标准是安全生产法律体系中重要的组成部分，也是安全生产管理的基础和监督执法工作的重要技术依据。安全生产标准大致分为设计规范类、安全生产设备工具类、生产工艺安全卫生、防护用品类四类标准。

5. 已批准的国际劳工安全公约

国际劳工组织自1919年创立以来，一共通过了185个国际公约和为数较多的建议书，这些公约和建议书统称国际劳工标准，其中70%的公约和建议涉及职业安全卫生问题。根据我国法律规定，当我国安全生产法律与国际公约不同时，应优先选用国际公约的规定(除保留条件的条款外)。目前我国政府已批准的公约有23个，其中4个是与职业安全卫生相关的。

[问题讨论1-4]：健全我国的安全生产的法律法规体系，你认为应该怎么做？

1.3.4 涉及安全生产的相关法律范畴

我国的安全生产法律体系比较复杂，它覆盖整个安全生产领域，包括多种法律形式。可以根据涵盖内容不同分成8个类别，包括综合类安全生产法律、法规和规章，矿山类安全法律法规，危险化学品类安全法律法规，建筑业安全法律法规，交通运输安全法律法规，公众聚集场所及消防安全法律法规，其他安全生产法律法规和国际劳工安全卫生标准。

1. 综合类安全生产法律法规和规章

综合类安全生产法律、法规和规章是指同时适用于矿山、危险物品、建筑业和其他方面的安全生产法律、法规和规章，它对各行各业的安全生产行为都具有指导和规范作用。主导性的法律是《劳动法》《安全生产法》，由安全生产监督检查类、伤亡事故报告和调查处理类、重大危险源监管类、安全中介管理类、安全检测检验类、安全培训考核类、劳动防护用品管理类、特种设备安全监察管理类和安全生产举报奖励类等通用安全生产法规和规章组成。

2. 危险物品的安全法律法规

在危险物品安全管理方面已经颁布实施了《危险化学品安全管理条例》《民用爆炸物品安全管理条例》《使用有毒物品作业场所劳动保护条例》《放射性同位素和放射性装置放射防护条例》《核材料管制条例》《放射性物品管理办法》等法规。

3. 国际劳工安全卫生标准

当前国际上将贸易与劳工标准挂钩是发展趋势。我国加入WTO，参与世界贸易就必须遵守国际通行的规则，因此我国的安全生产立法和监督管理工作也需要逐步与国际接轨。

1.4 我国的安全生产责任制

我国的安全生产责任制度是根据《中华人民共和国安全生产法》《生产安全事故报告和

调查处理条例》等法律、标准和法规，由企业自主编制并执行的，是我国安全生产制度的必要补充。

安全生产责任制是根据我国的安全生产方针“安全第一，预防为主，综合治理”和安全生产法规建立的各级领导、职能部门、工程技术人员、岗位操作人员在劳动生产过程中对安全生产层层负责的制度。安全生产责任制是企业岗位责任制的一个组成部分，是企业中最基本的一项安全制度，也是企业安全生产、劳动保护管理制度的核心。

实践证明，凡是建立、健全了安全生产责任制的企业，各级领导重视安全生产、劳动保护工作，切实贯彻执行国家的安全生产、劳动保护法规，在认真负责地组织生产的同时，积极采取措施，改善劳动条件，工伤事故和职业性疾病就会减少。反之，就会因职责不清，相互推诿，而使安全生产、劳动保护工作无人负责，无法进行，工伤事故与职业病就会不断出现。以下就安全生产责任制度举例一个范本供大家参考。

**公司安全生产责任制

一、范围

为贯彻执行“安全生产、预防为主”的方针，以及“管生产必须管安全”“谁主管谁负责”的原则，加强生产中安全工作的领导和管理，防止和减少生产安全事故，保障职工的生命和财产安全，根据《中华人民共和国安全生产法》等法律法规的要求，特制定本公司安全生产责任制。

本责任制适用于本公司安全生产管理。

二、引用标准、术语

1. 中华人民共和国《安全生产法》。

2. 安全生产责任制：是各级领导应对本单位安全工作负总的领导责任，以及各级职能部门、工程技术人员、管理人员和生产员工在各自的职责范围内对安全工作应负的责任，是根据“管生产的必须管安全”的原则，对企业各级领导和各类人员明确地规定了在生产中应负的安全责任。这是企业岗位责任制的一个组成部分，是企业中最基本的一项安全制度，是安全管理规章制度的核心。

3. 安全生产领导小组(安全生产委员会)：是由本公司主要负责人组成的领导机构，是领导本公司安全生产的组织机构。其下配备安全管理人员(设置安全办)，具体落实本公司安全生产领导小组(安全生产委员会)决议。

三、管理职能与内容

(一) 安全生产领导小组(安全生产委员会)职责

1. 安全生产领导小组(安全生产委员会)的设立应符合《安全生产法》及本市有关规定的要求；贯彻执行国家安全生产的法律、法规、规范、标准，在总经理的领导下负责公司的日常安全生产工作。

2. 负责对员工进行安全思想和安全技术知识教育，对新入职的员工进行公司级安全教育，组织对特种作业人员的安全技术培训和考核，开展劳动保护教育，开展各种安全活动。

3. 组织制订、修订本公司安全生产管理制度和安全技术规程，编制安全措施计划，提出安全技术措施方案，并监督检查执行情况。

4. 参加、组织安全大检查，贯彻事故隐患整改制度，协助和督促有关部门对查出的隐患制订防范措施，检查隐患整改工作。

5. 参加新建、改建、扩建及大修、技措工程的设计审查、竣工验收、试车投产工作，使其符合安全技术要求。

6. 负责压力容器安全监察工作。

7. 深入现场监督检查，督促并协助解决有关安全问题，纠正违章指挥、违章作业。遇有危及安全生产的紧急情况，有权令其停止作业，并立即报总经理处理。

8. 负责各类事故汇总统计上报工作，并建立、健全事故档案。主管或配合人身伤亡、火灾、爆炸事故的调查处理，参加各类上报事故的调查、处理和工伤鉴定工作。

9. 按国家和公司有关规定，负责制订职工防护用品的发放标准，并督促有关部门按规定及时发放和合理使用。

10. 协同公司有关部门做好公司职业卫生和劳动保护工作，不断改善劳动条件。

11. 负责对公司各部门的安全考核评比工作，总结交流安全生产经验，推广安全生产科研成果、先进技术及现代安全管理方法。

12. 检查督促有关部门搞好安全设施、设备的维护、保养工作。

13. 建立、健全安全管理网，指导基层安全工作，定期召开安全生产领导小组（安全生产委员会）成员会议，提高公司安全生产领导小组（安全生产委员会）各部门成员的技术素质、安全意识。

14. 对在安全生产中有贡献者或事故责任者，提出奖惩意见。

15. 负责消防安全管理。

a. 组织义务消防队，并对其进行业务技术指导训练。经常对员工进行防火知识教育、灭火训练和逃生技能训练。

b. 参加新建、改建、扩建工程有关防火措施、消防设施的审查及竣工验收工作。

c. 负责健全公司防火档案，对生产部门、仓库的防火重点部位重点管理。

（二）安全生产领导小组组长（安全生产委员会主任）（法人代表或主要负责人）安全职责

安全生产领导小组组长（安全生产委员会主任）在国家法律、地方法规规定的范围内对公司的安全生产全面负责，具体要做到：

1. 贯彻执行国家《安全生产法》《市安全管理条例》《企业负责人安全管理责任追究办法》以及本公司的各项安全管理制度，把安全工作列入安全生产领导小组（安全生产委员会）管理的重要议事日程，每季度亲自主持一次安全生产领导小组（安全生产委员会）工作会议，解决生产经营中存在的安全问题，会议应形成纪要并组织实施。

2. 建立健全安全管理责任制，组织制定并实施安全操作规程，安全教育培训制度、安全检查制度、安全奖惩制度和事故调查处理等制度。

3. 针对本公司生产经营的特点，组织实施安全管理工作计划，保障安全投入。

4. 按有关规定设置安全管理机构，配置专职和兼职安全管理人员。

5. 使用或提供的设备、设施、物料和作业场所应当符合安全生产法律、法规、行业标准、企业规章的规定和安全技术规范要求，并应当为员工提供必要的劳动保护用品。

6. 组织开展员工的安全教育和培训。

7. 组织开展安全检查，落实整改隐患。

8. 发生事故时，采取措施组织抢救，防止事故扩大，保护好事故现场，并按国家有关规定及时报告和处理。

9. 配合和接受政府有关部门依法开展的安全监督检查。

10. 法律、法规、规章规定的其他职责。

（三）董事长安全职责

1. 董事长是本公司的安全生产责任人，对公司的安全生产负全面责任。

2. 授权总经理全面负责本公司的安全生产工作。

3. 定期或不定期听取公司中高级管理人员的安全工作汇报。

4. 认真贯彻执行国家安全生产方针、政策、法律、法规，批阅上级有关安全方面的文件，对本公司重大的安全事务进行决策，时刻监督本公司的安全生产工作。

5. 处理本公司内突发的重大安全事件。

6. 定期或不定期召开董事会，就重大安全事务进行讨论或决策。

7. 法律、法规、规章规定的其他职责。

（四）总经理安全职责

1. 总经理是本公司的安全生产责任第一负责人，受董事长委托，对本公司的安全生产负全面责任。

2. 保证国家和公司安全生产法令、规定、有关规章制度在公司贯彻执行，把安全工作列入议事日程，做到“五同时”。

3. 建立健全公司的安全生产责任制，组织制订并实施公司的安全生产管理规定，安全技术操作规程和安全技术措施计划。

4. 针对公司的生产经营特点，组织实施安全管理工作计划，保障安全投入的有效性。

5. 按有关规定设置安全管理机构，配置专职和兼职安全管理人员。

6. 使用或提供的设备、设施、物料和作业场所应当符合安全生产法律、法规、行业标准、企业规章的规定和安全技术规范要求，并应当为员工提供必要的劳动保护用品。

7. 组织开展员工的安全教育和培训。

8. 组织开展安全检查，落实整改隐患；每半年至少组织一次安全生产全面检查。

9. 发生事故时，采取措施组织抢救，防止事故扩大，保护好事故现场，并按国家有关规定及时报告和处理。

10. 组织制定并实施本单位的安全事故应急救援预案；每年至少组织和参与一次事故应急救援演练。

11. 配合和接受政府有关部门依法开展的安全监督检查。

12. 法律、法规、规章规定的其他职责。

（五）副总经理安全职责

1. 在各自分管的职责范围内，对实现安全生产负责。

2. 定期听取所辖部门安全工作汇报，及时指导并提高所辖部门安全管理水平，做好“三同时”工作。

3. 检查所辖部门存在的隐患，督促所辖部门及时认真处理，注意协调所辖部门和安全部门(安全管理人员)工作关系。

4. 负责组织所辖部门安全工作年度总结，并向总经理报告。

(六) 厂长安全职责

1. 在分管的职责范围内，对实现安全生产负责。

2. 定期听取所辖部门安全工作汇报，及时指导并提高所辖部门安全管理水平，做好“三同时”工作。

3. 检查所辖部门存在的隐患，督促所辖部门及时认真处理，注意协调所辖部门和安全部(安全管理人员)工作关系。

4. 负责组织所辖部门安全工作年度总结，并向总经理报告。

(七) 安全管理人员安全职责

1. 在公司安全生产领导小组(安全生产委员会)和总经理的领导下，协助公司领导、安全生产领导小组(安全生产委员会)贯彻政府有关安全生产的指示，及时转发有关安全生产的文件、资料；负责安全工作会议的组织工作，认真做好公司安全会议记录，及时打印、下发安全相关材料。

2. 协助总经理建立安全生产责任制、安全生产管理制度、安全生产工作档案、生产安全事故应急救援预案、各类安全操作规程和安全生产检查表，并对其实施督促检查。

3. 制定公司年度安全生产工作计划、安全技术措施计划，并组织实施。

4. 了解掌握本公司安全生产状况，特别是薄弱环节、危险源、重大危险源，提出防止人员伤亡、火灾和职业危害的预防措施。

5. 履行现场检查职责，负责本公司的安全隐患排查工作安排、汇总、分析，隐患整改计划制定，整改落实的组织、实施及验收；就本公司安全情况每季度向公明安监办作出书面汇报。

6. 负责组织员工安全生产教育和培训以及对新职工“三级”教育、工种变换、工作场所变换、危险岗位的安全技术培训，执行特种作业人员持证上岗制度；培训后如实记录安全生产教育和培训情况。

7. 督促公司按标准发放合格的劳动防护用品，并监督员工按规定使用。

8. 参与新建、改建和扩建生产性建设项目、技术改造项目的职业安全卫生“三同时”审查及竣工验收工作。

9. 及时报告本企业发生的伤亡事故，组织或积极配合事故调查和善后处理工作；参加重大事故调查，办理事故责任者的惩处手续。

10. 负责协助安全生产领导小组(安全生产委员会)、总经理实施安全责任制的组织与考核工作。

11. 组织或者参与本单位应急救援演练。

12. 制止和纠正违章指挥、强令冒险作业、违反操作规程的行为。

13. 法律、法规另有规定的其他职责。

(八) 行政部(人事部)经理安全职责

1. 行政部经理是本部门安全生产第一责任人。

2. 全面负责监督本部门安全生产工作实施。

3. 认真贯彻执行国家、地方的安全生产方针、政策、法律法规、上级的规定与标准。

4. 处理好公司与安监、消防等相关政府管理部门的关系，参与策划公司内的重大安全生产活动。

5. 负责安排新进厂员工(包括病产假超过六个月的复工人员、实习培训人员、临时工、合同工等)的厂级安全教育组织工作，未经厂级安全教育，不准分配到部门或车间。

6. 负责安排新员工进入岗位前体检组织工作，岗位分配时应执行有关职业卫生健康和女工、未成年人保护的规定。

7. 特种作业和危险(重要)岗位的操作人员安排要相对稳定，并坚持持证上岗原则。

8. 按法律及相关规定，执行对有毒有害作业人员的脱岗休养及工种调动工作。

9. 合理确定劳动定额，严控加班加点，执行劳动法，认真掌握劳动强度和工作时间，确保员工身体健康。

10. 负责安排劳动合同签订工作，做好因工伤亡的善后处理工作；对违反安全生产规章制度而造成工伤或重大事故的职工，协同安全管理人员(安全部)严肃处理。

11. 负责组织本部门的安全生产事故隐患排查和治理工作。

12. 负责本部门员工的安全培训并保留培训记录。

13. 协助安全生产领导小组(安全生产委员会)、安全管理人员(安全部)做好本部门的安全责任考核工作。

(九) 采购部经理安全职责

1. 采购部经理是本部门安全生产第一责任人。

2. 全面负责监督本部门安全生产工作实施。

3. 确保所采购的物资在安全、质量、服务等方面符合本公司采购要求及法律、法规的相关规定和要求。

4. 搜集各部门需采购的物资的技术要求及反馈的使用情况。

5. 负责对供应商进行资质审查，选择合格的供应商，涉及危险化学品、特种设备、劳动保护用品、消防设施、设备等的供应商应具备相应的资质，采购部应留存供应商的资质材料并及时更新。

6. 参与因原材料的危险因素造成事故的原因的分析调查。

7. 负责告知供应商在送料接卸监护管理和现场技术服务应遵守公司有关安全管理规定。

8. 负责组织本部门的安全生产事故隐患排查和治理工作。

9. 负责本部门员工的安全培训并保留培训记录。

10. 协助安全生产领导小组、安全管理人员做好本部门的安全责任考核工作。

(十) 业务部经理安全职责

1. 业务部经理是本部门安全生产第一责任人。

2. 全面负责监督本部门安全生产工作实施。

3. 负责将向客户告知本公司产品的安全、职业健康等相关信息。

4. 负责将客户反馈涉及的产品安全、职业健康等方面信息传递到安全管理人员(安全部)及相关部门。

5. 负责组织本部门的安全生产事故隐患排查和治理工作。

6. 负责本部门员工的安全培训并保留培训记录。

7. 协助安全生产领导小组(安全生产委员会)、安全管理人员(安全部)做好本部门的安全责任考核工作。

(十一) 财务部经理安全职责

1. 财务部经理是本部门安全生产第一责任人。

2. 全面负责监督本部门安全生产工作实施。

3. 根据公司批准的年度安全生产费用投入计划,在编制财务计划时,列出安全生产专项费用支出计划,确保企业安全生产投入,并做到专款专用,独立建账。

4. 对安全技术措施、劳动保护、职业卫生等投入,要做到资金投入充足、到位、专款专用。

5. 参与生产安全事故的处理工作,在善后处理中按照国家标准保证赔偿、医疗等费用,足额到位。

6. 确保安全宣传、安全教育培训、安全整改等费用的资金及时到位。

7. 确保事故应急救援预案所需的资金投入。

8. 负责组织本部门的安全生产事故隐患排查和治理工作。

9. 负责本部门员工的安全培训并保留培训记录。

10. 协助安全生产领导小组(安全生产委员会)、安全管理人员(安全部)做好本部门的安全责任考核工作。

(十二) 后勤部(维修)经理安全职责

1. 后勤部经理是本部门安全生产第一责任人。

2. 全面负责监督本部门安全生产工作实施。

3. 负责本公司的设备、设施的维护、保养及维修管理,确保安全运行。

4. 负责本公司的水、电、气(汽)、冷的管理,确保其安全运行。

5. 负责本公司内临时用电、动火、高处等危险作业的初审和施工。

6. 参与因设备、设施的危险因素造成事故的原因的分析调查。

7. 负责组织本部门的安全生产事故隐患排查和治理工作。

8. 负责本部门员工的安全培训并保留培训记录。

9. 协助安全生产领导小组(安全生产委员会)、安全管理人员(安全部)做好本部门的安全责任考核工作。

(十三) 品质部经理安全职责

1. 品质部经理是本部门安全生产第一责任人。

2. 全面负责监督本部门安全生产工作实施。

3. 负责原料、中间制品、成品的分析检验或验证的管理工作,发现原材料不合格或不符合安全、消防、卫生要求,要及时上报安全部(安全管理人员)和采购部。

4. 参与因原材料的危险因素造成事故的原因的分析调查。

5. 负责所采购涉及安全的产品(如危险化学品、特种设备、劳动保(防)护用品、消防设施、设备等)的检验或验证管理工作。

6. 负责组织本部门的安全生产事故隐患排查和治理工作。

7. 负责本部门员工的安全培训并保留培训记录。

8. 协助安全生产领导小组(安全生产委员会)、安全管理人员(安全部)做好本部门的安全责任考核工作。

（十四）生产部经理安全职责

1. 生产部经理是本部门安全生产第一责任人。

2. 全面负责监督本部门安全生产工作实施。

3. 负责组织员工学习并贯彻执行公司、部门、班组各项安全生产规章制度和安全技术操作规程，教育员工遵纪守法，制止违章指挥。

4. 负责组织部门的安全检查，发现不安全因素应及时组织力量消除，并报告上级。发生事故应立即报告，并组织抢救，保护好现场，做好详细记录。

5. 负责组织对新员工(包括实习、代培人员、转岗)进行部门级安全教育和岗位安全教育。

参加事故的调查、分析、落实防范措施。

6. 负责组织本部门的安全生产事故隐患排查和治理工作。

7. 负责本部门员工的安全培训并保留培训记录。

8. 协助安全生产领导小组(安全生产委员会)、安全管理人员(安全部)做好本部门的安全责任考核工作。

（十五）报关部经理安全职责

1. 报关部经理是本部门安全生产第一责任人。

2. 全面负责监督本部门安全生产工作实施。

3. 负责收集有关报关方面的安全规定及标准，并及时向安全部、总经理汇报。

4. 负责组织本部门的安全生产事故隐患排查和治理工作。

5. 负责本部门员工的安全培训并保留培训记录。

6. 协助安全生产领导小组(安全生产委员会)、安全管理人员(安全部)做好本部门的安全责任考核工作。

（十六）工程部(板房)经理安全职责

1. 工程部经理是工程部第一安全负责人。

2. 负责监督工程部安全生产职责的履行情况。

3. 对本公司的产品开发过程中的安全负责。

4. 负责组织员工学习并贯彻执行公司、部门、班组各项安全生产规章制度和安全技术操作规程，教育员工遵纪守法，制止违章指挥。

5. 负责组织部门的安全检查，发现不安全因素应及时组织力量消除，并报告上级；发生事故应立即报告，并组织抢救，保护好现场，做好详细记录。

6. 负责组织对新员工(包括实习、代培人员、转岗)进行部门级安全教育和岗位安全教育。

7. 参加事故的调查、分析、落实防范措施。

8. 在产品设计开发中，要遵守相关安全的法律、法规及标准或规定，确保产品的加工、运输、使用中满足相关安全要求。

9. 负责组织本部门的安全生产事故隐患排查和治理工作。

10. 负责本部门员工的安全培训并保留培训记录。

11. 协助安全生产领导小组（安全生产委员会）、安全管理人员（安全部）做好本部门的安全责任考核工作。

（十七）仓库部经理安全职责

1. 仓库部经理是安全部第一安全负责人。

2. 负责监督仓库部安全生产职责的履行情况。

3. 负责仓库的安全储存管理工作。

4. 负责组织本部门的安全生产事故隐患排查和治理工作。

5. 负责本部门员工的安全培训并保留培训记录。

6. 协助安全生产领导小组（安全生产委员会）、安全管理人员（安全部）做好本部门的安全责任考核工作。

（十八）安全部经理安全职责

1. 安全部经理是安全部第一安全负责人。

2. 负责监督安全部安全生产职责的履行情况；在公司安全生产领导小组（安全生产委员会）和总经理的领导下，协助公司领导、安全生产领导小组（安全生产委员会）贯彻政府有关安全生产的指示，及时转发有关安全生产的文件、资料；负责安全工作会议的组织工作，认真做好公司安全会议记录，及时打印、下发安全相关材料。

3. 协助总经理建立安全生产责任制、安全生产管理制度、安全生产工作档案、各类安全操作规程和安全生产检查表，并对其实施督促检查。

4. 制定公司年度安全生产工作计划、安全技术措施计划，并组织实施。

5. 负责组织对本公司安全生产危险有害因素、重大危险源进行分析评估，提出防止人员伤亡、火灾和职业危害等预防措施。

6. 履行现场检查职责，负责本公司的安全隐患排查工作安排、汇总、分析、隐患整改计划制定、整改措施落实的组织、实施及验收；就本公司安全情况每季度向街道安监办作出书面汇报。

7. 负责组织本公司员工各类安全培训教育和安全生产宣贯教育工作；监督特种作业或危险（重要）岗位持证上岗相关规定的落实。

8. 监督劳动防护用品的采购、发放和使用。

9. 监督危险化学品的采购、储存和使用管理。

10. 监督特种设备、重要设备设施、消防设施、器材的采购、安装和使用管理。

11. 参与新建、改建和扩建生产性建设项目、技术改造项目的职业安全卫生“三同时”审查及竣工验收工作。

12. 及时报告本公司发生的伤亡事故，组织或积极配合事故调查和善后处理工作，提出对事故责任者的处理意见。

13. 负责本部门员工的安全培训并保留培训记录。

14. 协助安全生产领导小组（安全生产委员会）、负责安全责任制的考核与组织工作。

15. 法律、法规另有规定的其他职责。

（十九）各组组长安全职责

1. 贯彻执行公司、部门对安全生产的指令和要求，全面负责本班组的安全生产。

2. 组织员工学习并贯彻执行公司、部门、班组各项安全生产规章制度和安全技术操作规程，教育员工遵纪守法，制止违章指挥。

3. 组织并参加安全活动，坚持班前讲安全，班中查安全，班后总结安全。

4. 负责对新员工(包括实习、代培人员、转岗)进行班组级安全教育和岗位安全教育。

5. 负责班组安全检查，发现不安全因素应及时组织力量消除，并报告上级。发生事故应立即报告，并组织抢救，保护好现场，做好详细记录，参加事故的调查、分析、落实防范措施。

6. 做好生产设备、安全装置、消防设施、防护器材的检查维护工作，使其经常保持完好和正常运行。督促教育员工合理使用劳动保护用品、用具，正确使用灭火器材。

7. 保持生产作业现场整齐、清洁，实现安全、文明生产。

8. 协助安全生产领导小组(安全生产委员会)、安全管理人员(安全部)做好本部门的安全责任考核工作。

（二十）电工安全职责

1. 坚持电工操作人员持证上岗制度，严禁违章操作。

2. 认真学习并严格遵守本公司安全生产和消防责任制度、各项规章制度和本岗位的安全操作规程，服从安全管理。

3. 经常对全厂机电设备进行安全检查，发现并及时处理事故隐患，自身能力范围内不能处理的事故隐患，及时向上级报告。

4. 严格执行机电设备操作及保养规程，定期对进行检修和保养，确保机电设备正常运行。

5. 严格遵守安全用电管理制度，确保电源线路定期得到检查和维护，及时更换和维修损坏、老化的电源线路，确保电力线路安装规范，确保公司用电安全。

6. 珍惜爱护消防器材、安全防护装置和安全标志，不随意移动或损坏。

7. 确保机器设备的安全防护装置齐全、灵敏、有效。

8. 坚持动火作业制度，对动火作业现场进行检查和维护。

9. 电工作业时一定戴绝缘手套，穿绝缘鞋，高空作业一定要系安全绳，操作金属切削机器时严禁戴手套。

（二十一）员工安全职责

1. 认真学习和严格遵守各项规章制度，不违反劳动纪律，不违章作业，对本岗位的安全生产负直接责任。

2. 精心操作，交接班必须交接设备安全状况，交班要为接班创造良好的安全生产条件。

3. 正确分析、判断和处理各种事故隐患，把事故消灭在萌芽状态。如发生事故，要正确处理，及时并如实向上级报告，保护现场。

4. 正确操作，精心维护设备，保持作业环境整洁，文明生产，做到工完料尽场地清。

5. 上岗必须按规定着装，禁止穿背心、短裤、拖鞋或赤膊上岗；妥善保管公司配发的劳动保护用品，并履行法律规定的正确使用劳动用品的义务。

6. 积极参加各种安全活动，岗位技能训练和事故预知训练。

7. 有权拒绝违章作业的指令，对他人违章作业应加以劝阻和制止。

8. 积极参加安全培训、消防与技能培训，做到会使用灭火器材，扑救初起火灾、会报警、会逃生。

9. 禁止使用危险化学品清洁、清洗地面、门窗等。

（二十二）班组安全员安全职责

1. 班组安全员由班组长或副班组长兼任，受部门经理和安全管理人员的业务指导，做好本班组的安全工作。

2. 组织开展本班组各种安全活动，认真做好安全活动记录，提出改进安全工作意见和建议。坚持班前安全讲话，班中安全检查，班后安全总结。

3. 对新员工（包括实习、代培人员）进行（第二级）岗位安全教育。开展事故预知训练。

4. 严格执行安全生产的各项规章制度，对违章作业有权制止，并及时报告。

5. 检查监督本班组人员正确使用劳动保护用品和各种防护用具、灭火器材。

6. 发生事故时，及时了解情况、维护现场、救护伤员，并向主管报告。

（二十三）行政部（人事部）安全职责

1. 认真贯彻执行国家、地方的安全生产方针、政策、法律法规、上级的规定与标准。

2. 处理好公司与安监、消防等相关政府管理部门的关系，参与策划公司内的重大安全生产活动。

3. 组织新员工（包括病产假超过六个月的复工人员、实习培训人员、临时工、合同工等）的厂级安全教育，及时与安全管理人员联系，做好入厂安全教育，未经厂级安全教育，不准分配到部门或车间。

4. 组织新员工进入岗位前的体检，分配时应执行有关职业卫生健康和女工、未成年人保护的规定。

5. 负责特种作业和危险（重要）岗位的操作人员安排要相对稳定，并坚持持证上岗原则。

6. 负责按法律及相关规定，执行对有毒有害作业人员的脱岗休养及工种调动工作。

7. 合理确定劳动定额，严控加班加点，执行劳动法，认真掌握劳动强度和工作时间，确保员工身体健康。

8. 负责劳动合同签订工作，负责做好因工伤亡的善后处理工作。

9. 对违反安全生产规章制度而造成工伤或重大事故的职工，协同安全管理人员（安全部）严肃处理。

（二十四）财务部安全职责

1. 根据公司批准的年度安全技术措施计划，在编制生产财务计划时，列出安全经费使用计划，确保企业安全生产投入，并做到专款专用，独立建账。

2. 对安全技术措施、劳动保护、职业卫生等投入，要做到资金投入充足、到位、专款专用。

3. 确保事故应急救援预案所需的资金投入。

4. 在新建、扩建、改建项目中，在资金投入方面保证达到主体工程与安全设施同时设计，同时施工、同时投入生产或使用。

5. 确保安全宣传、安全教育培训费用投入。

6. 参与生产安全事故的处理工作，在善后处理中按照国家标准保证赔偿、医疗等费用，足额到位。

（二十五）采购部安全职责

1. 确保所采购的物资在安全、质量、服务等方面符合本公司采购要求及法律、法规的相关规定和要求。

2. 负责搜集各部门需采购的物资的技术要求及反馈的使用情况。

3. 负责对供应商进行资质审查，选择合格的供应商，涉及危险化学品、特种设备、劳动保护用品、消防设施、设备等的供应商应具备相应的资质，采购部应留存供应商的资质材料并及时更新。

4. 参与因原材料的危险因素造成事故的原因的分析调查。

5. 负责告知供应商在送货及服务过程中应遵守本公司有关安全管理规定。

（二十六）业务部安全职责

1. 负责将向客户告知本公司产品的安全、职业健康等相关信息。

2. 负责将客户反馈的涉及产品安全、职业健康等方面信息并传递到安全管理人员(安全部)及相关部门。

（二十七）仓库安全职责

1. 严格执行有关防火和危险品管理规定，负责仓库防火、防盗、危险物品、储运设施的管理工作。

2. 负责劳动保护用品、安全设施、器材、危险化学品的安全储存及收发管理工作。

（二十八）后勤部(维修部)安全职责

1. 负责本公司的设备、设施的维护、保养及维修管理，确保安全运行。

2. 负责本公司的水、电、气(汽)、冷的管理，确保其安全运行。

3. 负责本公司内临时用电、动火作业、高处作业、有限密闭空间作业等危险作业的初审和施工。

4. 参与因设备、设施的危险因素造成事故的原因的分析调查。

（二十九）生产部安全职责

1. 负责组织员工学习并贯彻执行公司、部门、班组各项安全生产规章制度和安全技术操作规程，教育员工遵纪守法，制止违章指挥。

2. 负责组织部门的安全生产事故隐患排查和治理工作，发现不安全因素应及时组织力量消除，并报告上级。发生事故应立即报告，并组织抢救，保护好现场，做好详细记录。

3. 负责组织对新员工(包括实习、代培人员、转岗)进行部门级安全教育和岗位安全教育。

4. 参加事故的调查、分析、落实防范措施。

（三十）品质部安全职责

1. 负责原料、中间制品、成品的分析检验或验证的管理工作，发现原材料不合格或不符合安全、消防、卫生要求，要及时上报安全管理人员和采购部。

2. 参与因原料的危险因素造成事故的原因的分析调查。

3. 负责所采涉及安全的产品(如危险化学品、特种设备、劳动保(防)护用品、消防设施、设备等)的检验或验证管理工作。

（三十一）报关部安全职责

1. 认真贯彻执行本公司关于安全管理的各项规章制度。

2. 负责收集有关报关方面的安全规定及标准，并及时向安全管理人员、总经理汇报。

3. 按照相关安全要求，对外联系和安排报关方面的工作。

（三十二）安全部安全职责

1. 在公司安全生产领导小组和总经理的领导下，协助公司领导、安全生产领导小组贯彻政府有关安全生产的指示，及时转发有关安全生产的文件、资料；负责安全工作会议的组织工作，认真做好公司安全会议记录，及时打印、下发安全相关材料。

2. 协助总经理建立安全生产责任制、安全生产管理制度、安全生产工作档案、各类安全操作规程和安全生产检查表，并对其实施督促检查。

3. 制定公司年度安全生产工作计划、安全技术措施计划，并组织实施。

4. 负责组织对本公司安全生产危险有害因素、重大危险源进行分析评估，提出防止人员伤亡、火灾和职业危害等预防措施。

5. 履行现场检查职责，负责本公司的安全隐患排查工作安排、汇总、分析、隐患整改计划制定、整改措施落实的组织、实施及验收；就本公司安全情况每季度向街道安监办作出书面汇报。

6. 负责本公司员工各类安全培训教育的组织和培训与安全生产教育宣贯工作；监督特种作业或危险(重要)岗位持证上岗相关规定的落实。

7. 监督劳动防护用品的采购、发放和使用。

8. 监督危险化学品的采购、储存和使用管理。

9. 监督特种设备、消防设施、器材的采购、安装和使用管理。

10. 参与新建、改建和扩建生产性建设项目、技术改造项目的职业安全卫生“三同时”审查及竣工验收工作。

11. 及时报告本公司发生的伤亡事故，组织或积极配合事故调查和善后处理工作，提出对事故责任者的处理意见。

12. 负责本部门员工的安全培训，并保留培训记录。

13. 协助安全生产领导小组、负责安全责任制的考核与组织工作。

14. 法律、法规另有规定的其他职责。

附则：本制度由安全管理人员起草，公司安全生产领导小组审定，总经理审批，因法律、法规的变化或公司行政架构、部门职责发生变化时，由安全管理人员提出修改意见，经安全生产领导小组审定，总经理审批后执行。

习题与练习

一、填空题

1. 1802 年英国议会制定了《____________法》。这部法规是为劳动保护而设，制定了学徒的________，矿工的________，工厂的________、________、________、________等工业卫生标准。

2. 1833 年英国颁布了世界上第一个《________法》，该法对工人的________、______、________做了规定，成为工厂立法时期的先驱。

3. 各国政府都明确规定职业安全健康的法律法规是____________的，必须严格遵守和实施。

4. 安全生产法律体系是一个包含多种法律形式和法律层次的综合性系统。从法律规范的形式和特点来讲，既包括作为整个安全生产法律法规基础的________，也包括________规范，________法律规范，______法律规范。按法律地位及同等效力原则，安全生产法律体系分为五个门类。依次是________、____________、______________、________________、______________________。

二、简答题

1. OHSAS 1800 的主要内容是什么？
2. 我国的危险化学品管理制度概要是什么？
3. 落实和强化生产经营单位的安全生产主体责任具体应该怎么做？
4. 我国的安全生产法立法的目的是什么？
5. 我国企业生产活动中采用安全许可证的作业类型有哪些？
6. 什么是“三同时”原则？
7. 什么是“五同时”原则？
8. 什么是“四不放过”原则？
9. 什么是“四新教育”？
10. 简述安全部门职责。

扫码获取更多学习资料

模块二　中华人民共和国安全生产法

☞ 知识目标

1. 熟悉安全生产法的基本内容；
2. 熟悉生产经营单位的安全保障措施；
3. 熟悉从业人员的安全生产权利义务；
4. 熟悉安全生产的监督管理方法；
5. 熟悉生产安全事故的应急救援与调查处理方法；
6. 熟悉对生产安全法律责任的追究内容和方式。

☞ 能力目标

1. 能执行和制定生产经营单位的安全保障措施；
2. 能进行安全生产的监督管理工作；
3. 能制定生产安全事故的应急救援预案；
4. 能对生产安全事故做相应的调查处理。

2.1　《中华人民共和国安全生产法》的立法依据

《中华人民共和国安全生产法》(简称《安全生产法》)的公布实施，是我国安全生产领域影响深远的一件大事，是安全生产法制建设的里程碑，它标志着我国的安全生产工作进入了一个新的阶段。

《安全生产法》是我国《劳动法》的一个分支，而《劳动法》又是我国整个法律体系中的一个部门法，它的基本原则是依据我国具有最高法律效力的根本大法——《宪法》确定的。因此，《宪法》中有关劳动关系的原则规定和《劳动法》中有关劳动保护方面的原则规定，是制定《安全生产法》的基本原则。

根据我国《宪法》规定，制定《安全生产法》的基本原则主要体现在以下两点：

一方面，在发展生产的基础上，改善劳动安全生产条件，加强劳动保护。这项原则充分反映社会主义市场经济规律的要求。同时劳动者的劳动条件要随着生产的发展逐步加以改善。另一方面，劳动条件的改善必须建立在发展生产的基础上。这两个方面是相互联系，不可分割的。如：采矿作业比较特殊，作业环境恶劣、条件差，井下巷道狭窄、潮湿，机械设备、电气设备多，可能同时遭受冒顶、水、火、瓦斯爆炸等危害的威胁，还遭受粉尘、有毒有害物质的危害。如果没有必要的防护措施，劳动者就会没有安全保障，也会损害劳动者的健康。

《安全生产法》正是基于上述原则而制定的。按照“三方原则”，确定生产经营单位及其主要负责人、从业人员、政府及其有关部门在安全生产中的职责，是《安全生产法》的主要任务。

2.2 《安全生产法》立法的目的和意义

2.2.1 安全生产法立法的目的

《中华人民共和国安全生产法》总则第一条开宗明义地表述其立法宗旨是“为了加强安全生产工作，防止和减少生产安全事故，保障人民群众生命和财产安全，促进经济社会持续健康发展。”由此可见，安全生产的立法目的有五个。

1. 加强安全生产工作

《安全生产法》明确了安全生产工作坚持中国共产党的领导。安全工作应当以人为本，坚持安全发展，坚持安全第一、预防为主、综合治理的方针，强化和落实生产经营单位的主体责任，建立生产经营单位负责、职工参与、政府监管、行业自律和社会监督的机制。

(1) 明确国务院以及地方人民政府、政府各工作部门安全生产监督管理的职责和职能，具体体现在第一章《总则》和第四章《安全生产的监督管理》以及其他相关条款之中。为有法可依、有法必依、执法必严、违法必究提供了强有力的法律保障，为公开、公正执法提供了依据。

(2) 依法规范生产经营单位的安全生产工作。《安全生产法》对各生产经营单位生产经营所必须具备的安全生产条件、主要负责人的安全生产职责、特种作业人员的资质、安全投入、安全建设工程和安全设施、从业人员的人身保障等安全生产保障措施和安全生产违法行为应负的法律责任，做出了严格、明确的规定，明确了生产经营单位、企业负责人的权利、义务和责任。

(3) 明确了工会、村民委员会、从业人员和新闻机构对安全生产工作的监督，协助政府和安全生产监管部门查处安全违法行为。《安全生产法》专门规定了工会、居民委员会、村民委员会和新闻媒体、从业人员对安全生产进行监督的权利义务，从而把各级人民政府及其安全生产监管部门的监督范围扩大到全社会，延伸到城镇街道和农村，形成全社会广泛参与安全生产监督管理的工作格局。

(4) 明确了为安全生产服务的有关中介机构，包括安全技术服务、科研、教育、文化、咨询、设计、评价、检测、检验等中介组织是安全生产监督管理的重要组成部分，其职责、权利、义务和责任都作了一一界定。

2. 防止和减少生产安全事故

我国工业生产的实际表明，凡是重视安全生产管理、强化安全生产监督、完善安全法制的时期，伤亡事故都得到了有效控制；反之，事故反弹，伤亡增加。因此，健全社会主义法制，加强安全生产监督，能够有效防止和减少安全生产事故。

3. 保障人民群众生命和财产安全

《安全生产法》的贯彻实施，有利于保障人民群众生命安全。重视和保护人的生命权，是制定《安全生产法》的根本出发点和落脚点。人既是各类生产经营活动的主体，又是安全生产事故的受害者或责任者。《安全生产法》贯彻以人为本的原则，在赋予各种法律主体必要权利的同时设定其应尽的义务。这就要求各级政府特别是各类生产经营单位的领导人和负责人，必须以对人民群众高度负责的精神和强烈的责任感，重视人的价值，关注安全，关爱生命。

4. 促进经济发展

安全与生产是一对双胞胎，两者既相互矛盾，又相互统一。没有生产，何谈安全；没有安全，生产何以为继。再者，就生产安全事故的定义而论，不仅人的生命和生产经营单位的财产损失是事故，而且明确了造成生产经营活动暂时或永久停止也是事故。从这个意义上讲，安全生产管理不仅要保障人民的生命财产安全，而且要把保障生产持续、稳定、健康、有序运行作为自身的根本任务和目的全面展开，从而促进经济发展。

5. 制裁安全生产违法行为

《安全生产法》没有直接指出制裁安全生产违法行为是其立法的目的之一，但其他一些安全生产法规明确规定了制裁安全生产违法行为。从法律的功能上讲，公平和公正是法律制定的基本原则，要保障守法者的利益，就要打击违法，让违法成本大大高于守法成本，才能还守法者公平，让违法者得到教育。从《安全生产法》本身讲，第六章《法律责任》及其他相关条款都体现了对安全生产违法行为的制裁。所以，制裁安全生产违法行为理所当然是其立法的目的之一。

6. 支持和奖励相关安全生产活动

国家鼓励和支持安全生产科学技术研究和安全生产先进技术的推广应用，提高安全生产水平。对在改善安全生产条件、防止生产安全事故、参加抢险救护等方面取得显著成绩的单位和个人，给予奖励。

2.2.2 《安全生产法》的立法意义

坚持"安全第一、预防为主、综合治理"的方针，坚持近期与长远、治标与治本、预防与查处相结合，以深入开展"安全生产"活动为主线，以有效防范、坚决遏制事故(特别是重特大事故)为目标。《安全生产法》作为我国安全生产的综合性法律，具有丰富的法律内涵和规范作用。它的通过实施，对全面加强我国安全生产法制建设，激发全社会对公民生命权的珍视和保护，提高全民族的安全法律意识，规范生产经营单位的安全生产，强化安全生产监督管理，促进经济发展和保持社会稳定都具有重大的现实意义。

2.3 制定《安全生产法》的宗旨

制定《安全生产法》，保障生产安全，不仅是为了避免造成人身伤害和财产损失，也是为了保证生产经营活动的顺利进行，促进经济的健康发展。法律的第一条开宗明义地表述了立法宗旨："为了加强安全生产监督管理，防止和减少生产安全事故，保障人民群众生命和财产安全，促进经济发展”。

2.4 《安全生产法》的特点及其基本框架

2.4.1 内容特点

《安全生产法》是我国关于安全生产的专门法律，也是有关安全生产的基本法律，或者综合性法律。新《安全生产法》共七章一百一十九条。它的内容特点体现于：安全第一、预防为主、综合治理、强化监督、责任追究。

1. 重在预防

安全生产法设置的许多条款都体现预防为主的理念，重在预防上下功夫，规定了许多制度、机制，包括监督管理、现场管理等。

2. 突出核心

这个核心就是生产经营单位。《安全生产法》中对生产经营单位的规定总计有 76 条，占总数 119 条的一半以上。

3. 强化监督

《安全生产法》是一个多层次的监督，既包括生产经营单位的内部监督，也包括外部监督，如，政府、有关部门、监察机构、中介机构(技术监督)、公众、社区、新闻媒体等。同时，规定建立安全生产举报奖励办法。这个监督是严格的、全面的，对条件、程序、法律责任都作出了明确规定。

4. 责任追究

《安全生产法》明确规定国家建立生产安全事故责任追究制度，包括民事责任、行政责任、刑事责任。

2.4.2 适用范围

根据法律空间效力范围的普遍原则，《安全生产法》适用于制定它的机关所管辖的全部领域，但不适用于我国已恢复行使主权的香港特别行政区和澳门特别行政区。香港和澳门的安全生产立法，应由这两个特别行政区的立法机关自行制定。

1. 安全生产法适用的广义范围

《安全生产法》适用于我国领域内从事生产经营活动单位的安全生产。这里包括各种所有制的生产经营单位、各级政府及其有关部门以及各类事业单位和其他中介机构等单位。

2. 安全生产法适用的特别范围

有关法律、行政法规对消防安全、铁路交通安全、道路交通安全、水上交通安全、民用航空交通安全以及核与辐射安全，特种设备安全，除特别规定外，都适用《安全生产法》的规定。

3. 安全生产的对象范围

《安全生产法》是专门调整涉及安全生产相关关系的法律，因此，其适用的范围只限定在生产经营领域。这里讲的“生产经营活动”，既包括资源的开采活动、各种产品的加工制作活动，也包括各类工程建设和商业、娱乐业以及其他服务业的经营活动。

2.4.3 基本框架

从生产经营单位的安全生产保障到从业人员的权利和义务，从安全生产的监督管理到生产安全事故的应急与调查处理、法律责任，《安全生产法》全面地规范了安全生产的管理行为。值得注意的是在《安全生产法》中对“危险物品”给予专项明确规定，充分体现国家对危险物品安全管理的高度重视。该法将“生产经营单位”作为主体，安全生产经营的法律规定和责任更加明确，其基本框架如下。

1. 第一章 总则

本章共19条，主要说明安全生产法制定的目的、适用范围，还规定了生产经营单位、政府部门、中介机构相应的法律责任，重申了安全生产“安全第一、预防为主、综合治理”的方针。强调安全生产工作实行管行业必须管安全、管业务必须管安全、管生产经营必须管安全，强化和落实生产经营单位主体责任与政府监管责任，建立生产经营单位负责、职工参与、政府监管、行业自律和社会监督的机制。国家鼓励安全科学技术研究，推广先进技术，改进安全设施和提高企业安全水平；国家对在改善安全生产条件、防止生产安全事故、参加抢险救护等方面取得显著成绩的单位和个人，给予奖励。

2. 第二章 生产经营单位的安全生产保障

本章共32条，主要规定了：

(1) 生产经营单位的安全设施和设计必须符合企业安全规程和行业技术规范。

(2) 明晰了生产经营单位的主要负责人对本单位安全生产工作负有的职责，以及全员安全生产责任制应当明确各岗位的责任人员、责任范围和考核标准等内容。

(3) 规定了企业设置安全生产管理机构或者配备专职安全生产管理人员的要求。

(4) 对从业人员、特种作业人员的选拔，教育和培训做出了规定。

(5) 规定了对矿山工程设计、施工的审批和竣工的验收制度。

(6) 安全设备的设计、制造、安装、使用、检测、维修、改造和报废，应当符合国家标准或者行业标准。

(7) 规定了生产经营单位在经营活动中的“必所为和禁所为”。

3. 第三章 从业人员的安全生产权利和义务

本章共10条，主要是对生产经营单位与从业人员之间的劳动合同中安全保障的规定、工会在安全生产中的权力，从业人员在安全生产中的责任的规定等。

4. 第四章 安全生产的监督管理

本章共17条，主要是县级以上地方各级人民政府、应急管理部门、监察机关应当按照分类分级监督管理的要求，制定安全生产年度监督检查计划，并按照年度监督检查计划进行监督检查，发现事故隐患，应当及时处理。

其次是安全生产的监督管理部门和人员的职责，监督管理机关对安全生产的监督管理部门的监督管理，安全机构的资质条件，居民委员会、村民委员会对安全生产违法行为的报告责任，县级以上人民政府及其有关部门对报告重大事故隐患或者举报安全生产违法行为的有功人员的奖励措施，新闻、出版、广播、电影、电视等单位的安全生产宣传教育的义务，对违反安全生产法律、法规的行为进行舆论监督的权利等。

5. 第五章　生产安全事故的应急救援与调查处理

本章共11条，主要规定了：

（1）国家加强生产安全事故应急能力建设，在重点行业、领域建立应急救援基地和应急救援队伍，并由国家安全生产应急救援机构统一协调指挥；鼓励生产经营单位和其他社会力量建立应急救援队伍，配备相应的应急救援装备和物资，提高应急救援的专业化水平。

（2）县级以上人民政府对建立生产安全事故的应急救援体系的责任，危险物品的生产经营及救援措施；应急救援必须有预案，并定期组织演练。

（3）任何单位和个人都应当支持、配合事故抢救，并提供一切便利条件。

（4）事故调查处理应当按照科学严谨、依法依规、实事求是、注重实效的原则，及时、准确地查清事故原因，查明事故性质和责任，评估应急处置工作，总结事故教训，提出整改措施。

（5）县级以上人民政府及其有关部门对事故调查处理应公开、公正、及时，定期向社会公布处理结果。

6. 第六章　法律责任

本章共27条，划分了事故的分类标准，规定了对负有安全生产监督管理职责的人、生产经营单位、安全评价认证机构的各种行政处罚和行政处分以及刑事处理的详细规定。如罚款、责令改正、责令停产、吊销有关证照直至追究刑事责任；对县级以上人民政府及其有关部门以及生产经营单位的安全法律责任也作了明确规定。

7. 第七章　附则

本章共3条，对危险物品、重大危险源的定义作出规定。规定本法自2002年(本法元年)11月1日起施行。

2.5　严格落实新《安全生产法》

2.5.1　严格落实第一责任人责任

1. 压紧压实企业法定代表人和实际控制人的第一责任

企业董事长、总经理等法定代表人和实际控制人是安全生产第一责任人，对本单位的安全生产工作全面负责，应亲自推动安全生产制度的建立，经常深入一线检查安全生产工作，监督安全生产制度落实，研究解决安全生产突出问题。每年至少向职工大会或者职工代表大会、股东会或者股东大会报告一次安全生产情况，接受职工、股东监督。加强对下属独立法人单位的监督检查，督促其落实安全生产责任。

2. 坚持依法生产经营

企业必须牢固树立法治观念，从事生产经营活动应依法取得安全生产相关证照和许可，符合法律法规、国家和地方标准或者行业标准规定的安全生产条件，及时主动获取并严格执行与安全生产相关的法律法规标准，依法健全完善安全生产规章规程和安全防范措施，严禁使用国家和省明令淘汰的危及生产安全的设备及工艺，及时淘汰更新陈旧落后的设备及工艺。生产有毒有害物质或发生事故可能影响公众安全健康的高危行业企业，应建立与公众沟通的交流机制，定期公布相关信息，自觉接受社会监督。

3. 加强安全管理机构和人员配备

企业应依法依规设置安全生产管理机构或者配备专(兼)职安全生产管理人员，企业主要负责人、分管安全生产负责人、安全总监、安全生产管理人员，应具备与本单位所从事的生产经营活动相适应的安全生产知识和管理能力。其中，高危行业企业应设置安全生产管理机构、配备专职安全生产管理人员，危险化学品、矿山、道路运输、建筑施工等重点行业领域内达到一定规模的生产经营单位应配备安全总监、注册安全工程师。

4. 加大安全生产经费投入

企业应将安全生产投入纳入年度生产经营计划和财务预算，足额提取并按规定使用安全生产费用，保障安全生产设备设施、风险辨识管控、隐患排查整治、设备维修保养、安全教育培训、劳动防护用品配备、保险、应急演练、事故救援等安全生产支出。高危行业企业应按照国家有关规定投保安全生产责任险，其他企业应积极投保。

5. 开展安全生产标准化建设

企业应按照法律法规和国家标准、行业标准，健全安全生产标准化工作体系和运行机制，积极开展以岗位达标、专业达标和标准化创建等为内容的安全生产标准化建设，建立完善本单位安全生产例会、例检、隐患排查治理等各项安全生产制度和操作规程，落实强制性安全生产标准规范，确保各生产环节和相关岗位工作符合法律、法规、标准、规程要求，实现安全行为规范化。

2.5.2 严格落实全员生产责任制

1. 建立健全全员安全生产责任制

企业应根据工作岗位的性质、特点和内容，明确各岗位的责任人员、责任范围、责任清单，制定从企业主要负责人到一线从业人员的安全生产职责，细化通俗易懂、便于操作的生产车间、班组、一线从业人员安全生产责任，实现企业安全生产责任全员全岗位全覆盖、安全生产责任全过程追溯。加强企业安全文化建设，将安全文化阵地向一线班组和工作现场延伸，强化员工安全生产意识。

2. 开展安全生产教育培训

企业应严格按照国家安全培训规定要求，采取“送出去学、请进来教”等形式，加强对从业人员的安全生产理论教学与实践技能培训，并记入教育培训考核档案。高危行业企业应抓好在岗员工安全技能提升培训、新上岗员工安全技能培训、班组长安全技能提升培训等。通过经常性的教育培训，使企业负责人和安全生产管理人员具备与岗位相适应的安全生产知识和管理能力，使特种作业人员具备特种岗位作业的专业技能，使班组长(工段长)、车间主任具备一线岗位安全管理的知识和能力，使一线从业人员具备本岗位安全生产和应急处置的基本知识和安全操作技能。未经安全生产教育培训合格的从业人员，不得上岗作业。特种作业人员必须按照国家有关规定经专门的安全作业培训并取得相应资格，方可上岗作业。

3. 严格责任制考核奖惩

企业应每年组织全员安全生产责任制落实情况考核，考核结果与员工收入、晋级等挂钩，激发全员参与安全生产的积极性和主动性，推动全员安全生产责任制落实。

2.5.3 严格落实安全防控责任

1. 加强安全风险辨识管控

企业应严格落实安全风险分级管控和主动报告制度，定期排查、全面辨识、动态更新、严格管控生产工艺、设施设备、作业环境、人员行为和管理体系等方面存在的安全风险，并依据事故发生概率和可能后果，按照有关标准评估确定风险等级，针对不同等级的安全风险制定相应安全管控措施，逐一明确具体的责任部门、责任人，确保风险可控。

2. 加强事故隐患排查治理

企业应牢固树立“隐患无处不在、成绩每天归零”的意识，视隐患为事故，建立全员参与、全岗位覆盖、全过程衔接的隐患排查机制和清单管理、动态更新、闭环整改的动态调整机制，持续组织开展事故隐患排查治理；对动态排查出来以及政府主管部门通知整改的安全隐患，应逐条落实整改措施、责任、资金、时限和事故应急预案。完善举报奖励制度，发动并激励员工主动排查、发现、举报事故隐患。自身安全监管力量不足的企业，应按照国家有关安全规范，定期组织专家或委托有资质的第三方安全技术服务机构开展安全检测和隐患排查治理。

3. 加强各类危险源安全管理

企业应对重大危险源进行登记和建档，采用先进技术手段对重大危险源实施现场动态监控，定期检测评估，制定应急预案，完善控制措施，按照有关规定建立健全安全监测监控系统并与负有安全生产监督管理职责的部门进行联网。对具有较大或以上危险因素的生产经营场所和有关设施设备，应建立运行、巡检、维修、保养的专项安全管理制度，安排专人负责管理，并设置明显的安全警示标志和事故应急处置卡，配备消防、防雷、通讯、照明等应急器材和设施，根据生产经营设施的承载负荷或者生产经营场所核定的人数控制人员进入。定期组织对安全设施设备进行体检式安全评估，确保始终处于安全可靠状态。

4. 加强危险作业安全管理

企业应加强对爆破、吊装、动火、进入受限空间、登高，设备大修、危险装置设备试生产、建筑物或者构筑物拆除、油罐清洗、临时用电、涂装、危险品装卸，以及涉及重大危险源、油气管道、临近高压输电线路等危险作业的安全管理，制定专项安全管理制度措施，安排专门人员进行现场安全管理，监督危险作业人员严格按照操作规程进行操作，及时采取措施排除事故隐患、纠正违规行为。现场管理人员不得擅离职守。

2.5.4 严格落实基础管理责任

1. 认真执行安全生产“三同时”制度

企业新建、改建、扩建工程项目的安全设施投资，应纳入项目建设概算，安全设施与建设项目主体工程应同时设计、同时施工、同时投入生产和使用。高危行业领域建设项目应依法进行安全评价，安全设施未经设计审查合格不得施工建设，未经验收合格不得投入生产和使用。部分早期建设运行、未进行安全设计审核和验收的企业，应请原设计单位或有资质的第三方安全技术服务机构进行安全评估和设计，并按要求进行补充建设，经验收合格后再投入使用。

2. 加强职工安全防护管理

企业应按规定开展从业人员身体健康检查，定期为从业人员无偿提供和更新符合国家标准或者行业标准的劳动防护用品，督促、教育从业人员正确佩戴、使用，并如实记录购买和发放劳动防护用品情况。劳动防护用品不得以货币或者其他物品替代。企业工会应加强监督检查，贯彻实施工会劳动保护“三个条例”，建立专兼职结合的工会劳动保护队伍。

3. 加强外包等业务安全管理

企业委托其他具有专业资质的单位进行危险作业的，应在作业前与受托方签订安全生产管理协议，告知其作业现场存在的危险因素和防范措施，明确各自的安全生产职责。企业将生产经营项目、场所、设备发包或出租的，应与承包、承租单位签订专门的安全生产管理协议，或在承包合同、租赁合同中约定有关的安全生产管理事项。

4. 加强复工复产安全管理

企业复工复产前，应严格按照国家及行业有关标准和规定，制定复工复产方案，组织对生产系统特别是管道、阀门、仪表等机械设备，通风除尘、污水处理等处理设施，应急报警、放射防护、防雷防爆装置等保护设施进行全面检查，确保安全方可复工使用。

5. 提升智能制造水平

企业应积极运用智能化、信息化手段加强安全生产，推广应用先进适用的新技术、新工艺、新装备和新材料，建立安全生产监控系统并接入政府监管部门信息管理平台。加快实施机械化换人、自动化减人，实现精细化生产、标准化管理，从源头提高企业安全生产水平。化工生产企业应建成集重大危险源监控信息、可燃有毒气体检测报警信息、企业安全风险分区信息、生产人员在岗在位信息以及企业生产全流程管理信息等于一体的信息管理系统，实现风险隐患“一表清、一网控、一体防”。

2.5.5 严格落实应急处置责任

1. 强化应急救援能力建设

企业应针对本单位可能发生的生产安全事故特点及危害，制定相应的应急救援预案。建立专职或兼职人员组成的应急救援队伍，不具备单独建立专业应急救援队伍的企业，应与邻近建有专业救援队伍的企业签订救援协议，或者联合建立专业应急救援队伍，配备与本企业风险等级相适应的应急救援器材、设备和装备等物资，定期组织应急救援实战演练和人员避险自救训练，使各级各类人员熟悉应急救援预案，熟记岗位职责和应急处置要点，熟练操作应急救援器材和设备、装备，提高现场应急救援能力。

2. 严格事故报告和应急处置

企业应严格遵守事故报告有关规定，按照报告时限、内容、方式、对象等要求，及时、完整、客观地向有关部门报告事故，不得瞒报、漏报、谎报、迟报。企业法定代表人和实际控制人应按规定第一时间到达事故现场，立即启动事故应急救援预案，积极采取有效措施组织抢救，防止事故扩大。

3. 强化举一反三整改落实

企业应主动配合有关部门对责任事故的调查处理，妥善做好事故善后工作，深刻吸取事故教训，按照事故调查报告全面落实整改措施，并接受监督检查。重视加强对轻微事故、未遂事故的调查处理及原因分析，研究落实预防改进措施，防范人员伤亡和有较大财产损失的事故发生。建立事故信息共享机制，针对同行业、本地区发生的典型事故，及时组织学习反思、警示教育和自查自纠，有效预防类似事故发生。

2.6 新《安全生产法》十大亮点

亮点一："三个必须"写入了法律

新《安全生产法》第三条：安全生产工作坚持中国共产党的领导。

安全生产工作应当以人为本，坚持人民至上、生命至上，把保护人民生命安全摆在首位，树牢安全发展理念，坚持安全第一、预防为主、综合治理的方针，从源头上防范和化解重大安全风险。

安全生产工作实行管行业必须管安全、管业务必须管安全、管生产必须管安全，强化和落实生产经营单位主体责任与政府监管责任，建立生产经营单位责任、职工参与、政府监管、行业自律和社会监督的机制。

安全生产不应该只是安全管理部门的事，此次新《安全生产法》明确了"管行业必须管安全、管业务必须管安全、管生产必须管安全"的要求，安全生产将会成为企业全员的责任。

管行业必须管安全，阐明安全生产不仅仅是应急管理部门的职责，行业主管部门同样负有所在行业的安全监督管理职责；管业务必须管安全，即除了企业的主要负责人是第一责任人外，其他的副职都要根据分管业务对安全生产工作负责；管生产经营必须管安全，即抓生产的同时必须兼顾安全，抓好安全，否则出了事故，管生产的要担责。

亮点二：进一步明确了各部门的安全监督管理职能

新《安全生产法》第十条、第十七条明确：

一、交通运输、住房和城乡建设、水利、民航等有关部门在各自的职责范围内对相关行业、领域的安全生产工作实施监督管理；

二、新兴行业、领域由县级以上政府按照业务相近的原则确定监督管理部门；

三、相关部门要建立相互配合、齐抓共管、信息共享、资源共用，依法加强安全生产监督管理的工作机制；

四、安全生产权力和责任清单编制规定是此次新增加的条文，以防止有关部门推诿扯皮，压实相关部门责任。

安全生产从来不是一个职能部门就能完全解决的事情，一旦发生事故，更是牵一发而动全身。只有各部门相互配合、齐抓共管、信息共享、资源共用，才能从根本上加强安全生产监督管理的工作机制。

亮点三：进一步强化了全员安全生产责任制和生产经营单位的主体责任

1. 建立全员安全生产责任制

切实将安全生产责任落实到每一个部门、每一个岗位、每一个员工。

2. 建立安全风险分级管控机制、重大事故隐患排查及报告制度

企业应该建立安全风险分级管控机制，定期组织开展风险辨识评估，严格落实风险分级管控措施，切实做到重大事故隐患排查治理情况及时报告。

亮点四：加大主要负责人的职责和违法处罚力度

新《安全生产法》第五条：生产经营单位的主要负责人是本单位安全生产第一责任人，对本单位的安全生产工作全面，负责其他负责人对职责范围内的安全生产工作负责。

新《安全生产法》第九十五条：生产经营单位的主要负责人未履行本法规定的安全生产管理职责，导致发生生产安全事故的，由应急管理部门依照下列规定处以罚款：

（一）发生一般事故的，处上一年年收入百分之四十的罚款；

（二）发生较大事故的，处上一年年收入百分之六十的罚款；

（三）发生重大事故的，处上一年年收入百分之八十的罚款；

（四）发生特别重大事故的，处上一年年收入百分之一百的罚款。

新《安全生产法》第一百一十三条：生产经营单位存在下列情形之一的，负有安全生产监督管理职责的部门应当提请地方人民政府予以关闭，有关部门应当依法吊销其有关证照。生产经营单位主要负责人五年内不得担任任何生产经营单位的主要负责人；情节严重的，终身不得担任本行业生产经营单位的主要负责人：

（一）存在重大事故隐患，一百八十日内三次或者一年内四次受到本法规定的行政处罚的；

（二）经停产停业整顿，仍不具备法律、行政法规和国家标准或者行业标准规定的安全生产条件的；

（三）不具备法律、行政法规和国家标准或者行业标准规定的安全生产条件，导致发生重大、特别重大生产安全事故的；

（四）拒不执行负有安全生产监督管理职责的部门作出的停产停业整顿决定的。

亮点五：增加了生产经营单位对从业人员的人文关怀。

新《安全生产法》第四十四条：生产经营单位应当教育和督促从业人员严格执行本单位的安全生产规章制度和安全操作规程；并向从业人员如实告知作业场所和工作岗位存在的危险因素、防范措施以及事故应急措施。

生产经营单位应当关注从业人员的身体、心理状况和行为习惯，加强对从业人员的心理疏导、精神慰藉，严格落实岗位安全生产责任，防范从业人员行为异常导致事故发生。

新《安全生产法》第四十四条第二款，虽属于倡导性条款，没有对应法律责任，但也着实具有重大意义和现实需要。每一个有社会责任感的企业，都会从人文关怀的角度，给每

一位员工最大爱护。员工只有身心健康，才会以饱满的精力投入工作，为单位乃至社会创造更大价值。

亮点六：对矿山项目建设外包、危险作业等做了针对性修改

1. 新《安全生产法》第四十九条第三款，规范了矿山建设项目外包施工管理

第四十九条第三款：矿山、金属冶炼建设项目和用于生产、储存、装卸危险物品的建设项目的施工单位应当加强对施工项目的安全管理，不得倒卖、出租、出借、挂靠或者以其他形式非法转让施工资质，不得将其承包的全部建设工程转包给第三人或者将其承包的全部建设工程支解以后以分包的名义分别转包给第三人，不得将工程分包给不具备相应资质条件的单位。

2. 爆破作业、吊装作业、动火作业、临时用电作业，应设专人现场管理

新《安全生产法》第一百零一条第(三)项，严格了动火、临时用电等危险作业要求。在原来规定的爆破、吊装等作业基础上，增加了动火、临时用电作业时应当安排专门人员进行现场安全管理，确保操作规程的遵守和安全措施的落实。

亮点七：增加了违法行为的处罚范围

2021 年，新《安全生产法》第九十九条增加第四款：关闭、破坏直接关系生产安全的监控、报警、防护、救生设备、设施，或者篡改、隐瞒、销毁其相关数据、信息的；处五万元以上二十万元以下的罚款。

对接《刑法》第一百三十四条：危险作业罪，刑法处一年以下有期徒刑、拘役或者管制。

2021 年新《安全生产法》第九十九条增加第八款：餐饮等行业的生产经营单位使用燃气未安装可燃气体报警装置的。处五万元以上二十万元以下的罚款。

亮点八：加大对违法行为的惩处力度，最高罚款 1 亿元

1. 增加了按日计罚制度

按照原处罚数额按日连续处罚，进一步加大了安全生产违法成本。

2. 罚款金额更高(罚款数额的 2~5 倍)

发生特别重大事故，情节特别严重、影响特别恶劣的，可以按照罚款数额的 2 倍以上 5 倍以下，最高可罚至 1 亿元。

3. 惩戒力度更大

对第三方机构出具虚假报告等严重违法行为，一方面不仅处罚额度大幅增加，另一方面规定五年以内不得从事相关工作。情节严重的，实行终身行业和职业禁入。

对接《刑法》第二百二十九条，提供虚假证明文件罪，刑法处五年以下有期徒刑或者拘役。

亮点九：高危行业的强制保险制度

1. 安全生产责任保险

根据 2016 年《中共中央国务院关于推进安全生产领域改革发展的意见》，高危行业领域

主要包括：矿山、危险化学品、烟花爆竹、交通运输、建筑施工、民用爆炸物品、金属冶炼、渔业生产等。

2. 保障范围

本企业从业人员、第三方的人员伤亡和财产损失、相关救援救护、事故鉴定、法律诉讼。

新《安全生产法》第一百零九条：高危行业、领域的生产经营单位未按照国家规定投保安全生产责任保险的，责令限期改正，处五万元以上十万元以下的罚款；逾期未改正的，处十万元以上二十万元以下的罚款。

亮点十：规定了安全生产的公益诉讼制度和事故整改的评估制度

安全生产公益诉讼机关是人民检察院。可诉讼的情况包括：安全生产违法行为、重大事故隐患或者重大事故、国家利益或者社会公共利益。

负责事故调查处理的国务院有关部门和地方人民政府应当在批复事故调查报告后一年内，组织有关部门对事故整改和防范措施落实情况进行评估，并及时向社会公开评估结果。对不履行职责导致事故整改和防范措施没有落实的有关单位和人员，应当按照有关规定追究责任。

总的来说，与现行《安全生产法》相比，新《安全生产法》的要求更加严格，一旦发生安全事故，处罚力度也是翻倍的。值得注意的是，此次新《安全生产法》特别突出了安全生产信息化建设。

2.7 《中华人民共和国安全生产法》原文及导读

《中华人民共和国安全生产法》是为了加强安全生产监督管理，防止和减少生产安全事故，保障人民群众生命和财产安全，促进经济发展而制定。（2002 年 6 月 29 日第九届全国人民代表大会常务委员会第二十八次会议通过，根据 2009 年 8 月 27 日第十一届全国人民代表大会常务委员会第十次会议《关于修改部分法律的决定》第一次修正；根据 2014 年 8 月 31 日第十二届全国人民代表大会常务委员会第十次会议《关于修改<中华人民共和国安全生产法>的决定》第二次修正；根据 2021 年 6 月 10 日第十三届全国人民代表大会常务委员会第二十九次会议《关于修改<中华人民共和国安全生产法>的决定》第三次修正）。

《中华人民共和国安全生产法》法律原文

目录

第一章　总则
第二章　生产经营单位的安全生产保障
第三章　从业人员的安全生产权利义务
第四章　安全生产的监督管理
第五章　生产安全事故的应急救援与调查处理
第六章　法律责任

［**2-1** 问题讨论］：

（1）以人为本：

（2）人民至上：

第七章　附则

“《中华人民共和国安全生产法》第三版正文中用粗体标明的是本次修订新增加的内容”(编者注)。

第一章　总则

第一条　为了加强安全生产工作，防止和减少生产安全事故，保障人民群众生命和财产安全，促进经济社会持续健康发展，制定本法。

第二条　在中华人民共和国领域内从事生产经营活动的单位(以下统称生产经营单位)的安全生产，适用本法；有关法律、行政法规对消防安全和道路交通安全、铁路交通安全、水上交通安全、民用航空安全以及核与辐射安全、特种设备安全另有规定的，适用其规定。

第三条　**安全生产工作坚持中国共产党的领导。**

安全生产工作应当以人为本，坚持**人民至上、生命至上，把保护人民生命安全摆在首位，树牢**安全发展**理念**，坚持安全第一、预防为主、综合治理的方针，**从源头上防范化解重大安全风险。**

安全生产工作实行管行业必须管安全、管业务必须管安全、管生产经营必须管安全，强化和落实生产经营单位主体责任**与政府监管责任**，建立生产经营单位负责、职工参与、政府监管、行业自律和社会监督的机制。

第四条　生产经营单位必须遵守本法和其他有关安全生产的法律、法规，加强安全生产管理，建立健全全员安全生产责任制和安全生产规章制度，**加大对安全生产资金、物资、技术、人员的投入保障力度，**改善安全生产条件，**加强**安全生产标准化、信息化建设，**构建安全风险分级管控和隐患排查治理双重预防机制，健全风险防范化解机制，**提高安全生产水平，确保安全生产。

平台经济等新兴行业、领域的生产经营单位应当根据本行业、领域的特点，建立健全并落实全员安全生产责任制，加强从业人员安全生产教育和培训，履行本法和其他法律、法规规定的有关安全生产义务。

第五条　生产经营单位的主要负责人**是本单位安全生产第一责任人，**对本单位的安全生产工作全面负责。**其他负责人对职责范围内的安全生产工作负责。**

第六条　生产经营单位的从业人员有依法获得安全生产保障的权利，并应当依法履行安全生产方面的义务。

(3)坚持安全第一、预防为主、综合治理的方针；

(4)从源头上防范化解重大安全风险；

(5)建立生产经营单位负责、职工参与、政府监管、行业自律和社会监督的机制；

[2-2 问题讨论]：“三个必须管安全”的责任主体是谁？谁对安全生产负有监管责任？

[2-3 问题讨论]：生产经营单位的主要负责人的生产职责有哪些？

[2-4 问题讨论]：本单位安全生产第一责任人是谁？

第七条　工会依法对安全生产工作进行监督。

生产经营单位的工会依法组织职工参加本单位安全生产工作的民主管理和民主监督，维护职工在安全生产方面的合法权益。生产经营单位制定或者修改有关安全生产的规章制度，应当听取工会的意见。

第八条　国务院和县级以上地方各级人民政府应当根据国民经济和社会发展规划制定安全生产规划，并组织实施。安全生产规划应当与**国土空间规划等相关**规划相衔接。

各级人民政府应当加强安全生产基础设施建设和安全生产监管能力建设，所需经费列入本级预算。

县级以上地方各级人民政府应当组织有关部门建立完善安全风险评估与论证机制，按照安全风险管控要求，进行产业规划和空间布局，并对位置相邻、行业相近、业态相似的生产经营单位实施重大安全风险联防联控。

第九条　国务院和县级以上地方各级人民政府应当加强对安全生产工作的领导，建立健全安全生产工作协调机制，**支持、督促各有关部门依法履行安全生产监督管理职责，**及时协调、解决安全生产监督管理中存在的重大问题。

乡镇人民政府**和**街道办事处，**以及**开发区、**工业园区、港区、风景区**等应当**明确负责安全生产监督管理的有关工作机构及其职责，加强安全生产监管力量建设，**按照职责对本行政区域**或者管理区域**内生产经营单位安全生产状况进行监督检查，协助人民政府有关部门**或者按照授权**依法履行安全生产监督管理职责。

第十条　国务院**应急**管理部门依照本法，对全国安全生产工作实施综合监督管理；县级以上地方各级人民政府应急管理部门依照本法，对本行政区域内安全生产工作实施综合监督管理。

国务院、**交通运输、住房和城乡建设、水利、民航等**有关部门依照本法和其他有关法律、行政法规的规定，在各自的职责范围内对有关行业、领域的安全生产工作实施监督管理；县级以上地方各级人民政府有关部门依照本法和其他有关法律、法规的规定，在各自的职责范围内对有关行业、领域的安全生产工作实施监督管理。**对新兴行业、领域的安全生产监督管理职责不明确的，由县级以上地方各级人民政府按照业务相近的原则确定监督管理部门。**

应急管理部门和对有关行业、领域的安全生产工作实施监督管理的部门，统称负有安全生产监督管理职责的部门。

[2-5 问题讨论]：国务院应急管理部的安全职责是什么？县级以上地方各级人民政府应急管理部门的安全管理职责是什么？交通运输、住房和城乡建设、水利、民航等有关部门的安全职责是什么？

负有安全生产监督管理职责的部门应当相互配合、齐抓共管、信息共享、资源共用，依法加强安全生产监督管理工作。

第十一条　国务院有关部门应当按照保障安全生产的要求，依法及时制定有关的国家标准或者行业标准，并根据科技进步和经济发展适时修订。

生产经营单位必须执行依法制定的保障安全生产的国家标准或者行业标准。

第十二条　**国务院有关部门按照职责分工负责安全生产强制性国家标准的项目提出、组织起草、征求意见、技术审查。国务院应急管理部门统筹提出安全生产强制性国家标准的立项计划。国务院标准化行政主管部门负责安全生产强制性国家标准的立项、编号、对外通报和授权批准发布工作。国务院标准化行政主管部门、有关部门依据法定职责对安全生产强制性国家标准的实施进行监督检查。**

[**2-6 问题讨论**]：国家如何追究生产安全事故责任？

第十三条　各级人民政府及其有关部门应当采取多种形式，加强对有关安全生产的法律、法规和安全生产知识的宣传，增强全社会的安全生产意识。

第十四条　有关协会组织依照法律、行政法规和章程，为生产经营单位提供安全生产方面的信息、培训等服务，发挥自律作用，促进生产经营单位加强安全生产管理。

第十五条　依法设立的为安全生产提供技术、管理服务的机构，依照法律、行政法规和执业准则，接受生产经营单位的委托为其安全生产工作提供技术、管理服务。

生产经营单位委托前款规定的机构提供安全生产技术、管理服务的，保证安全生产的责任仍由本单位负责。

第十六条　国家实行生产安全事故责任追究制度，依照本法和有关法律、法规的规定，追究生产安全事故**责任单位和**责任人员的法律责任。

第十七条　**县级以上各级人民政府应当组织负有安全生产监督管理职责的部门依法编制安全生产权力和责任清单，公开并接受社会监督。**

第十八条　国家鼓励和支持安全生产科学技术研究和安全生产先进技术的推广应用，提高安全生产水平。

第十九条　国家对在改善安全生产条件、防止生产安全事故、参加抢险救护等方面取得显著成绩的单位和个人，给予奖励。

第二章　生产经营单位的安全生产保障

第二十条　生产经营单位应当具备本法和有关法律、行政法规和国家标准或者行业标准规定的安全生产条件；不具备安全生产条件的，不得从事生产经营活动。

第二十一条 生产经营单位的主要负责人对本单位安全生产工作负有下列职责：

（一）建立健全并**落实**本单位全员安全生产责任制，**加强安全生产标准化建设；**

（二）组织制定**并实施**本单位安全生产规章制度和操作规程；

（三）组织制定并实施本单位安全生产教育和培训计划；

（四）保证本单位安全生产投入的有效实施；

（五）**组织建立并落实安全风险分级管控和隐患排查治理双重预防工作机制，**督促、检查本单位的安全生产工作，及时消除生产安全事故隐患；

（六）组织制定并实施本单位的生产安全事故应急救援预案；

（七）及时、如实报告生产安全事故。

第二十二条 生产经营单位的**全员**安全生产责任制应当明确各岗位的责任人员、责任范围和考核标准等内容。

生产经营单位应当建立相应的机制，加强对**全员**安全生产责任制落实情况的监督考核，保证**全员**安全生产责任制的落实。

第二十三条 生产经营单位应当具备的安全生产条件所必需的资金投入，由生产经营单位的决策机构、主要负责人或者个人经营的投资人予以保证，并对由于安全生产所必需的资金投入不足导致的后果承担责任。

有关生产经营单位应当按照规定提取和使用安全生产费用，专门用于改善安全生产条件。安全生产费用在成本中据实列支。安全生产费用提取、使用和监督管理的具体办法由国务院财政部门会同国务院**应急**管理部门征求国务院有关部门意见后制定。

第二十四条 矿山、金属冶炼、建筑施工、运输单位和危险物品的生产、经营、储存、**装卸**单位，应当设置安全生产管理机构或者配备专职安全生产管理人员。

前款规定以外的其他生产经营单位，从业人员超过一百人的，应当设置安全生产管理机构或者配备专职安全生产管理人员；从业人员在一百人以下的，应当配备专职或者兼职的安全生产管理人员。

第二十五条 生产经营单位的安全生产管理机构以及安

[**2-7 问题讨论**]：生产经营单位安全生产管理人员的职责有哪些？

[**2-8 问题讨论**]：如何落实生产经营单位的全员安全生产责任制？

全生产管理人员履行下列职责：

（一）组织或者参与拟订本单位安全生产规章制度、操作规程和生产安全事故应急救援预案；

（二）组织或者参与本单位安全生产教育和培训，如实记录安全生产教育和培训情况；

（三）**组织开展危险源辨识和评估**，督促落实本单位重大危险源的安全管理措施；

（四）组织或者参与本单位应急救援演练；

（五）检查本单位的安全生产状况，及时排查生产安全事故隐患，提出改进安全生产管理的建议；

（六）制止和纠正违章指挥、强令冒险作业、违反操作规程的行为；

（七）督促落实本单位安全生产整改措施。

生产经营单位可以设置专职安全生产分管负责人，协助本单位主要负责人履行安全生产管理职责。

第二十六条　生产经营单位的安全生产管理机构以及安全生产管理人员应当恪尽职守，依法履行职责。

[**2-9 问题讨论**]：生产经营单位的安全生产管理机构以及安全生产管理人员须履行哪些职责？

生产经营单位作出涉及安全生产的经营决策，应当听取安全生产管理机构以及安全生产管理人员的意见。

生产经营单位不得因安全生产管理人员依法履行职责而降低其工资、福利等待遇或者解除与其订立的劳动合同。

危险物品的生产、储存单位以及矿山、金属冶炼单位的安全生产管理人员的任免，应当告知主管的负有安全生产监督管理职责的部门。

第二十七条　生产经营单位的主要负责人和安全生产管理人员必须具备与本单位所从事的生产经营活动相应的安全生产知识和管理能力。

危险物品的生产、经营、储存、**装卸**单位以及矿山、金属冶炼、建筑施工、运输单位的主要负责人和安全生产管理人员，应当由主管的负有安全生产监督管理职责的部门对其安全生产知识和管理能力考核合格。考核不得收费。

危险物品的生产、储存、**装卸**单位以及矿山、金属冶炼单位应当有注册安全工程师从事安全生产管理工作。鼓励其他生产经营单位聘用注册安全工程师从事安全生产管理工作。注册安全工程师按专业分类管理，具体办法由国务院人力资源和社会保障部门、国务院**应急**管理部门会同国务院有关部门制定。

[**2-10 问题讨论**]：注册安全工程师的“责、权、利”是什么？

第二十八条　生产经营单位应当对从业人员进行安全生

产教育和培训，保证从业人员具备必要的安全生产知识，熟悉有关的安全生产规章制度和安全操作规程，掌握本岗位的安全操作技能，了解事故应急处理措施，知悉自身在安全生产方面的权利和义务。未经安全生产教育和培训合格的从业人员，不得上岗作业。

生产经营单位使用被派遣劳动者的，应当将被派遣劳动者纳入本单位从业人员统一管理，对被派遣劳动者进行岗位安全操作规程和安全操作技能的教育和培训。劳务派遣单位应当对被派遣劳动者进行必要的安全生产教育和培训。

生产经营单位接收中等职业学校、高等学校学生实习的，应当对实习学生进行相应的安全生产教育和培训，提供必要的劳动防护用品。学校应当协助生产经营单位对实习学生进行安全生产教育和培训。

生产经营单位应当建立安全生产教育和培训档案，如实记录安全生产教育和培训的时间、内容、参加人员以及考核结果等情况。

第二十九条　生产经营单位采用新工艺、新技术、新材料或者使用新设备，必须了解、掌握其安全技术特性，采取有效的安全防护措施，并对从业人员进行专门的安全生产教育和培训。

第三十条　生产经营单位的特种作业人员必须按照国家有关规定经专门的安全作业培训，取得相应资格，方可上岗作业。

特种作业人员的范围由国务院**应急**管理部门会同国务院有关部门确定。

[2-11 问题讨论]：生产经营单位如何实施从业人员安全生产教育和培训？

第三十一条　生产经营单位新建、改建、扩建工程项目(以下统称建设项目)的安全设施，必须与主体工程同时设计、同时施工、同时投入生产和使用。安全设施投资应当纳入建设项目概算。

第三十二条　矿山、金属冶炼建设项目和用于生产、储存、**装卸**危险物品的建设项目，应当按照国家有关规定进行安全评价。

第三十三条　建设项目安全设施的设计人、设计单位应当对安全设施设计负责。

矿山、金属冶炼建设项目和用于生产、储存、**装卸**危险物品的建设项目的安全设施设计应当按照国家有关规定报经有关部门审查，审查部门及其负责审查的人员对审查结果负责。

第三十四条　矿山、金属冶炼建设项目和用于生产、储存、装卸危险物品的建设项目的施工单位必须按照批准的安全设施设计施工，并对安全设施的工程质量负责。

矿山、金属冶炼建设项目和用于生产、储存、装卸危险物品的建设项目竣工投入生产或者使用前，应当由建设单位负责组织对安全设施进行验收；验收合格后，方可投入生产和使用。**负有**安全生产监督管理**职责的**部门应当加强对建设单位验收活动和验收结果的监督核查。

第三十五条　生产经营单位应当在有较大危险因素的生产经营场所和有关设施、设备上，设置明显的安全警示标志。

第三十六条　安全设备的设计、制造、安装、使用、检测、维修、改造和报废，应当符合国家标准或者行业标准。

生产经营单位必须对安全设备进行经常性维护、保养，并定期检测，保证正常运转。维护、保养、检测应当作好记录，并由有关人员签字。

生产经营单位不得关闭、破坏直接关系生产安全的监控、报警、防护、救生设备、设施，或者篡改、隐瞒、销毁其相关数据、信息。

餐饮等行业的生产经营单位使用燃气的，应当安装可燃气体报警装置，并保障其正常使用。

第三十七条　生产经营单位使用的危险物品的容器、运输工具，以及涉及人身安全、危险性较大的海洋石油开采特种设备和矿山井下特种设备，必须按照国家有关规定，由专业生产单位生产，并经具有专业资质的检测、检验机构检测、检验合格，取得安全使用证或者安全标志，方可投入使用。检测、检验机构对检测、检验结果负责。

第三十八条　国家对严重危及生产安全的工艺、设备实行淘汰制度，具体目录由国务院**应急**管理部门会同国务院有关部门制定并公布。法律、行政法规对目录的制定另有规定的，适用其规定。

省、自治区、直辖市人民政府可以根据本地区实际情况制定并公布具体目录，对前款规定以外的危及生产安全的工艺、设备予以淘汰。

生产经营单位不得使用应当淘汰的危及生产安全的工艺、设备。

第三十九条　生产、经营、运输、储存、使用危险物品或者处置废弃危险物品的，由有关主管部门依照有关法律、法规的规定和国家标准或者行业标准审批并实施监督管理。

[2-12 拓展学习]：生产、经营、运输、储存、使用危险物品或者处置废弃危险物品的国内和国际相关标准、规范、国际公约有哪些？

[2-13 拓展学习]：我国关于从业人员劳动保护的相关法律、法规制度有哪些？

生产经营单位生产、经营、运输、储存、使用危险物品或者处置废弃危险物品，必须执行有关法律、法规和国家标准或者行业标准，建立专门的安全管理制度，采取可靠的安全措施，接受有关主管部门依法实施的监督管理。

第四十条　生产经营单位对重大危险源应当登记建档，进行定期检测、评估、监控，并制定应急预案，告知从业人员和相关人员在紧急情况下应当采取的应急措施。

[**2-14 拓展学习**]：(1)《中华人民共和国职业病防治法》共分为几章？

生产经营单位应当按照国家有关规定将本单位重大危险源及有关安全措施、应急措施报有关地方人民政府**应急**管理部门和有关部门备案。**有关地方人民政府应急管理部门和有关部门应当通过相关信息系统实现信息共享。**

第四十一条　生产经营单位应当建立安全风险分级管控制度，按照安全风险分级采取相应的管控措施。

(2)《中华人民共和国劳动法》关于劳动者保护的章节有哪些？

生产经营单位应当建立健全**并落实**生产安全事故隐患排查治理制度，采取技术、管理措施，及时发现并消除事故隐患。事故隐患排查治理情况应当如实记录，并**通过职工大会或者职工代表大会、信息公示栏等方式**向从业人员通报。**其中，重大事故隐患排查治理情况应当及时向负有安全生产监督管理职责的部门和职工大会或者职工代表大会报告。**

县级以上地方各级人民政府负有安全生产监督管理职责的部门应当**将重大事故隐患纳入相关信息系统**，建立健全重大事故隐患治理督办制度，督促生产经营单位消除重大事故隐患。

第四十二条　生产、经营、储存、使用危险物品的车间、商店、仓库不得与员工宿舍在同一座建筑物内，并应当与员工宿舍保持安全距离。

[**2-15 问题讨论**]：如何落实生产经营单位的安全生产保障？

生产经营场所和员工宿舍应当设有符合紧急疏散要求、标志明显、保持畅通的出口、**疏散通道**。禁止占用、锁闭、封堵生产经营场所或者员工宿舍的出口、**疏散通道**。

第四十三条　生产经营单位进行爆破、吊装、**动火、临时用电**以及国务院**应急**管理部门会同国务院有关部门规定的其他危险作业，应当安排专门人员进行现场安全管理，确保操作规程的遵守和安全措施的落实。

第四十四条　生产经营单位应当教育和督促从业人员严格执行本单位的安全生产规章制度和安全操作规程；并向从业人员如实告知作业场所和工作岗位存在的危险因素、防范措施以及事故应急措施。

生产经营单位应当关注从业人员的身体、心理状况和行

为习惯，加强对从业人员的心理疏导、精神慰藉，严格落实岗位安全生产责任，防范从业人员行为异常导致事故发生。

第四十五条　生产经营单位必须为从业人员提供符合国家标准或者行业标准的劳动防护用品，并监督、教育从业人员按照使用规则佩戴、使用。

[**2-16 问题讨论**]：《安全生产法》从哪些方面保障从业人员的安全权利？

第四十六条　生产经营单位的安全生产管理人员应当根据本单位的生产经营特点，对安全生产状况进行经常性检查；对检查中发现的安全问题，应当立即处理；不能处理的，应当及时报告本单位有关负责人，有关负责人应当及时处理。检查及处理情况应当如实记录在案。

生产经营单位的安全生产管理人员在检查中发现重大事故隐患，依照前款规定向本单位有关负责人报告，有关负责人不及时处理的，安全生产管理人员可以向主管的负有安全生产监督管理职责的部门报告，接到报告的部门应当依法及时处理。

第四十七条　生产经营单位应当安排用于配备劳动防护用品、进行安全生产培训的经费。

第四十八条　两个以上生产经营单位在同一作业区域内进行生产经营活动，可能危及对方生产安全的，应当签订安全生产管理协议，明确各自的安全生产管理职责和应当采取的安全措施，并指定专职安全生产管理人员进行安全检查与协调。

第四十九条　生产经营单位不得将生产经营项目、场所、设备发包或者出租给不具备安全生产条件或者相应资质的单位或者个人。

生产经营项目、场所发包或者出租给其他单位的，生产经营单位应当与承包单位、承租单位签订专门的安全生产管理协议，或者在承包合同、租赁合同中约定各自的安全生产管理职责；生产经营单位对承包单位、承租单位的安全生产工作统一协调、管理，定期进行安全检查，发现安全问题的，应当及时督促整改。

矿山、金属冶炼建设项目和用于生产、储存、装卸危险物品的建设项目的施工单位应当加强对施工项目的安全管理，不得倒卖、出租、出借、挂靠或者以其他形式非法转让施工资质，不得将其承包的全部建设工程转包给第三人或者将其承包的全部建设工程支解以后以分包的名义分别转包给第三人，不得将工程分包给不具备相应资质条件的单位。

第五十条　生产经营单位发生生产安全事故时，单位的主要负责人应当立即组织抢救，并不得在事故调查处理期间擅离职守。

第五十一条　生产经营单位必须依法参加工伤保险，为从业人员缴纳保险费。

国家鼓励生产经营单位投保安全生产责任保险；**属于国家规定的高危行业、领域的生产经营单位，应当投保安全生产责任保险。具体范围和实施办法由国务院应急管理部门会同国务院财政部门、国务院保险监督管理机构和相关行业主管部门制定。**

[**2-17** 问题讨论]：生产经营项目、场所发包或者出租给其他单位的，生产经营单位应当与承包单位、承租单位应有哪些约定？

第三章　从业人员的安全生产权利义务

第五十二条　生产经营单位与从业人员订立的劳动合同，应当载明有关保障从业人员劳动安全、防止职业危害的事项，以及依法为从业人员办理工伤保险的事项。

生产经营单位不得以任何形式与从业人员订立协议，免除或者减轻其对从业人员因生产安全事故伤亡依法应承担的责任。

第五十三条　生产经营单位的从业人员有权了解其作业场所和工作岗位存在的危险因素、防范措施及事故应急措施，有权对本单位的安全生产工作提出建议。

[**2-18** 问题讨论]：生产经营单位必须参保什么险种？推荐参保什么险种？

第五十四条　从业人员有权对本单位安全生产工作中存在的问题提出批评、检举、控告；有权拒绝违章指挥和强令冒险作业。

生产经营单位不得因从业人员对本单位安全生产工作提出批评、检举、控告或者拒绝违章指挥、强令冒险作业而降低其工资、福利等待遇或者解除与其订立的劳动合同。

第五十五条　从业人员发现直接危及人身安全的紧急情况时，有权停止作业或者在采取可能的应急措施后撤离作业场所。

生产经营单位不得因从业人员在前款紧急情况下停止作业或者采取紧急撤离措施而降低其工资、福利等待遇或者解除与其订立的劳动合同。

第五十六条　**生产经营单位发生生产安全事故后，应当及时采取措施救治有关人员。**

因生产安全事故受到损害的从业人员，除依法享有工伤保险外，依照有关民事法律尚有获得赔偿的权利的，有权提出赔偿要求。

[**2-19** 问题讨论]：从业人员的安全生产权利有哪些？义务有哪些？

第五十七条　从业人员在作业过程中，应当严格**落实岗**

位安全责任，遵守本单位的安全生产规章制度和操作规程，服从管理，正确佩戴和使用劳动防护用品。

第五十八条　从业人员应当接受安全生产教育和培训，掌握本职工作所需的安全生产知识，提高安全生产技能，增强事故预防和应急处理能力。

第五十九条　从业人员发现事故隐患或者其他不安全因素，应当立即向现场安全生产管理人员或者本单位负责人报告；接到报告的人员应当及时予以处理。

第六十条　工会有权对建设项目的安全设施与主体工程同时设计、同时施工、同时投入生产和使用进行监督，提出意见。

工会对生产经营单位违反安全生产法律、法规，侵犯从业人员合法权益的行为，有权要求纠正；发现生产经营单位违章指挥、强令冒险作业或者发现事故隐患时，有权提出解决的建议，生产经营单位应当及时研究答复；发现危及从业人员生命安全的情况时，有权向生产经营单位建议组织从业人员撤离危险场所，生产经营单位必须立即作出处理。

[**2-20 问题讨论**]：对生产监督管理部门的做法存疑时应如何处理？

工会有权依法参加事故调查，向有关部门提出处理意见，并要求追究有关人员的责任。

第六十一条　生产经营单位使用被派遣劳动者的，被派遣劳动者享有本法规定的从业人员的权利，并应当履行本法规定的从业人员的义务。

第四章　安全生产的监督管理

第六十二条　县级以上地方各级人民政府应当根据本行政区域内的安全生产状况，组织有关部门按照职责分工，对本行政区域内容易发生重大生产安全事故的生产经营单位进行严格检查。

应急管理部门应当按照分类分级监督管理的要求，制定安全生产年度监督检查计划，并按照年度监督检查计划进行监督检查，发现事故隐患，应当及时处理。

[**2-21 问题讨论**]：应急管理部门应当按照分类分级监督管理的要求，制定安全生产年度监督检查计划。这里的分类是指什么？分级是指什么？

第六十三条　负有安全生产监督管理职责的部门依照有关法律、法规的规定，对涉及安全生产的事项需要审查批准（包括批准、核准、许可、注册、认证、颁发证照等，下同）或者验收的，必须严格依照有关法律、法规和国家标准或者行业标准规定的安全生产条件和程序进行审查；不符合有关法律、法规和国家标准或者行业标准规定的安全生产条件的，不得批准或者验收通过。对未依法取得批准或者验收合格的单位擅自从事有关活动的，负责行政审批的部门发现或者接到举报后应当立即予以取缔，并依法予以处理。对已经依法取得批准的单位，负责行政审批的部门发现其不再具备安全生产条件的，应当撤销原批准。

第六十四条　负有安全生产监督管理职责的部门对涉及安全生产的事项进行审查、验收，不得收取费用；不得要求接受审查、验收的单位购买其指定品牌或者指定生产、销售单位的安全设备、器材或者其他产品。

第六十五条　**应急**管理部门和其他负有安全生产监督管理职责的部门依法开展安全生产行政执法工作，对生产经营单位执行有关安全生产的法律、法规和国家标准或者行业标准的情况进行监督检查，行使以下职权：

（一）进入生产经营单位进行检查，调阅有关资料，向有关单位和人员了解情况；

（二）对检查中发现的安全生产违法行为，当场予以纠正或者要求限期改正；对依法应当给予行政处罚的行为，依照本法和其他有关法律、行政法规的规定作出行政处罚决定；

（三）对检查中发现的事故隐患，应当责令立即排除；重大事故隐患排除前或者排除过程中无法保证安全的，应当责令从危险区域内撤出作业人员，责令暂时停产停业或者停止使用相关设施、设备；重大事故隐患排除后，经审查同意，方可恢复生产经营和使用；

（四）对有根据认为不符合保障安全生产的国家标准或者行业标准的设施、设备、器材以及违法生产、储存、使用、经营、运输的危险物品予以查封或者扣押，对违法生产、储存、使用、经营危险物品的作业场所予以查封，并依法作出处理决定。

监督检查不得影响被检查单位的正常生产经营活动。

第六十六条　生产经营单位对负有安全生产监督管理职责的部门的监督检查人员（以下统称安全生产监督检查人员）依法履行监督检查职责，应当予以配合，不得拒绝、阻挠。

第六十七条　安全生产监督检查人员应当忠于职守，坚持原则，秉公执法。

安全生产监督检查人员执行监督检查任务时，必须出示有效的**行政**执法证件；对涉及被检查单位的技术秘密和业务秘密，应当为其保密。

第六十八条　安全生产监督检查人员应当将检查的时间、地点、内容、发现的问题及其处理情况，作出书面记录，并

[2-22 问题讨论]：负有安全生产监督管理职责的部门依照有关法律、法规的规定，对涉及安全生产的事项需要审查批准（包括批准、核准、许可、注册、认证、颁发证照等）或者验收时必须执行哪些安全生产监督条款？

由检查人员和被检查单位的负责人签字；被检查单位的负责人拒绝签字的，检查人员应当将情况记录在案，并向负有安全生产监督管理职责的部门报告。

第六十九条　负有安全生产监督管理职责的部门在监督检查中，应当互相配合，实行联合检查；确需分别进行检查的，应当互通情况，发现存在的安全问题应当由其他有关部门进行处理的，应当及时移送其他有关部门并形成记录备查，接受移送的部门应当及时进行处理。

第七十条　负有安全生产监督管理职责的部门依法对存在重大事故隐患的生产经营单位作出停产停业、停止施工、停止使用相关设施或者设备的决定，生产经营单位应当依法执行，及时消除事故隐患。生产经营单位拒不执行，有发生生产安全事故的现实危险的，在保证安全的前提下，经本部门主要负责人批准，负有安全生产监督管理职责的部门可以采取通知有关单位停止供电、停止供应民用爆炸物品等措施，强制生产经营单位履行决定。通知应当采用书面形式，有关单位应当予以配合。

负有安全生产监督管理职责的部门依照前款规定采取停止供电措施，除有危及生产安全的紧急情形外，应当提前二十四小时通知生产经营单位。生产经营单位依法履行行政决定、采取相应措施消除事故隐患的，负有安全生产监督管理职责的部门应当及时解除前款规定的措施。

第七十一条　监察机关依照监察法的规定，对负有安全生产监督管理职责的部门及其工作人员履行安全生产监督管理职责实施监察。

第七十二条　承担安全评价、认证、检测、检验**职责**的机构应当具备国家规定的资质条件，并对其作出的安全评价、认证、检测、检验结果**的合法性、真实性**负责。**资质条件由国务院应急管理部门会同国务院有关部门制定。**

承担安全评价、认证、检测、检验职责的机构应当建立并实施服务公开和报告公开制度，不得租借资质、挂靠、出具虚假报告。

第七十三条　负有安全生产监督管理职责的部门应当建立举报制度，公开举报电话、信箱或者电子邮件地址**等网络举报平台**，受理有关安全生产的举报；受理的举报事项经调查核实后，应当形成书面材料；需要落实整改措施的，报经有关负责人签字并督促落实。**对不属于本部门职责，需要由其他有关部门进行调查处理的，转交其他有关部门处理。**

[**2-23 问题讨论**]：安全生产监督管理部门的权利义务有哪些？

涉及人员死亡的举报事项，应当由县级以上人民政府组织核查处理。

第七十四条　任何单位或者个人对事故隐患或者安全生产违法行为，均有权向负有安全生产监督管理职责的部门报告或者举报。

因安全生产违法行为造成重大事故隐患或者导致重大事故，致使国家利益或者社会公共利益受到侵害的，人民检察院可以根据民事诉讼法、行政诉讼法的相关规定提起公益诉讼。

第七十五条　居民委员会、村民委员会发现其所在区域内的生产经营单位存在事故隐患或者安全生产违法行为时，应当向当地人民政府或者有关部门报告。

第七十六条　县级以上各级人民政府及其有关部门对报告重大事故隐患或者举报安全生产违法行为的有功人员，给予奖励。具体奖励办法由国务院**应急**管理部门会同国务院财政部门制定。

第七十七条　新闻、出版、广播、电影、电视等单位有进行安全生产公益宣传教育的义务，有对违反安全生产法律、法规的行为进行舆论监督的权利。

第七十八条　负有安全生产监督管理职责的部门应当建立安全生产违法行为信息库，如实记录生产经营单位**及其有关从业人员**的安全生产违法行为信息；对违法行为情节严重的生产经营单位**及其有关从业人员**，应当**及时**向社会公告，并通报行业主管部门、投资主管部门、**自然**资源主管部门、**生态环境主管部门**、证券监督管理机构以及有关金融机构。**有关部门和机构应当对存在失信行为的生产经营单位及其有关从业人员采取加大执法检查频次、暂停项目审批、上调有关保险费率、行业或者职业禁入等联合惩戒措施，并向社会公示。**

负有安全生产监督管理职责的部门应当加强对生产经营单位行政处罚信息的及时归集、共享、应用和公开，对生产经营单位作出处罚决定后七个工作日内在监督管理部门公示系统予以公开曝光，强化对违法失信生产经营单位及其有关从业人员的社会监督，提高全社会安全生产诚信水平。

第五章　生产安全事故的应急救援与调查处理

第七十九条　国家加强生产安全事故应急能力建设，在重点行业、领域建立应急救援基地和应急救援队伍，**并由国**

[2-24 问题讨论]：承担安全评价、认证、检测、检验职责的机构应当对其作出的相关结果负哪些责任？

[2-25 问题讨论]：如何进行应急救援？

(1) 应急救援物资准备：

家安全生产应急救援机构统一协调指挥；鼓励生产经营单位和其他社会力量建立应急救援队伍，配备相应的应急救援装备和物资，提高应急救援的专业化水平。

国务院**应急**管理部门**牵头**建立全国统一的生产安全事故应急救援信息系统，国务院**交通运输、住房和城乡建设、水利、民航等**有关部门**和县级以上地方人民政府**建立健全相关行业、领域、地区的生产安全事故应急救援信息系统，**实现互联互通、信息共享，通过推行网上安全信息采集、安全监管和监测预警，提升监管的精准化、智能化水平。**

（2）应急救援队伍建设：

第八十条　县级以上地方各级人民政府应当组织有关部门制定本行政区域内生产安全事故应急救援预案，建立应急救援体系。

乡镇人民政府和街道办事处，以及开发区、工业园区、港区、风景区等应当制定相应的生产安全事故应急救援预案，协助人民政府有关部门或者按照授权依法履行生产安全事故应急救援工作职责。

第八十一条　生产经营单位应当制定本单位生产安全事故应急救援预案，与所在地县级以上地方人民政府组织制定的生产安全事故应急救援预案相衔接，并定期组织演练。

第八十二条　危险物品的生产、经营、储存单位以及矿山、金属冶炼、城市轨道交通运营、建筑施工单位应当建立应急救援组织；生产经营规模较小的，可以不建立应急救援组织，但应当指定兼职的应急救援人员。

危险物品的生产、经营、储存、运输单位以及矿山、金属冶炼、城市轨道交通运营、建筑施工单位应当配备必要的应急救援器材、设备和物资，并进行经常性维护、保养，保证正常运转。

（3）应急救援队伍方案制定：

第八十三条　生产经营单位发生生产安全事故后，事故现场有关人员应当立即报告本单位负责人。

单位负责人接到事故报告后，应当迅速采取有效措施，组织抢救，防止事故扩大，减少人员伤亡和财产损失，并按照国家有关规定立即如实报告当地负有安全生产监督管理职责的部门，不得隐瞒不报、谎报或者迟报，不得故意破坏事故现场、毁灭有关证据。

第八十四条　负有安全生产监督管理职责的部门接到事故报告后，应当立即按照国家有关规定上报事故情况。负有安全生产监督管理职责的部门和有关地方人民政府对事故情况不得隐瞒不报、谎报或者迟报。

第八十五条　有关地方人民政府和负有安全生产监督管理职责的部门的负责人接到生产安全事故报告后，应当按照生产安全事故应急救援预案的要求立即赶到事故现场，组织事故抢救。

参与事故抢救的部门和单位应当服从统一指挥，加强协同联动，采取有效的应急救援措施，并根据事故救援的需要采取警戒、疏散等措施，防止事故扩大和次生灾害的发生，减少人员伤亡和财产损失。

(4) 应急救援响应：

事故抢救过程中应当采取必要措施，避免或者减少对环境造成的危害。

任何单位和个人都应当支持、配合事故抢救，并提供一切便利条件。

第八十六条　事故调查处理应当按照科学严谨、依法依规、实事求是、注重实效的原则，及时、准确地查清事故原因，查明事故性质和责任，**评估应急处置工作**，总结事故教训，提出整改措施，并对事故责任**单位和人员**提出处理**建议**。事故调查报告应当依法及时向社会公布。事故调查和处理的具体办法由国务院制定。

事故发生单位应当及时全面落实整改措施，负有安全生产监督管理职责的部门应当加强监督检查。

(5) 事故调查：

负责事故调查处理的国务院有关部门和地方人民政府应当在批复事故调查报告后一年内，组织有关部门对事故整改和防范措施落实情况进行评估，并及时向社会公开评估结果；对不履行职责导致事故整改和防范措施没有落实的有关单位和人员，应当按照有关规定追究责任。

第八十七条　生产经营单位发生生产安全事故，经调查确定为责任事故的，除了应当查明事故单位的责任并依法予以追究外，还应当查明对安全生产的有关事项负有审查批准和监督职责的行政部门的责任，对有失职、渎职行为的，依照本法第**九十**条的规定追究法律责任。

第八十八条　任何单位和个人不得阻挠和干涉对事故的依法调查处理。

第八十九条　县级以上地方各级人民政府**应急**管理部门应当定期统计分析本行政区域内发生生产安全事故的情况，并定期向社会公布。

第六章　法律责任

第九十条　负有安全生产监督管理职责的部门的工作人

员，有下列行为之一的，给予降级或者撤职的处分；构成犯罪的，依照刑法有关规定追究刑事责任：

（一）对不符合法定安全生产条件的涉及安全生产的事项予以批准或者验收通过的；

（二）发现未依法取得批准、验收的单位擅自从事有关活动或者接到举报后不予取缔或者不依法予以处理的；

（三）对已经依法取得批准的单位不履行监督管理职责，发现其不再具备安全生产条件而不撤销原批准或者发现安全生产违法行为不予查处的；

（四）在监督检查中发现重大事故隐患，不依法及时处理的。

负有安全生产监督管理职责的部门的工作人员有前款规定以外的滥用职权、玩忽职守、徇私舞弊行为的，依法给予处分；构成犯罪的，依照刑法有关规定追究刑事责任。

第九十一条　负有安全生产监督管理职责的部门，要求被审查、验收的单位购买其指定的安全设备、器材或者其他产品的，在对安全生产事项的审查、验收中收取费用的，由其上级机关或者监察机关责令改正，责令退还收取的费用；情节严重的，对直接负责的主管人员和其他直接责任人员依法给予处分。

第九十二条　**承担安全评价、认证、检测、检验职责的机构出具失实报告的，责令停业整顿，并处三万元以上十万元以下的罚款；给他人造成损害的，依法承担赔偿责任。**

承担安全评价、认证、检测、检验**职责**的机构**租借资质、挂靠**、出具虚假**报告**的，没收违法所得；违法所得在十万元以上的，并处违法所得二倍以上五倍以下的罚款，没有违法所得或者违法所得不足十万元的，单处或者并处十万元以上二十万元以下的罚款；对其直接负责的主管人员和其他直接责任人员处五万元以上十万元以下的罚款；给他人造成损害的，与生产经营单位承担连带赔偿责任；构成犯罪的，依照刑法有关规定追究刑事责任。

对有前款违法行为的机构**及其直接责任人员**，吊销其相应资质**和资格，五年内不得从事安全评价、认证、检测、检验等工作；情节严重的，实行终身行业和职业禁入。**

第九十三条　生产经营单位的决策机构、主要负责人或者个人经营的投资人不依照本法规定保证安全生产所必需的资金投入，致使生产经营单位不具备安全生产条件的，责令限期改正，提供必需的资金；逾期未改正的，责令生产经营

[2-26 问题讨论]：安全生产监督管理部门的法律责任有哪些？

单位停产停业整顿。

有前款违法行为，导致发生生产安全事故的，对生产经营单位的主要负责人给予撤职处分，对个人经营的投资人处二万元以上二十万元以下的罚款；构成犯罪的，依照刑法有关规定追究刑事责任。

第九十四条　生产经营单位的主要负责人未履行本法规定的安全生产管理职责的，责令限期改正，**处二万元以上五万元以下的罚款；**逾期未改正的，处五万元以上十万元以下的罚款，责令生产经营单位停产停业整顿。

生产经营单位的主要负责人有前款违法行为，导致发生生产安全事故的，给予撤职处分；构成犯罪的，依照刑法有关规定追究刑事责任。

生产经营单位的主要负责人依照前款规定受刑事处罚或者撤职处分的，自刑罚执行完毕或者受处分之日起，五年内不得担任任何生产经营单位的主要负责人；对重大、特别重大生产安全事故负有责任的，终身不得担任本行业生产经营单位的主要负责人。

第九十五条　生产经营单位的主要负责人未履行本法规定的安全生产管理职责，导致发生生产安全事故的，由**应急**管理部门依照下列规定处以罚款：

（一）发生一般事故的，处上一年年收入百分之**四**十的罚款；

（二）发生较大事故的，处上一年年收入百分之**六**十的罚款；

（三）发生重大事故的，处上一年年收入百分之**八**十的罚款；

（四）发生特别重大事故的，处上一年年收入百分之**一百**的罚款。

[2-27 问题讨论]：《中华人民共和国安全生产法》对生产经营单位负责人的法律处罚有哪些规定？

第九十六条　生产经营单位的**其他负责人和**安全生产管理人员未履行本法规定的安全生产管理职责的，责令限期改正，**处一万元以上三万元以下的罚款；**导致发生生产安全事故的，暂停或者吊销其与安全生产有关的资格，**并处上一年年收入百分之二十以上百分之五十以下的罚款；**构成犯罪的，依照刑法有关规定追究刑事责任。

第九十七条　生产经营单位有下列行为之一的，责令限期改正，**处十**万元以下的罚款；逾期未改正的，责令停产停业整顿，并处**十**万元以上二**十**万元以下的罚款，对其直接负责的主管人员和其他直接责任人员处二万元以上**五**万元以下的罚款：

（一）未按照规定设置安全生产管理机构或者配备安全生产管理人员、**注册安全工程师**的；

（二）危险物品的生产、经营、储存、**装卸**单位以及矿山、金属冶炼、建筑施工、运输单位的主要负责人和安全生产管理人员未按照规定经考核合格的；

（三）未按照规定对从业人员、被派遣劳动者、实习学生进行安全生产教育和培训，或者未按照规定如实告知有关的安全生产事项的；

（四）未如实记录安全生产教育和培训情况的；

（五）未将事故隐患排查治理情况如实记录或者未向从业人员通报的；

（六）未按照规定制定生产安全事故应急救援预案或者未定期组织演练的；

（七）特种作业人员未按照规定经专门的安全作业培训并取得相应资格，上岗作业的。

第九十八条　生产经营单位有下列行为之一的，责令停止建设或者停产停业整顿，限期改正，**并处十万元以上五十万元以下的罚款，对其直接负责的主管人员和其他直接责任人员处二万元以上五万元以下的罚款**；逾期未改正的，处五十万元以上一百万元以下的罚款，对其直接负责的主管人员和其他直接责任人员处五万元以上十万元以下的罚款；构成犯罪的，依照刑法有关规定追究刑事责任：

（一）未按照规定对矿山、金属冶炼建设项目或者用于生产、储存、装卸危险物品的建设项目进行安全评价的；

（二）矿山、金属冶炼建设项目或者用于生产、储存、装卸危险物品的建设项目没有安全设施设计或者安全设施设计未按照规定报经有关部门审查同意的；

（三）矿山、金属冶炼建设项目或者用于生产、储存、装卸危险物品的建设项目的施工单位未按照批准的安全设施设计施工的；

（四）矿山、金属冶炼建设项目或者用于生产、储存、**装卸**危险物品的建设项目竣工投入生产或者使用前，安全设施未经验收合格的。

第九十九条　生产经营单位有下列行为之一的，责令限期改正，处五万元以下的罚款；逾期未改正的，处五万元以上二十万元以下的罚款，对其直接负责的主管人员和其他直接责任人员处一万元以上二万元以下的罚款；情节严重的，

[**2-28 问题讨论**]：生产经营单位被处罚金，可能是违反了《安全生产法》中的哪些规定？

责令停产停业整顿；构成犯罪的，依照刑法有关规定追究刑事责任：

（一）未在有较大危险因素的生产经营场所和有关设施、设备上设置明显的安全警示标志的；

（二）安全设备的安装、使用、检测、改造和报废不符合国家标准或者行业标准的；

（三）未对安全设备进行经常性维护、保养和定期检测的；

（四）关闭、破坏直接关系生产安全的监控、报警、防护、救生设备、设施，或者篡改、隐瞒、销毁其相关数据、信息的；

（五）未为从业人员提供符合国家标准或者行业标准的劳动防护用品的；

（**六**）危险物品的容器、运输工具，以及涉及人身安全、危险性较大的海洋石油开采特种设备和矿山井下特种设备未经具有专业资质的机构检测、检验合格，取得安全使用证或者安全标志，投入使用的；

（**七**）使用应当淘汰的危及生产安全的工艺、设备的；

（八）餐饮等行业的生产经营单位使用燃气未安装可燃气体报警装置的。

第一百条　未经依法批准，擅自生产、经营、运输、储存、使用危险物品或者处置废弃危险物品的，依照有关危险物品安全管理的法律、行政法规的规定予以处罚；构成犯罪的，依照刑法有关规定追究刑事责任。

第一百零一条　生产经营单位有下列行为之一的，责令限期改正，处十万元以下的罚款；逾期未改正的，责令停产停业整顿，并处十万元以上二十万元以下的罚款，对其直接负责的主管人员和其他直接责任人员处二万元以上五万元以下的罚款；构成犯罪的，依照刑法有关规定追究刑事责任：

（一）生产、经营、运输、储存、使用危险物品或者处置废弃危险物品，未建立专门安全管理制度、未采取可靠的安全措施的；

（二）对重大危险源未登记建档，未进行**定期检测**、评估、监控，未制定应急预案，**或者未告知应急措施**的；

（三）进行爆破、吊装、**动火、临时用电**以及国务院**应急**管理部门会同国务院有关部门规定的其他危险作业，未安排专门人员进行现场安全管理的；

（四）未建立安全风险分级管控制度或者未按照安全风险

[2-29 拓展学习]：《中华人民共和国突发事件应对法》适用于“生产安全事故的应急救援与调查处理”吗？

[2-30 问题讨论]：生产经营单位与承包单位、承租单位的安全生产管理职责如何界定？如何处罚？

分级采取相应管控措施的；

（五）未建立事故隐患排查治理制度，**或者重大事故隐患排查治理情况未按照规定报告的**。

第一百零二条　生产经营单位未采取措施消除事故隐患的，责令立即消除或者限期消除，**处五万元以下的罚款**；生产经营单位拒不执行的，责令停产停业整顿，对其直接负责的主管人员和其他直接责任人员处五万元以上十万元以下的罚款；**构成犯罪的，依照刑法有关规定追究刑事责任。**

第一百零三条　生产经营单位将生产经营项目、场所、设备发包或者出租给不具备安全生产条件或者相应资质的单位或者个人的，责令限期改正，没收违法所得；违法所得十万元以上的，并处违法所得二倍以上五倍以下的罚款；没有违法所得或者违法所得不足十万元的，单处或者并处十万元以上二十万元以下的罚款；对其直接负责的主管人员和其他直接责任人员处一万元以上二万元以下的罚款；导致发生生产安全事故给他人造成损害的，与承包方、承租方承担连带赔偿责任。

生产经营单位未与承包单位、承租单位签订专门的安全生产管理协议或者未在承包合同、租赁合同中明确各自的安全生产管理职责，或者未对承包单位、承租单位的安全生产统一协调、管理的，责令限期改正，处五万元以下的罚款，对其直接负责的主管人员和其他直接责任人员处一万元以下的罚款；逾期未改正的，责令停产停业整顿。

矿山、金属冶炼建设项目和用于生产、储存、装卸危险物品的建设项目的施工单位未按照规定对施工项目进行安全管理的，责令限期改正，处十万元以下的罚款，对其直接负责的主管人员和其他直接责任人员处二万元以下的罚款；逾期未改正的，责令停产停业整顿。以上施工单位倒卖、出租、出借、挂靠或者以其他形式非法转让施工资质的，责令停产停业整顿，吊销资质证书，没收违法所得；违法所得十万元以上的，并处违法所得二倍以上五倍以下的罚款，没有违法所得或者违法所得不足十万元的，单处或者并处十万元以上二十万元以下的罚款；对其直接负责的主管人员和其他直接责任人员处五万元以上十万元以下的罚款；构成犯罪的，依照刑法有关规定追究刑事责任。

第一百零四条　两个以上生产经营单位在同一作业区域内进行可能危及对方安全生产的生产经营活动，未签订安全生产管理协议或者未指定专职安全生产管理人员进行安全检

[**2-31** 问题讨论]：生产经营单位与从业者之间存在的安全协定哪些是合理的，哪些是违法的？

查与协调的，责令限期改正，处五万元以下的罚款，对其直接负责的主管人员和其他直接责任人员处一万元以下的罚款；逾期未改正的，责令停产停业。

第一百零五条　生产经营单位有下列行为之一的，责令限期改正，处五万元以下的罚款，对其直接负责的主管人员和其他直接责任人员处一万元以下的罚款；逾期未改正的，责令停产停业整顿；构成犯罪的，依照刑法有关规定追究刑事责任：

（一）生产、经营、储存、使用危险物品的车间、商店、仓库与员工宿舍在同一座建筑内，或者与员工宿舍的距离不符合安全要求的；

（二）生产经营场所和员工宿舍未设有符合紧急疏散需要、标志明显、保持畅通的出口、**疏散通道**，或者**占用**、锁闭、封堵生产经营场所或者员工宿舍出口、**疏散通道**的。

第一百零六条　生产经营单位与从业人员订立协议，免除或者减轻其对从业人员因生产安全事故伤亡依法应承担的责任的，该协议无效；对生产经营单位的主要负责人、个人经营的投资人处二万元以上十万元以下的罚款。

第一百零七条　生产经营单位的从业人员**不落实岗位安全责任**，不服从管理，违反安全生产规章制度或者操作规程的，由生产经营单位给予批评教育，依照有关规章制度给予处分；构成犯罪的，依照刑法有关规定追究刑事责任。

第一百零八条　违反本法规定，生产经营单位拒绝、阻碍负有安全生产监督管理职责的部门依法实施监督检查的，责令改正；拒不改正的，处二万元以上二十万元以下的罚款；对其直接负责的主管人员和其他直接责任人员处一万元以上二万元以下的罚款；构成犯罪的，依照刑法有关规定追究刑事责任。

第一百零九条　**高危行业、领域的生产经营单位未按照国家规定投保安全生产责任保险的，责令限期改正，处五万元以上十万元以下的罚款；逾期未改正的，处十万元以上二十万元以下的罚款。**

第一百一十条　生产经营单位的主要负责人在本单位发生生产安全事故时，不立即组织抢救或者在事故调查处理期间擅离职守或者逃匿的，给予降级、撤职的处分，并由**应急**管理部门处上一年年收入百分之六十至百分之一百的罚款；对逃匿的处十五日以下拘留；构成犯罪的，依照刑法有关规定追究刑事责任。

生产经营单位的主要负责人对生产安全事故隐瞒不报、谎报或者迟报的，依照前款规定处罚。

第一百一十一条 有关地方人民政府、负有安全生产监督管理职责的部门，对生产安全事故隐瞒不报、谎报或者迟报的，对直接负责的主管人员和其他直接责任人员依法给予处分；构成犯罪的，依照刑法有关规定追究刑事责任。

第一百一十二条 **生产经营单位违反本法规定，被责令改正且受到罚款处罚，拒不改正的，负有安全生产监督管理职责的部门可以自作出责令改正之日的次日起，按照原处罚数额按日连续处罚。**

第一百一十三条 生产经营单位**存在下列情形之一的，负有安全生产监督管理职责的部门应当提请地方人民政府**予以关闭，有关部门应当依法吊销其有关证照。**生产经营单位主要负责人五年内不得担任任何生产经营单位的主要负责人；情节严重的，终身不得担任本行业生产经营单位的主要负责人：**

（一）存在重大事故隐患，一百八十日内三次或者一年内四次受到本法规定的行政处罚的；

（二）经停产停业整顿，仍不具备**法律、行政法规和国家标准或者行业标准规定的**安全生产条件的；

（三）不具备法律、行政法规和国家标准或者行业标准规定的安全生产条件，**导致发生重大、特别重大生产安全事故的；**

（四）拒不执行负有安全生产监督管理职责的部门作出的停产停业整顿决定的。

第一百一十四条 发生生产安全事故，对负有责任的生产经营单位除要求其依法承担相应的赔偿等责任外，由**应急**管理部门依照下列规定处以罚款：

（一）发生一般事故的，处三十万元以上**一百**万元以下的罚款；

（二）发生较大事故的，处**一百**万元以上二百万元以下的罚款；

（三）发生重大事故的，处二百万元以上**一千**万元以下的罚款；

（四）发生特别重大事故的，处**一千**万元以上二千万元以下的罚款。

发生生产安全事故，情节特别严重、影响特别恶劣的，应急管理部门可以按照前款罚款数额的二倍以上五倍以下对

[**2-32 头脑风暴**]：如何看待经济处罚对企业安全生产的影响？

[**2-33 问题讨论**]：什么是“三同时”原则？

负有责任的生产经营单位处以罚款。

第一百一十五条 本法规定的行政处罚，由**应急**管理部门和其他负有安全生产监督管理职责的部门按照职责分工决定；**其中，根据本法第九十五条、第一百一十条、第一百一十四条的规定应当给予民航、铁路、电力行业的生产经营单位及其主要负责人行政处罚的，也可以由主管的负有安全生产监督管理职责的部门进行处罚。**予以关闭的行政处罚，由负有安全生产监督管理职责的部门报请县级以上人民政府按照国务院规定的权限决定；给予拘留的行政处罚，由公安机关依照治安管理处罚的规定决定。

第一百一十六条 生产经营单位发生生产安全事故造成人员伤亡、他人财产损失的，应当依法承担赔偿责任；拒不承担或者其负责人逃匿的，由人民法院依法强制执行。

生产安全事故的责任人未依法承担赔偿责任，经人民法院依法采取执行措施后，仍不能对受害人给予足额赔偿的，应当继续履行赔偿义务；受害人发现责任人有其他财产的，可以随时请求人民法院执行。

第七章 附则

第一百一十七条 本法下列用语的含义：

危险物品，是指易燃易爆物品、危险化学品、放射性物品等能够危及人身安全和财产安全的物品。

重大危险源，是指长期地或者临时地生产、搬运、使用或者储存危险物品，且危险物品的数量等于或者超过临界量的单元(包括场所和设施)。

第一百一十八条 本法规定的生产安全一般事故、较大事故、重大事故、特别重大事故的划分标准由国务院规定。

国务院**应急**管理部门和其他负有安全生产监督管理职责的部门应当根据各自的职责分工，制定相关行业、领域**重大危险源的辨识标准和**重大事故隐患的判定标准。

第一百一十九条 本法自 2002 年 11 月 1 日起施行。

习题与练习

一、填空题

1.《中华人民共和国安全生产法》是为了加强安全生产监督管理，____________，保障人民群众生命和财产安全，促进经济发展而制定。

2. 生产经营单位的＿＿＿＿＿＿对本单位的安全生产工作全面负责。

3. 国务院和＿＿＿＿＿＿＿＿＿＿＿＿＿应当根据国民经济和社会发展规划制定安全生产规划，并组织实施。

4. ＿＿＿＿、金属冶炼、建筑施工、道路运输单位和危险物品的生产、经营、储存单位，应当设置安全生产管理机构或者配备专职安全生产管理人员。

5. 生产、经营、储存、使用危险物品的车间、商店、仓库不得与员工宿舍在同一座建筑物内，并应当与员工宿舍保持＿＿＿＿。

6. 危险物品，是指＿＿＿＿＿＿＿＿＿＿＿＿＿＿＿＿等能够危及人身安全和财产安全的物品。

7. 重大危险源，是指长期地或者临时地生产、搬运、使用或者储存危险物品，且危险物品的＿＿＿＿＿＿＿＿＿＿＿＿＿＿（包括场所和设施）。

8.《安全生产法》自＿＿＿＿＿＿＿起施行。

二、选择题

1. 安全生产法律法规规定，生产经营单位的安全生产第一责任人是（　　）。

A. 安全机构负责人　　B. 管理者代表
C. 主要负责人　　D. 党政负责人

2. 根据《安全生产法》的规定，判定重大危险源的依据是单元中危险物质的实际存在量、危险物质的临界量和（　　）。

A. 危险物质的种类数　　B. 危险物质的储存方式
C. 危险物质的储存范围　　D. 危险物质的性质

3. 重大危险源是指长期地或者临时地生产、搬运、使用或者储存危险物品，且危险物品的数量等于或者超过（　　）（包括场所和设施）。

A. 安全规程的规定　　B. 临界量的单元
C. 国家安全有关规定　　D. 企业标准

4. 根据有关规定，离开特种作业岗位（　　）以上的特种作业人员，应当重新进行实际操作考核，经确认合格后方可上岗作业。

A. 3 个月　　B. 6 个月　　C. 一年　　D. 两年

5.《危险化学品重大危险源辨识》（GB 18218—2009）规定，储罐区汽油和煤油的临界量分别为 20 吨和 100 吨。下列储罐区，构成重大危险源的是（　　）。

A. 一个 10 吨的汽油储罐和一个 20 吨的煤油储罐
B. 一个 10 吨的汽油储罐和一个 40 吨的煤油储罐
C. 一个 15 吨的汽油储罐和一个 20 吨的煤油储罐
D. 一个 15 吨的汽油储罐和一个 60 吨的煤油储罐

6. 建设（生产）单位必须按照设计文件和国家有关标准的规定，为职工提供符合国家标准或者行业标准的（　　），并监督、教育职工正确佩戴、使用。

A. 服装　　B. 劳动防护用品　　C. 安全帽　　D. 其他

7. 生产经营单位应落实重大危险源有效监控责任。按照有关规定对重大危险源登记建档，定期检查、检验、检测，严格记录，制定并落实重大危险源专项管理责任制度，制定应急救援预案并每年至少演练(　　)。

A. 一次　　B. 两次　　C. 三次　　D. 四次

8.《中华人民共和国安全生产法》第二条明确了排除适用的特殊规定。下列关于《中华人民共和国安全生产法》适用范围的说法正确的是(　　)。

A. 有关法律、行政法规对铁路交通安全没有规定的，适用《中华人民共和国安全生产法》

B. 有关法律、行政法规对非煤矿山安全没有规定的，不适用《中华人民共和国安全生产法》

C. 有关法律、行政法规对消防安全另有规定的，适用《中华人民共和国安全生产法》

D. 有关法律、行政法规对危险化学品安全另有规定的，不适用《中华人民共和国安全生产法》

9. 依据《中华人民共和国安全生产法》的规定，生产经营单位的(　　)拥有本单位安全生产投入的决策权。

A. 主要负责人　　B. 财务人员

C. 从业人员　　D. 安全生产管理人员

10. 依据《中华人民共和国安全生产法》的规定，企业与职工订立合同，免除或者减轻其对职工因生产安全事故伤亡依法应承担的责任的，该合同无效。对该违法行为应当实施的处罚是(　　)。

A. 责令停产整顿　　B. 提请所在地人民政府关闭企业

C. 对企业主要负责人给予治安处罚　　D. 对企业主要负责人给予罚款

11.《中华人民共和国安全生产法》规定，国家对严重危及生产安全的工艺、设备实行(　　)。

A. 审核制度　　B. 淘汰制度　　C. 监控制度　　D. 备案制度

12. 依据《中华人民共和国安全生产法》的规定，生产经营单位应当按照国家有关规定将本单位重大危险源及有关安全措施、应急措施报(　　)备案。

A. 有关地方人民政府公安部门

B. 有关地方人民政府劳动管理部门

C. 有关地方人民政府负责安全生产监督管理的部门和有关部门

D. 有关地方人民政府公安部门和安全生产监督管理部门

13. 根据《中华人民共和国安全生产法》，下列生产经营单位应当设置安全生产管理机构或者配备专职安全生产管理人员的是(　　)。

A. 从业人员 80 人的危险化学品使用单位

B. 从业人员 20 人的机械制造单位

C. 从业人员 60 人的食品加工单位

D. 从业人员 50 人的建筑施工单位

14. 某厂焊工因生产安全事故受到伤害，依据《中华人民共和国安全生产法》的规定，下列关于张某获取赔偿的说法中，正确的是(　　)。

A. 只能依法获得工伤社会保险赔偿

B. 只能依照有关民事法律提出赔偿要求

C. 工伤社会保险赔偿不足的，应当向民政部门提出赔偿要求

D. 除依法享有工伤保险赔偿外，可以依照有关民事法律提出赔偿要求

15. 依据《中华人民共和国安全生产法》的规定，危险物品的生产、经营、储存单位以及矿山、建筑施工单位的主要负责人和(　　)，应当由有关主管部门对其安全生产知识和管理能力考核合格后方可任职。

A. 安全生产管理人员　　B. 安全生产检查人员

C. 从业人员　　D. 特种作业人员

16. 依据《中华人民共和国安全生产法》的规定，生产经营单位从业人员(　　)了解其作业场所和工作岗位存在的危险因素及事故应急措施。

A. 有权　　B. 特殊情况下可以

C. 经批准可以　　D. 无权

17. 依据《中华人民共和国安全生产法》的规定，安全生产监管部门有权依法对生产经营单位执行安全生产法律、法规和国家标准或者行业标准的情况进行监督检查，并行使现场检查权、当场处置权、紧急处置权和(　　)。

A. 查封扣押权　　B. 强制执行权　　C. 行政拘留权　　D. 行政处分权

18. 依据《中华人民共和国安全生产法》，生产经营单位应当具备的安全生产条件所必需的资金投入，由生产经营单位的决策机构、(　　)或者个人经营的投资人予以保证，并对由于安全生产所必需的资金投入不足导致的后果承担责任。

A. 总会计师　　B. 主要负责人

C. 主管安全生产的副职　　D. 项目负责人

19. 重视和保护从业人员的(　　)，是贯彻《中华人民共和国安全生产法》的主线。

A. 检举权　　B. 控告权　　C. 生命权　　D. 健康权

20.《中华人民共和国安全生产法》规定，特种作业人员必须经专门的安全作业培训，取得特种作业(　　)证书，方可上岗作业。

A. 操作资格　　B. 许可　　C. 安全　　D. 岗位

三、简答题

1. 生产过程中的安全生产方针是什么。

2. 事故抢救过程中应遵守的原则是什么。

3. 什么是危险物品？

4. 什么是重大危险源？

四、案例分析 8·12 天津滨海新区爆炸事故

2015 年 8 月 12 日 22 时 51 分 46 秒，位于天津市滨海新区天津港的瑞海公司危险品仓库发生火灾爆炸事故。本次事故中爆炸释放的总能量约为 450t TNT 当量，造成 165 人遇难(其中参与救援处置的公安现役消防人员 24 人、天津港消防人员 75 人、公安民警 11 人，事故企业、周边企业员工和居民 55 人)，8 人失踪(其中天津消防人员 5 人，周边企业员工、天津港消防人员家属 3 人)，798 人受伤(伤情重及较重的伤员 58 人、轻伤员 740 人)，

304 幢建筑物、12428 辆商品汽车、7533 个集装箱受损。

截至 2015 年 12 月 10 日，依据《企业职工伤亡事故经济损失统计标准》等标准和规定统计，事故已核定的直接经济损失达 68.66 亿元。经国务院调查组认定，8·12 天津滨海新区爆炸事故是一起特别重大生产安全责任事故。

事故原因：

（1）调查组查明，最终认定事故**直接原因**是：瑞海公司危险品仓库运抵区南侧集装箱内的硝化棉由于湿润剂散失出现局部干燥，在高温（天气）等因素的作用下加速分解放热，积热自燃，引起相邻集装箱内的硝化棉和其他危险化学品长时间大面积燃烧，导致堆放于运抵区的硝酸铵等危险化学品发生爆炸。调查组认定，瑞海公司严重违反有关法律法规，是造成事故发生的主体责任单位。该公司无视安全生产主体责任，严重违反天津市城市总体规划和滨海新区控制性详细规划，违法建设危险货物堆场，违法经营、违规储存危险货物，安全管理极其混乱，安全隐患长期存在。

（2）间接原因

① 调查组同时认定，有关地方党委、政府和部门存在有法不依、执法不严、监管不力、履职不到位等问题。天津交通、港口、海关、安监、规划和国土、市场和质检、海事、公安以及滨海新区环保、行政审批等部门单位，未认真贯彻落实有关法律法规，未认真履行职责，违法违规进行行政许可和项目审查，日常监管严重缺失；有些负责人和工作人员贪赃枉法、滥用职权。

② 天津市委、市政府和滨海新区区委、区政府未全面贯彻落实有关法律法规，对有关部门、单位违反城市规划行为和在安全生产管理方面存在的问题失察失管。

③ 交通运输部作为港口危险货物监管主管部门，未依照法定职责对港口危险货物安全管理督促检查，对天津交通运输系统工作指导不到位。

④ 海关总署督促指导天津海关工作不到位，有关中介及技术服务机构弄虚作假，违法违规进行安全审查、评价和验收等。

请你用《安全生产法》的相关条款对天津市滨海新区天津港的瑞海公司危险品仓库做规范化管理，写出一份管理报告。

模块三　企业安全生产标准化基本规范

☞ **知识目标**

1. 熟悉安全生产标准化基本规范的内容；
2. 了解规范性引用文件的规定；
3. 掌握安全生产标准化基本规范的核心要求。

☞ **能力目标**

1. 能利用企业安全生产标准化基本规范监督企业的安全生产；
2. 能参与组织企业安全生产相关规章制度的建设；
3. 能进行安全生产督查、检查工作。

安全生产标准化是指通过建立安全生产责任制，制定安全和操作规程，排查治理隐患和监控重大危险源，建立预防机制，规范生产行为，使各生产环节符合有关安全生产法律法规和标准规范的要求，人、机、物、环处于良好的生产状态，并持续改进，不断加强企业安全生产规范化建设。

安全生产标准化具有继承性、规范性、科学性、系统性和创新性的特点。与以往传统意义上的企业质量标准化、企业管理标准化、企业工作标准化相比，它的特征是：

（1）突出了“预防为主，安全第一，综合治理”的方针和以人为本的科学发展观；

（2）强调企业安全生产工作的规范化、制度化、标准化、科学化、法制化；

（3）体现安全与生产、安全与健康、安全与环境之间的内在联系和统一性，把安全与生产、健康与环境作为一项完整的工作来抓；

（4）起点更高，标准更严；

（5）对企业安全基础管理工作进行全方位的拓展、规范和提升。

3.1　安全生产标准化建设的意义和目的

3.1.1　开展安全生产标准化建设的意义

1. 安全生产标准化建设是落实企业安全生产主体责任的必要途径

国家有关安全生产法律法规和规定明确要求，要严格企业安全管理，全面开展安全达标。企业是安全生产的责任主体，也是安全生产标准化建设的主体，要通过加强企业每个岗位和环节的安全生产标准化建设，不断提高安全管理水平，促进企业安全生产主体责任落实到位。

2. 安全生产标准化建设是强化企业安全生产基础工作的长效制度

安全生产标准化建设涵盖了增强人员安全素质、提高装备设施水平、改善作业环境、强化岗位责任落实等各个方面，是一项长期的、基础性的系统工程，有利于全面促进企业提高安全生产保障水平。

3. 安全生产标准化建设是政府实施安全生产分类指导、分级监管的重要依据

实施安全生产标准化建设考评，将企业划分为不同等级，能够客观真实地反映出各地区企业安全生产状况和不同安全生产水平的企业数量，为加强安全监管提供有效的基础数据。

4. 安全生产标准化建设是有效防范事故发生的重要手段

深入开展安全生产标准化建设，能够进一步规范从业人员的安全行为，提高机械化和信息化水平，促进现场各类隐患的排查治理，推进安全生产长效机制建设，有效防范和坚决遏制事故发生，促进全国安全生产状况持续稳定好转。

3.1.2 开展安全生产标准化建设的目的

（1）提高企业安全管理水平；

（2）实现企业安全管理标准化、员工作业行为标准化、生产条件标准化和作业环境标准化(人、设备设施、环境)；

（3）有效防止事故(特别是重特大事故)发生。

3.2 安全生产标准化的作用和要求

3.2.1 安全生产标准化建设的主要作用

1. 安全生产标准化是全面贯彻我国安全法律法规、落实企业主体责任的基本手段

各行业安全生产标准化考评标准均体现了法律法规、标准规程的具体要求，以管理标准化、操作标准化、现场标准化为核心，制定符合自身特点的各岗位、工种的安全生产规章制度和操作规程，做到安全管理有章可循、有据可依、照章办事的良好局面，规范和提高从业人员的安全操作技能。

2. 安全生产标准化是体现安全管理先进思想、提升企业安全管理水平的重要方法

安全生产标准化是在传统的安全质量标准化基础上，借鉴国外现代先进安全管理思想，强化风险管理，注重过程控制，做到持续改进，比传统的质量标准化具有更先进的理念和方法，比引进的职业安全健康管理体系有更具体的实际内容，是现代安全管理思想和科学方法的中国化，有利于形成和促进企业安全文化建设，促进安全管理水平的不断提升。

3. 安全生产标准化是改善设备设施状况、提高企业本质安全水平的有效途径

开展安全生产标准化活动重在基础、重在基层、重在落实、重在治本。各行业的考核标准在隐患排查的基础上，对现场设备设施提出了具体的条件，促使企业淘汰落后生产技术、设备，特别是危及安全的落后技术、工艺和装备，从根本上解决了企业安全生

产的根本素质问题，提高企业的安全技术水平和生产力的整体发展水平，提高安全保障能力。

4. 安全生产标准化是预防控制风险、降低事故发生的有效办法

通过创建安全生产标准化工作，使隐患排查工作制度化、规范化和常态化，切实改变运动式的工作方法，做到对危险源可防可控，尤其是通过作业标准化，大大减少了习惯性违章指挥和违章作业现象，控制了事故多发的关键因素，全面降低事故风险，将事故消灭在萌芽状态，减少一般事故，进而扭转重特大事故频繁发生的被动局面。

5. 管理量化性

吸收了传统标准化分级管理的思想，有配套的评分细则，在企业自主建立和外部评审定级中，根据对比衡量，得到量化的评价结果，能够较真实地反映自身的安全管理水平和改进方向，便于企业进行有针对性的改进、完善。量化的评价结果也是监管部门分类监管的依据。

6. 安全生产标准化是建立长效机制、提高安全监管水平的有力抓手

安全生产标准化是一项系统、全面、基础和长期的工作，克服了工作的随意性、临时性和阶段性，做到用法规抓安全，用制度保安全，实现企业安全生产工作规范化、科学化。开展安全生产标准化工作对于冶金、有色、机械等无行政许可的行业，完善了监管手段，在一定程度上解决了监管缺乏手段的问题，提高了监管力度和监管水平。

3.2.2 开展安全生产标准化建设的总体要求

1. 加强领导，落实责任

按照属地管理和“谁主管、谁负责”的原则，企业安全生产标准化建设工作由地方各级人民政府统一领导，明确相关部门负责组织实施。国家有关部门负责指导和推动本行业(领域)企业安全生产标准化建设，制定实施方案和达标细则。企业是安全生产标准化建设工作的责任主体，要坚持高标准、严要求，全面落实安全生产法律法规和标准规范，加大投入，规范管理，加快实现企业高标准达标。

2. 分类指导，重点推进

对于尚未制定企业安全生产标准化评定标准和考评办法的行业(领域)，要抓紧制定；已经制定的，要按照《基本规范》和相关规定进行修改完善，规范已达标企业的等级认定。要针对不同行业(领域)的特点，加强工作指导，把影响安全生产的重大隐患排查治理、重大危险源监控、安全生产系统改造、产业技术升级、应急能力提升、消防安全保障等作为重点，在达标建设过程中切实做到“六个结合”，即与深入开展执法行动相结合，依法严厉打击各类非法违法生产经营建设行为；与安全专项整治相结合，深化重点行业(领域)隐患排查治理；与推进落实企业安全生产主体责任相结合，强化安全生产基层和基础建设；与促进提高安全生产保障能力相结合，着力提高先进安全技术装备和物联网技术应用等信息化水平；与加强职业安全健康工作相结合，改善从业人员的作业环境和条件；与完善安全生产应急救援体系相结合，加快救援基地和相关专业队伍标准化建设，切实提高实战救援能力。

3. 严抓整改，规范管理

严格安全生产行政许可制度，促进隐患整改。对达标的企业，要深入分析二级与一级、三级与二级之间的差距，找准薄弱点，完善工作措施，推进达标升级；对未达标的企业，要盯住抓紧，督促加强整改，限期达标。通过安全生产标准化建设，实现“四个一批”：对在规定期限内仍达不到最低标准、不具备安全生产条件、不符合国家产业政策、破坏环境、浪费资源，以及发生各类非法违法生产经营建设行为的企业，要依法关闭取缔一批；对在规定时间内未实现达标的，要依法暂扣其生产许可证、安全生产许可证，责令停产整顿一批；对具备基本达标条件，但安全技术装备相对落后的，要促进达标升级，改造提升一批；对在本行业(领域)具有示范带动作用的企业，要加大支持力度，巩固发展一批。

4. 创新机制，注重实效

各地区、各有关部门要加强协调联动，建立推进安全生产标准化建设工作机制，及时发现解决建设过程中出现的突出矛盾和问题，对重大问题要组织相关部门开展联合执法，切实把安全生产标准化建设工作作为促进落实和完善安全生产法规规章、推广应用先进技术装备、强化先进安全理念、提高企业安全管理水平的重要途径，作为落实安全生产企业主体责任、部门监管责任、属地管理责任的重要手段，作为调整产业结构、加快转变经济发展方式的重要方式，扎实推进。要把安全生产标准化建设纳入安全生产长期发展规划并持续改进。要积极研究采取相关激励政策措施，将达标结果向银行、证券、保险、担保等主管部门通报，作为企业绩效考核、信用评级、投融资和评先推优等的重要参考依据，促进提高达标建设的质量和水平。

5. 严格监督，加强宣传

各地区、各有关部门要分行业(领域)、分阶段组织实施，加强对安全生产标准化建设工作的督促检查，严格对有关评审和咨询单位进行规范管理。要深入基层、企业，加强对重点地区和重点企业的专题服务指导。加强安全专题教育，提高企业安全管理人员和从业人员的技能素质。充分利用各类舆论媒体，积极宣传安全生产标准化建设的重要意义和具体标准要求，营造安全生产标准化建设的浓厚社会氛围。国务院安委会办公室以及各地区、各有关部门要建立公告制度，定期发布安全生产标准化建设进展情况和达标企业、关闭取缔企业名单；及时总结推广有关地区、有关部门和企业的经验做法，培育典型，示范引导，推进安全生产标准化建设工作广泛深入、扎实有效开展。

全面推进企业安全生产标准化建设，进一步规范企业安全生产行为，改善安全生产条件，强化安全基础管理，有效防范和坚决遏制重特大事故发生，使得企业安全生产标准化建设的意义更加突显。

3.3 《企业安全生产标准化基本规范》基本框架和主要内容

GB/T 33000—2016 全文共分为五部分。

第一部分是该标准建设的内容和适用范围。

第二部分是标准建设时所引用的规范性文件，主要是我国工业企业通用的一些标准，包括安全、建筑、职业卫生等方面。

第三部分是本标准中所使用的术语和概念的定义，用中英文双语表达。

第四部分是对企业安全生产标准化建设的一般性要求，规定了企业安全生产标准化管理体系建立、保持与评定的原则和一般要求，包括标准的建设原则、建设的方法和持续改进以及标准化系统建设的评定方法和监督管理。

第五部分是安全生产标准化建设的核心要求，是该标准的中心部分，规定了企业安全生产标准化管理体系的目标职责、制度化管理、教育培训、现场管理、安全风险管控及隐患排查治理、应急管理、事故管理和持续改进 8 个体系的核心技术要求。

3.3.1 目标职责

目标职责中明确了目标的制定、分解、实施、检查、考核等环节要求，建立标准化体系的组织机构并明确各自的职责。基本的思路是领导负责，全员参与，安全建设投入为支持，安全文化建设、信息化建设为重点。

3.3.2 制度化管理

制度化管理明晰了标准化体系建设中必须知法律，懂标准，建规章，精操作规程，会管理(法律、标准、规章制度、操作规程等文件)，有评估，善修订。

3.3.3 教育培训

教育培训制度旨在建立健全安全教育培训制度，并适时对企业全员和进入工作场所的其他人员进行自上而下、多层次、多专业的安全生产教育培训。

3.3.4 现场管理

现场管理包括五个方面的内容。

1. 设备设施管理

涉及设备设施的建设、验收、运行、维修、检验、报废的全过程。

2. 作业安全

涉及作业环境、条件，作业行为，岗位达标以及对相关方(承包商、供应商)的管理。

3. 职业健康管理

主要是对从业人员建立健康档案，做好职业危害告知、危害申报工作；对职业危害适时进行检测与评价。

4. 安全警示标志

要做到齐全，鲜明，准确，易辨和适时适地。

3.3.5 安全风险管控及隐患排查治理

安全风险管控及隐患排查治理包括以下四个方面的内容：

1. 安全风险管理

要做好安全风险管理工作，首先要对风险进行辨识、评估，然后才能进行风险控制。

对工艺、设备、设施的变更，要与工艺规程、操作方法的变更保持同时一致，并告诉相关当事单位和个人。

2. 重大危险源的辨识和管理

要求企业建立重大危险源管理制度，全面辨识重大危险源，对确认的重大危险源制定安全管理技术措施和应急预案。

3. 隐患的排查治理

治理隐患的前提是排查隐患；排查隐患要形成制度，有法可依，关联各方，形式多样。治理方案应包括目标和任务、方法和措施、经费和物资、机构和人员、时限和要求、应急预案。最后对治理结果验收与评估，做好隐患排查、治理信息记录、并通报相关单位和报送上级部门。

4. 就风险管控及隐患排查治理形成预测预警机制

3.3.6 应急管理

应急管理包括三个方面的内容。

1. 应急准备

一是建立起应急救援组织，包括负责人和稳定、专业的应急救援队伍，以及应急救援增援力量；二是制定出完整、有序、灵活多用的应急预案；三是应急设施、装备、物资要完善，齐备，充足；四是根据 AQ/T 9007 的规定定期组织应急演练，公司(厂、矿)、车间(工段、区、队)、班组开展生产安全事故应急演练，做到一线从业人员参与应急演练全覆盖，并按照 AQ/T 9009 的规定对演练进行总结和评估，根据评估结论和演练发现的问题，修订、完善应急预案，改进应急准备工作；五是做好应急救援信息系统建设。

2. 应急处置

发生事故后，企业应根据预案要求，立即启动应急响应程序，按照有关规定报告事故情况，并开展先期处置：(1)发出警报，在不危及人身安全时，现场人员采取阻断或隔离事故源、危险源等措施；(2)严重危及人身安全时，迅速停止现场作业，现场人员采取必要的或可能的应急措施后撤离危险区域。(3)立即按照有关规定和程序报告本企业有关负责人，有关负责人应立即将事故发生的时间、地点、当前状态等简要信息向所在地县级以上地方人民政府负有安全生产监督管理职责的有关部门报告，并按照有关规定及时补报、续报有关情况；情况紧急时，事故现场有关人员可以直接向有关部门报告；对可能引发次生事故灾害的，应及时报告相关主管部门。

3. 应急评估

企业应对应急准备、应急处置工作进行评估，并做好 PDCA[计划(P)、实施(D)、检查(C)、改进(A)]循环和持续改进。

3.3.7 事故查处

事故查处包括三方面的内容。

1. 报告

企业应建立事故报告程序，明确事故内、外部报告的责任人、时限、内容等，并教育、指导从业人员严格按照有关规定的程序报告发生的生产安全事故。

2. 调查和处理

企业应建立内部事故调查和处理制度，按照有关规定、行业标准和国际通行做法，将造成人员伤亡(轻伤、重伤、死亡等人身伤害和急性中毒)和财产损失的事故纳入事故调查和处理范畴。发生事故后，应及时成立事故调查组，明确其职责与权限，进行事故调查。事故调查应查明事故发生的时间、经过、原因、波及范围、人员伤亡情况及直接经济损失等。事故调查组应根据有关证据、资料，分析事故的直接、间接原因和事故责任，提出应吸取的教训、整改措施和处理建议，编制事故调查报告。

3. 管理

企业应建立事故档案和管理台账，将承包商、供应商等相关方在企业内部发生的事故纳入本企业事故管理。

3.3.8 持续改进

持续改进的前提是“绩效评定”，即：企业每年至少应对安全生产标准化管理体系的运行情况进行一次自评，验证各项安全生产制度措施的适宜性、充分性和有效性，检查安全生产和职业卫生管理目标、指标的完成情况。然后做好持续改进工作，即：企业应根据安全生产标准化管理体系的自评结果和安全生产预测预警系统所反映的趋势，以及绩效评定情况，客观分析企业安全生产标准化管理体系的运行质量，及时调整完善相关制度文件和过程管控，持续改进，不断提高安全生产绩效。

[问题讨论 3-1]　企业安全生产标准化建设的重要意义是什么？

【案例分析 3-1】 2019 年 3 月 21 日 14 时 48 分许，位于江苏省响水县生态化工园区的天嘉宜化工有限公司发生特别重大爆炸事故，造成 78 人死亡，76 人重伤，640 人住院治疗，直接经济损失 19.86 亿元。

经国务院调查组认定，江苏响水天嘉宜化工有限公司“3・21”特别重大爆炸事故是一起长期违法贮存危险废物导致自燃进而引发爆炸的特别重大生产安全责任事故。

事故发生前，原国家安全监管总局组织督导组于 2018 年 1 月对江苏省盐城等 5 市危险化学品安全生产工作进行了督查，其中江苏天嘉宜化工有限公司含隐患 13 项，包括：

（1）主要负责人未通过安全知识和管理能力考核合格。

（2）仪表特殊作业人员仅有一人取证，无法满足安全生产工作实际需要。

(3) 生产装置操作规程不完善，缺少苯罐区操作规程和工艺技术指标。无巡回检查制度，对巡检没有具体要求。

(4) 硝化装置设置连锁后，未及时修订变更操作规程。

(5) 部分二硝化釜的 DCS 和 SIS 压力变送器，共用一个压力取压点。

(6) 构成二级重大危险源的苯罐区、甲醇罐区未设置罐根部紧急切断阀。

(7) 部分二硝化釜补充氮管线切断阀走副线，联锁未投用。

(8) 机柜间和监控室违规设置在硝化厂房内。

(9) 部分岗位安全生产责任制与公司实际生产情况不匹配，如供应科没有对采购产品安全质量提出要求。

(10) 现场管理差，跑冒滴漏较多，现场安全标示标志不足；部分安全警示标识模糊不清，现场无风向标。

(11) 动火作业管理不规范，如部分安全措施无确认人，可燃气体分析结果填写"不存在，无可燃气体等"。

(12) 苯、甲醇装卸现场无防泄漏应急处理措施，充装点距离泵区近。现场洗眼器损坏且无水。

(13) 现场询问的操作工不清楚装置可燃气体报警设置情况和报警后的应急处理措施。硝化车间燃气报警仪无现场光报警功能。

【问题讨论】 (1)该企业安全生产标准化建设达标了吗？为什么 2018 年 1 月危险化学品安全生产工作的督查结果，一年后仍没有改进？按照《安全生产法》的规定，应该追究哪些相关方的责任？

(2) 从事故调查结果可以看出，该企业在哪些方面不具备危化品生产、营销资质？

(3) 据报道，2019 年 3 月 22 日，国务院江苏响水“3·21”特别重大爆炸事故调查组成立，由应急管理部牵头，工业和信息化部、公安部、生态环境部、全国总工会和江苏省政府参加，聘请爆炸、刑侦、化工、环保等方面专家参与调查。通过反复现场勘验、检测鉴定、调阅资料、人员问询、模拟实验、专家论证等，查明了事故直接原因和性质，查明了事故企业、中介机构违法违规问题，查明了有关地方党委政府及相关部门在监管方面存在的问题。

相对于事后事故调查处理规模，事故前的预防不论从哪个角度讲，都是不足的，不符合“预防为主，安全第一”的原则。你认为对于危化品生产、营销企业应该从哪些方面着手去做，才能杜绝类似安全事故的发生?

(4) 从事故的处理角度考虑，根据“四不放过”原则，应该吸取什么经验教训?

3.4 企业开展安全生产标准化建设之策略

安全生产标准化建设是必须要做的安全生产基础工作，从危化品生产企业、建筑施工企业、煤矿企业等高危行业到冶金、纺织、烟草等非高危行业，都向安全生产标准化迈进。

企业推行安全生产标准化工作势在必行，安全生产标准化建设促进企业逐步建立以风险控制为核心，全员参与、过程控制和持续改进的动态安全管理体系，实现对企业各个环节的风险进行辨识、预控，最大限度地消除在作业过程中可能产生的事故隐患，有效降低事故总量，防范重特大事故发生。同时，加强标准化建设也是实现依法治安的必然要求，是促进企业进一步落实安全生产主体责任，逐步建立起自我约束、自我完善、持续改进的安全生产长效机制，实现安全生产形势稳定好转的有效途径。

企业在负责安全生产标准化建设中，一定有一个困惑，安全生产标准化建设本身是体系建设和体系运行，作为主管负责人，特别是安全生产标准化建设关系到企业生产许可证的取得，事关重大，如何才能保证这项工作顺利有效地进行呢？结合从事管理咨询及安全生产标准化咨询工作的经验，提出开展安全生产标准化建设的方式方法。

3.4.1 编制安全生产标准化建设方案

编制一份适用和有效的安全生产标准化建设方案，是企业开展安全生产标准建设成功的重要环节，这个方案是统揽这项工作的总纲，是调动企业高层支持安全生产标准化建设工作的重要文件。

1. 方案立足点要高

要从企业发展战略的高度出发，确定安全生产标准化建设在企业现阶段各项工作中的地位，因为安全生产标准化建设关系到企业是否能取得“安全生产许可证”，也就是关系到企业生存的问题。

2. 方案内容要充实

要从准备宣传、教育培训、运行实施、评估申报等不同阶段统筹考虑安排，做这个方案一定要对企业安全管理现状和安全生产标准化要求做初步分析，每个阶段承担什么样的任务，达到什么效果都要明确，这样的方案才会切合实际需要。

3. 方案结构全面

主要从指导思想、总体目标、工作内容、工作步骤、组织机构与职责、实施步骤、工作要求等方面全面部署工作。这是企业高层重视安全生产标准化的试金石，这样可以将企业高层的支持具体化，是基层开展安全生产标准化的依据和指导。

3.4.2 企业安全管理现状与标准对标

在方案下发后，企业各部门和单位在学习准备的同时，负责安全生产标准化建设的安全管理部门还有一项重要的工作，那就是“对标”。企业要根据本行业的标准，如危险化学品企业根据国家总局发布的《危险化学品从业单位安全生产标准化评审标准》，非金属露天矿山可根据《金属非金属露天矿山安全标准化评分办法》，对照企业的安全生产实际情况进行对标，分析查找企业安全管理现状与企业安全生产标准化之间的差距和不足。

对标通常由安全管理部门负责，组织相关部门或技术人员参与，对于大型企业来说，也可根据标准要求，将相关内容分解到相关部门负责进行对标、分析和评估。从事对标的人员应是对本企业安全管理工作非常了解的人员，同时，必须对标准有充分的理解与掌握，这样，才能把这项工作做好做扎实。

对标是发现企业安全管理现状与评审标准之间差距的重要手段。下面以《危险化学品从业单位安全生产标准化评审标准》A 级要素法律法规和标准为例进行对标，通过对标，我们知道企业就这个要素需要做好以下工作：

(1) 制定法律法规识别制度;
(2) 形成法律法规清单;
(3) 形成法律法规数据库;
(4) 法律法规传达相关方的手段和记录;
(5) 编写法律法规符合性评价报告。

同时,根据以上要求结合企业现状,分析哪些工作已做,哪些没有做,已做的工作与标准有没有差距,没有做的工作如何改进等。

3.4.3 企业安全生产标准化管理工作流程

1. 安全目标责任管理流程与明细

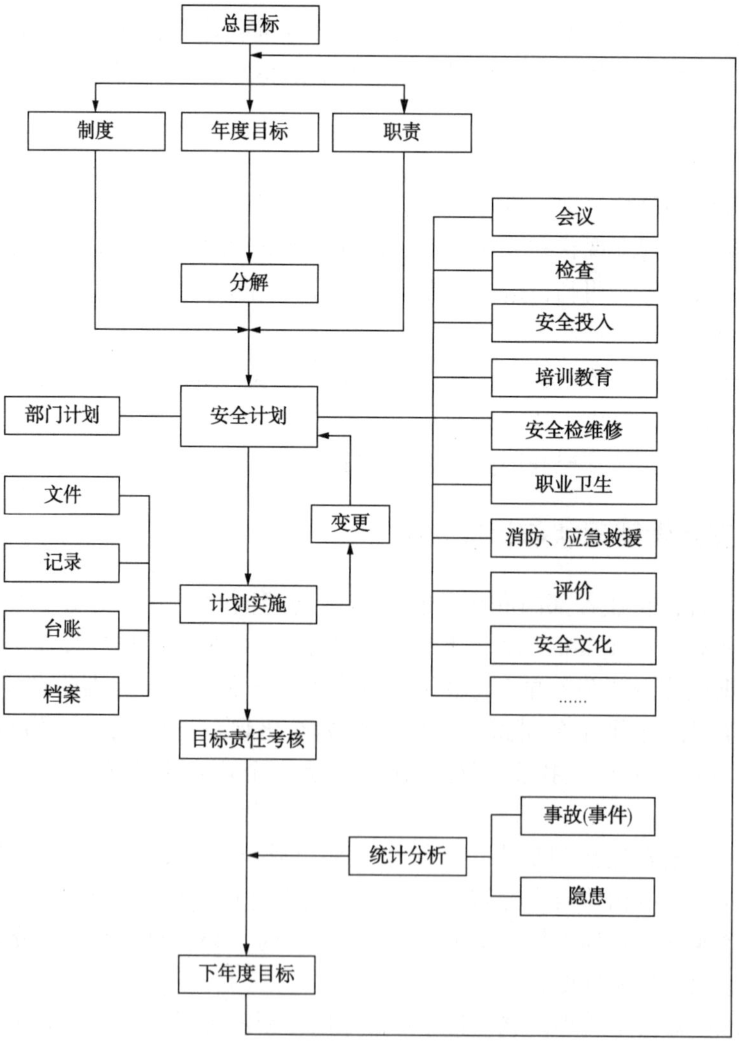

2. 法律法规管理流程与明细

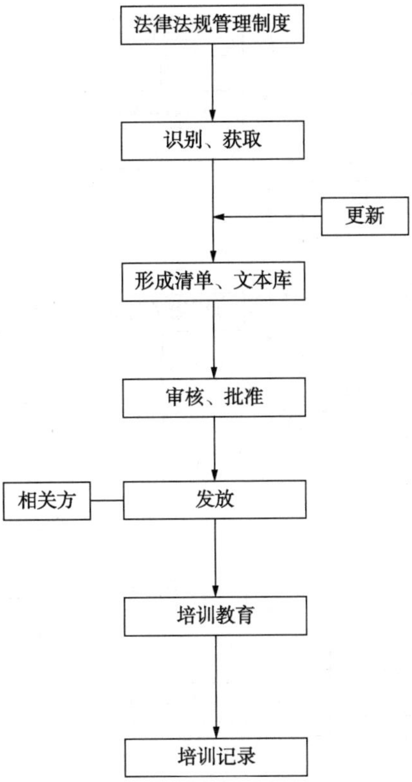

3. 隐患治理管理流程与明细

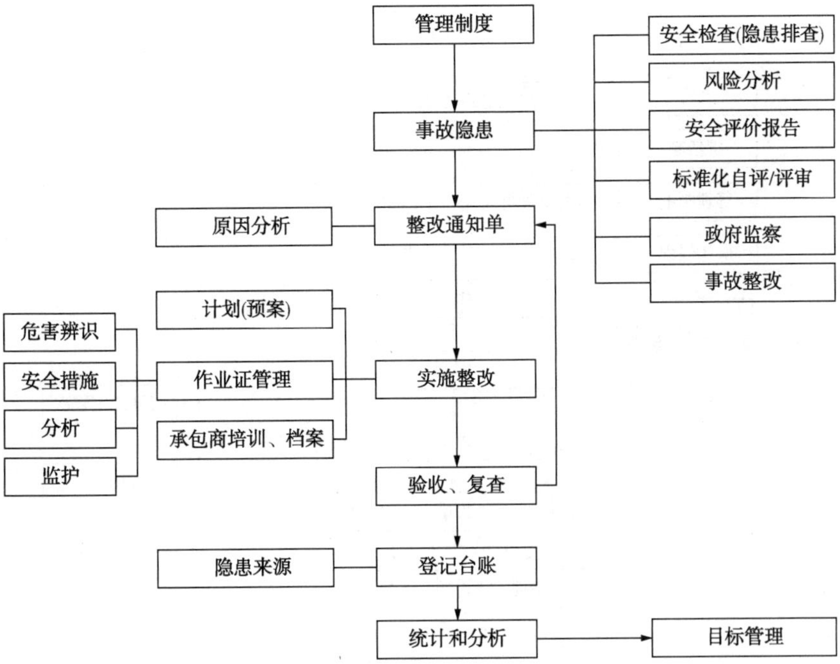

4. 培训教育管理流程与明细

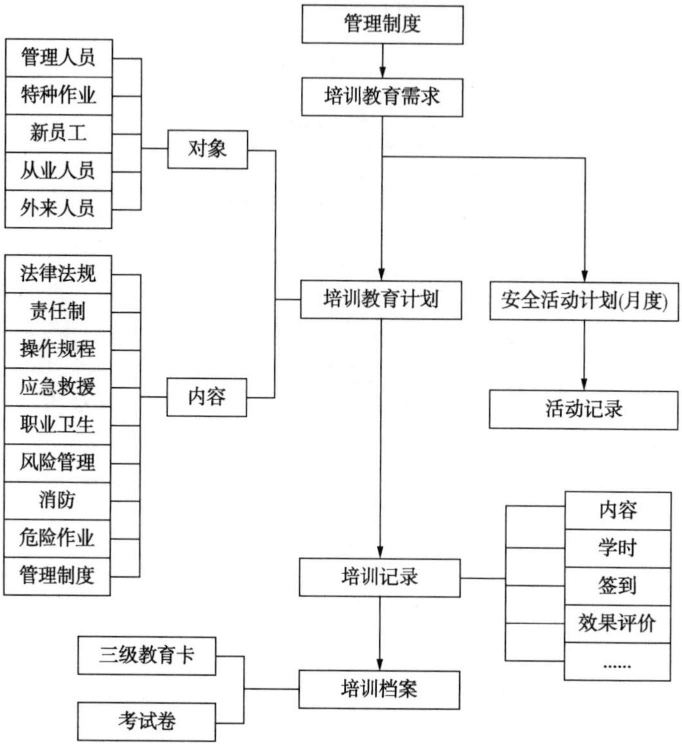

5. 文件、制度管理

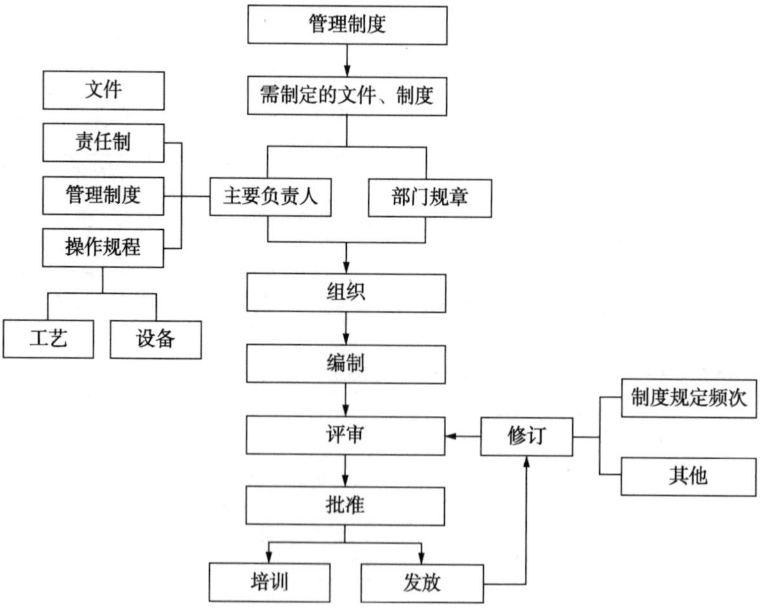

6. 台账、档案管理管理

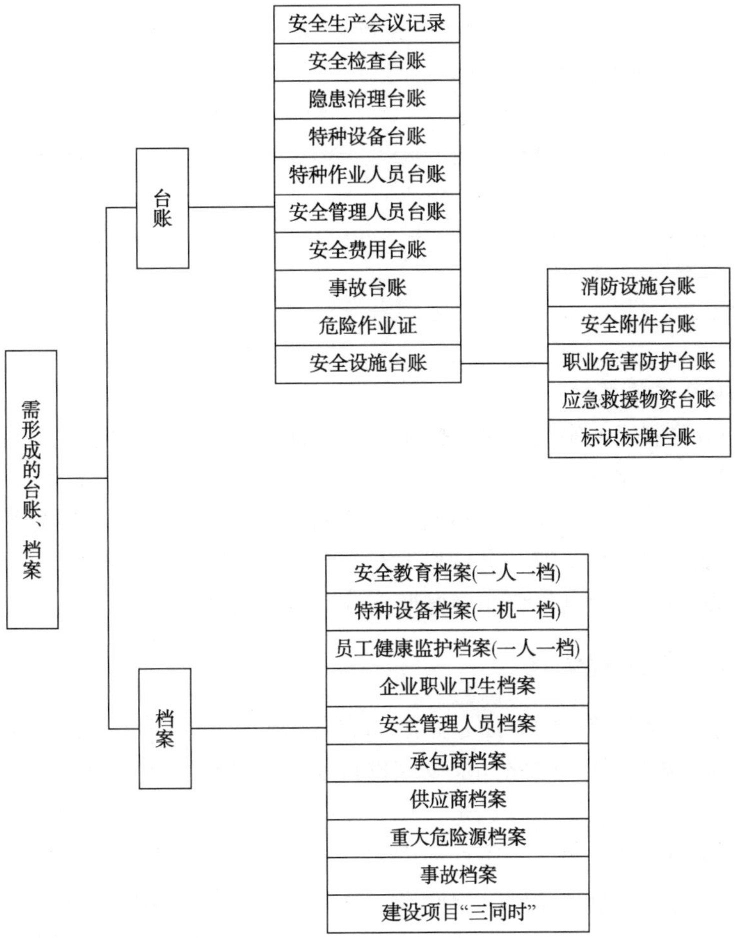

3.4.4 编制实用的安全生产标准化建设实施细则

《企业安全生产标准化实施细则》是在对标的基础上确定安全生产标准化建设的具体工作内容，通过以上对标，我们初步了解了企业安全生产标准化建设过程中，企业需要完善和提升的工作要求。在这个基础上，企业将相关标准要求的工作细则到具体工作内容，并分解到相关部门(或明确责任人员)、要求完成时间等。细则可以按评审标准的A级要素进行编制，也可以按工作内容性质进行编制。

1. 按评审标准的A级要素划分

细则编制相对容易，但不足之处在于相关工作性质不同，一方面，如不同要素都会涉及制度编制与完善，由不同的部门或人员来做，对形成统一的制度体系会有不利影响；另一方面，一个A级要素中，可能涉及不同部门不同岗位的人员，工作涉及的岗位和人员过多，不利于工作的整体推进。

[问题讨论 3-2]：危险化学品从业单位安全生产标准化评审标准的 A 级要素有哪些？

2. 按相关工作性质划分

可将工作划分为制度编制与完善、操作规程编制与完善、安全生产责任制编制与完善、表格与记录管理、文件化管理、评估与报告管理、工艺设计分析与档案管理、流程与过程、现场环境与设施管理等不同方面，将不同要素中具有相同性质的工作划分为一类，这样便于专业技术人员统一规划和实施，也有利于安全生产标准化的统一。

以上两种方法各有优缺点，企业可根据自身实际情况灵活选用。

3.4.5 制度完善与流程优化

企业安全生产标准化建设的本质是制度的完善与流程的优化，它体现了系统的管理思想，体现了过程控制的思想。因此，企业在进行安全生产标准化建设时，一定要把升级达标与提升企业安全管理成熟度结合起来，在这个指导思想下，对企业的安全管理制度体系进行完善，不但要编写各项制度，体现标准化的要求，还要结合企业的实际，能够真正指导企业的安全管理工作，特别是制度与制度、制度与责任制、制度与操作规程之间要相互衔接，真正形成制度体系。另外，如何让制度运行起来，这就是我们所要做的流程优化，在 3.4.3 中所说的表格与记录从某种意义上来说，也是流程和过程的体现，一定要让表格与记录回归本位。

这个阶段工作是安全生产标准化建设的关键阶段，制度(包括操作规程、责任制、应急预案)的编制、文件编制、计划编制与完善、表格制作、评估分析、工艺分析与记录、现场环境整治、档案整理等大量工作需要进行，所需人、财、物和时间等资源较大，企业需要给予高度重视和大力支持。

3.4.6 培训与提升

在完成上述工作之后，企业安全生产标准化要进入一个培训阶段，对完成的安全生产标准化文件在企业内开展全面的学习，让全体员工真正融入到安全生产标准化建设中去，员工必须真正掌握这个安全生产标准化体系内容。因此，企业需要组织对员工进行安全生产标准化相关文件的学习与培训，特别是修订后的安全管理制度、安全操作规程、安全责任制和应急预案，另外，还有一些文件化管理的内容也是需要员工掌握的，如企业安全生方针、安全目标、安全承诺、安全带班管理要求、风险评价方法、岗位风险、危化品信息等标准化方面的新要求。

培训不但要求员工掌握，而且要让员工在实际工作中应用。因此，培训可根据要求不同，分级设计，即分为管理层级、操作层级，并与企业安全教育培训有机结合起来。

企业也可选择基层单位的安全生产管理人员及安全生产标准化主要人员进行重点培训，再由他们对单位所属人员进行培训。当然，编制一本《员工安全学习手册》也是非常有用的。

3.4.7 运行与完善

在做好以上工作的基础上，企业安全生产标准化体系运行也就全面展开了，其实，从某种意义上来说，安全生产标准化体系的运行从来没有停止过，只是说从一个新的起点开始运行，或者说开始一个新的流程。运行初期，安全生产标准化领导小组要深入基层进行指导，及时发现问题，进行调整和完善。完成以上这些工作，我们做自评也就有了底气，当然，撰写一份高质量的《自评报告》也是非常重要的。

总之，安全生产标准化建设工作不是一朝一夕的事，一定要从提升企业安全管理成熟度、培养安全知识型、技能型和行动型员工、创造良好企业安全生产条件的角度出发去开展工作，那样的工作才是有意义和实在的。

[问题讨论 3-3]：试设想“江苏省盐城市响水特别重大爆炸事故”在事故发生前按照此策略扎实做好安全生产标准化建设，结果会怎样？

____

____

____

____

____

____

____

____

____

3.5 安全标准化基础管理台账要点

3.5.1 安全生产责任制

1. 安全目标责任书

安全目标责任书必须有安全生产目标和量化指标，公司-厂长、厂长-车间(班组)、车间(班组)-员工分别签订目标责任书；同时，公司-职能部门主管，职能部门主管-职员之间签订目标责任书。

2. 职责

根据企业的组织机构图，建立各职能部门的安全职责。包括：

（1）职能部门职责；
（2）职能部门主管职责；
（3）各类人员安全职责(包括电工、焊工、行车工、叉车工、员工、班组长)；
（4）企业主要负责人安全职责。

3.5.2 安全生产规章制度(关键考核项目，得分率不能低于 70%)

（1）范本中，前 13 个制度必须有，其余可根据企业实际情况加以选择；
（2）加封面、目录，按企业名称、机构等作适当修改即可；
（3）建议制度不要少于 20 个。

[问题讨论 3-4]：文中提到的 13 个制度指的是哪些？

3.5.3 安全投入

1. 制度建设
2. 工伤等社保缴费明细
最近三个月即可(单据复印)必须有，且需人人参保。
3. 费用台账及清单
（1）劳保用品采购发票复印件；
（2）教育培训费用的发票复印件；
（3）消防器材、安全设施、电线、电气保护设施等购置发票；
（4）各类检测、检验费用发票复印件。

3.5.4 安全生产机构及人员(关键考核项目，得分率不能低于 70%)

（1）安全负责人、安管员必须持有资格证，证书复印件放入台账(是必备关键项)。
（2）安全领导小组成立文件。
（3）安全生产标准化工作推动活动通知或文件。
（4）安全领导小组、安全管理人员的职责。
（5）安全领导小组组织架构。
（6）安全工作计划。

(7) 各类安全会议记录存档，且安全管理人员必须参加并签名。

(8) 安全管理人员(持证)的配备标准。从业人员在50人以下的，配1名；50~300人，配2名；300~1000人，配3名或以上；1000人以上，配4名以上。

3.5.5 安全生产教育

(1) 新进员工三级教育卡建立，必须保证100%新进员工的三级教育。

(2) 工伤复工教育。

(3) 试卷做完后阅卷并做分数统计；试卷可根据范本中试卷样本，选定适合本企业的；建议配置2~3份试卷(做好的试卷必须有批改、打分，且应存档)。

(4) 班组教育活动(每月两次)，应可融入班级安全检查的相关内容。

(5) 安全负责人与安管员证书复印件。

(6) 特种作业人员必须持证，保证100%的持证率；证书注意有效期和再培训周期。

3.5.6 事故处理(关键考核项目，得分率不能低于70%)

(1) 工伤事故管理制度(安全生产事故调查处理)。

(2) 事故调查表。

(3) 事故报告及处理单。

(4) 工伤复工人员安全教育登记表。

3.5.7 三同时

(1) 职业卫生配套设施建设投用报告书。

(2) 厂房竣工验收报告。

(3) 消防验收报告。

(4) 防雷检测报告(必备)。

(5) 发改委的立项文件。

(6) 预决算报告等。

3.5.8 安全检查与除患整改管理(隐患整改管理属关键考核项目，得分率不能低于70%)

1. 制度建设

2. 安全检查与整改

公司级每季度一次、生产部门级每月一次、班组每周一次。

利用安全检查表补填相关资料，并对隐患部分写整改通知单，并需限定整改期限、制定整改措施。对重大事故隐患，要做到“五落实”，即责任、措施、资金、时间、预案的落实。对暂时无法整改的事故隐患，应有防范措施和整改计划。

3. 检查表与整改通知单一起装订存档

4. 对整改情况应有检查落实记录

3.5.9 各设备安全操作规程

（1）列出设备清单。

（2）依清单制订各设备安全操作规程，现场设备处均应按台张贴。

3.5.10 机电设备安全管理

（1）设备台账(按普通设备、特种设备、手持工具分)。

（2）所有特种设备、安全附件的定期检测与登记资料以及定期自检、保养检修资料。

（3）设备管理卡。

（4）手持电动工具的日常检测记录。

（5）机电设备应有合格证，使用维护说明等文件以及安装技术文件和资料；特种设备应为有资质单位生产的合格产品，有相应的合格证、使用维护说明、安装技术文件等技术资料。

3.5.11 相关方管理

（1）相关方安全管理制度。

（2）外购油漆、氧气、乙炔等危险化学品的安全协议与供应方资质证书。

（3）外购危险化学品的验收、入库制度。

（4）外来的临时施工作业队伍(人员)，外来实习、参观等人员的管理制度。

（5）外来施工队伍、承包商的安全管理协议。

（6）参照范本，逐项落实。

3.5.12 危险源管理

（1）危险源辨识标准。

（2）危险源辨识资料。

（3）重大危险源辨识报告。

（4）消防安全、特种设备应急预案。

（5）消防演习计划。

（6）消防演习照片、总结报告。

（7）总体应急救援预案(包括机构、人员分工、职责、应急装备、危险评价、经费落实情况)。

3.5.13 安全生产档案

（1）电工、焊工、行车工、叉车工、喷漆工等应取得特种作业证(特种作业证的发放经由地方应急管理厅培训，各地方政府质量技术监督局管理)。

（2）叉车、行车、1m^3以上的压缩空气储罐应办理检测登记手续，可咨询特种设备检测站。

（3）焊工、喷漆工、喷砂工、登高等特种作业人员和危险作业人员应有体检报告，建立健康档案。

[**训练 2-1**]：根据你参观的《化工认识实习》工作场所，如“甲醇生产性实训装置”做一份安全标准化基础管理台账。

____
____
____
____
____
____
____
____
____
____
____
____

3.6 危险化学品从业单位安全生产标准化评审工作管理办法

国家安全监管总局关于印发企业安全生产标准化评审工作管理办法(试行)的通知(安监总办〔2014〕49 号)

各省、自治区、直辖市及新疆生产建设兵团安全生产监督管理局，各中央企业：

《企业安全生产标准化评审工作管理办法(试行)》已经国家安全监管总局 2014 年第 4 次局长办公会议审定通过。现印发给你们，请结合实际情况，认真抓好落实。

国家安全监管总局

2014 年 6 月 3 日

企业安全生产标准化评审工作管理办法(试行)

一、总则

(一) 根据《安全生产法》《国务院关于进一步加强企业安全生产工作的通知》(国发〔2010〕23 号)，为有效实施《企业安全生产标准化基本规范》(AQ/T 9006—2010)，规范和加强企业安全生产标准化评审工作，推动和指导企业落实安全生产主体责任，制定本办法。

(二) 企业应通过安全生产标准化建设，建立以安全生产标准化为基础的企业安全生产管理体系，保持有效运行，及时发现和解决安全生产问题，持续改进，不断提高安全生产水平。

(三) 本办法适用于非煤矿山、危险化学品、化工、医药、烟花爆竹、冶金、有色、建材、机械、轻工、纺织、烟草、商贸企业(以下统称企业)安全生产标准化评审管理工作。

(四) 企业安全生产标准化评定标准由国家安全监管总局按照行业制定，企业依照相关行业评定标准进行创建。

（五）企业安全生产标准化达标等级分为一级企业、二级企业、三级企业，其中一级为最高。

达标等级具体要求由国家安全监管总局按照行业分别确定。

（六）安全生产标准化一级企业由国家安全监管总局公告，证书、牌匾由其确定的评审组织单位发放；二级企业的公告和证书、牌匾的发放，由省级安全监管部门确定；三级企业由地市级安全监管部门确定，经省级安全监管部门同意，也可以授权县级安全监管部门确定。

海洋石油、天然气安全生产标准化达标企业由国家安全监管总局公告，证书、牌匾由其确定的评审组织单位发放。

（七）工贸行业小微企业可按照《冶金等工贸行业小微企业安全生产标准化评定标准》（安监总管四〔2014〕17号）开展创建，其公告和证书、牌匾的发放，也可由省级安全监管部门制定办法，开展创建。鼓励地方根据实际，制定小微企业创建的相关标准。

（八）企业安全生产标准化建设以企业自主创建为主，程序包括自评、申请、评审、公告、颁发证书和牌匾。企业在完成自评后，实行自愿申请评审。

（九）企业应通过国家安全监管总局企业安全生产标准化信息管理系统（http：//aqbzh. chinasafety. gov. cn）完成网上注册、提交自评报告（样式见附件1）等工作。

二、企业自评

（一）企业应自主开展安全生产标准化建设工作，成立由其主要负责人任组长的自评工作组，对照相应评定标准开展自评，形成自评报告并网上提交。

（二）企业应每年进行1次自评，形成自评报告并网上提交。

（三）每年自评报告应在企业内部进行公示。

三、评审程序

（一）申请。

1. 企业自愿申请的原则。申请取得安全生产标准化等级证书的企业，在上报自评报告的同时，提出评审申请；

2. 申请安全生产标准化评审的企业应具备以下条件。

（1）设立有安全生产行政许可的，已依法取得国家规定的相应安全生产行政许可；

（2）申请评审之日的前1年内，无生产安全死亡事故。

行业评定标准要求高于本条款的，按照行业评定标准执行；低于本条款要求的，按照本条款执行。

3. 申请安全生产标准化一级企业还应符合以下条件：

（1）在本行业内处于领先位置，原则上控制在本行业企业总数的1%以内；

（2）建立并有效运行安全生产隐患排查治理体系，实施自查自改自报，达到一类水平；

（3）建立并有效运行安全生产预测预控体系；

（4）建立并有效运行国际通行的生产安全事故和职业健康事故调查统计分析方法；

（5）相关行业规定的其他要求；

（6）省级安全监管部门推荐意见。

（二）评审。

1. 评审组织单位收到企业评审申请后，应在10个工作日内完成申请材料审查工作。经审查符合条件的，通知相应的评审单位进行评审；不符合申请要求的，书面通知申请企业，并说明理由。

2. 评审单位收到评审通知后，应按照有关评定标准的要求进行评审。评审完成后，将符合要求的评审报告(样式见附件4)，报评审组织单位审核。

3. 评审结果未达到企业申请等级的，申请企业可在进一步整改完善后重新申请评审，或根据评审实际达到的等级重新提出申请。

4. 评审工作应在收到评审通知之日起3个月内完成(不含企业整改时间)。

（三）公告。

1. 评审组织单位接到评审单位提交的评审报告后应当及时进行审查，并形成书面报告，报相应的安全监管部门；不符合要求的评审报告，评审组织单位应退回评审单位并说明理由。

2. 相应安全监管部门同意后，对符合要求的企业予以公告，同时抄送同级工业和信息化主管部门、人力资源社会保障部门、国资委、工商行政管理部门、质量技术监督部门、银监局；不符合要求的企业，书面通知评审组织单位，并说明理由。

（四）证书和牌匾。

1. 经公告的企业，由相应的评审组织单位颁发相应等级的安全生产标准化证书和牌匾，有效期为3年。

2. 证书和牌匾由国家安全监管总局统一监制，统一编号。

（五）撤销。

1. 取得安全生产标准化证书的企业，在证书有效期内发生下列行为之一的，由原公告单位公告撤销其安全生产标准化企业等级：

（1）在评审过程中弄虚作假、申请材料不真实的；

（2）迟报、漏报、谎报、瞒报生产安全事故的；

（3）企业发生生产安全死亡事故的。

2. 被撤销安全生产标准化等级的企业，自撤销之日起满1年后，方可重新申请评审。

3. 被撤销安全生产标准化等级的企业，应向原发证单位交回证书、牌匾。

（六）期满复评。

1. 取得安全生产标准化证书的企业，3年有效期届满后，可自愿申请复评，换发证书、牌匾。

2. 满足以下条件，期满后可直接换发安全生产标准化证书、牌匾：

（1）按照规定每年提交自评报告并在企业内部公示；

（2）建立并运行安全生产隐患排查治理体系，一级企业应达到一类水平，二级企业应达到二类及以上水平，三级企业应达到三类及以上水平，实施自查自改自报；

（3）未发生生产安全死亡事故；

（4）安全监管部门在周期性安全生产标准化检查工作中，未发现企业安全管理存在突出问题或者重大隐患；

（5）未改建、扩建或者迁移生产经营、储存场所，未扩大生产经营许可范围。

3. 一、二级企业申请期满复评时，如果安全生产标准化评定标准已经修订，应重新申请评审。

4. 安全生产标准化达标企业提升达到高等级标准化企业要求的，可以自愿向相应等级评审组织单位提出申请评审。

四、监督管理

（一）评审机构和人员。

1. 安全生产标准化工作机构一般应包括评审组织单位和评审单位，由一定数量的评审人员参与日常工作。

2. 评审组织单位应具有固定工作场所和办公设施，设有专职工作人员，负责对评审单位的日常管理工作和对评审单位的现场评审工作进行抽查；承担评审人员培训、考核与管理等工作。应定期开展对评审人员的继续教育培训，不断提高评审能力和水平。

评审组织单位不得向企业收取任何费用；应参照当地物价部门制定的类似业务收费标准规范评审单位评审收费。

3. 评审单位是指由安全监管部门考核确定、具体承担企业安全生产标准化评审工作的第三方机构。应配备满足各评定标准评审工作需要的评审人员，保证评审结果的科学性、先进性和准确性。

4. 评审人员包括评审单位的评审员和聘请的评审专家，按评定标准参加相关专业领域的评审工作，对其作出的文件审查和现场评审结论负责。

5. 评审组织单位、评审单位、评审人员要按照“服务企业、公正自律、确保质量、力求实效”的原则开展工作。

6. 一级企业的评审组织单位、评审单位和评审人员基本条件由国家安全监管总局按照行业分别确定；二级企业的评审组织单位、评审单位和评审人员基本条件由省级安全监管部门负责确定；三级企业的评审组织单位、评审单位和评审人员基本条件由市级安全监管部门负责确定。

海洋石油天然气企业安全生产标准化的评审组织单位、评审单位和评审人员基本条件由国家安全监管总局确定。

（二）监督管理部门。

1. 各级安全监管部门要指导监督企业将着力点放在建立企业安全生产管理体系，运用安全生产标准化规范企业安全管理和提高安全管理能力上，注重实效，严防走过场、走形式。

2. 各级安全监管部门要将企业安全生产标准化建设和隐患排查治理体系建设的效果，作为实施分级分类监管的重要依据，实施差异化的管理，将未达到安全生产标准化等级要求的企业作为安全监管重点，加大执法检查力度，督促企业提高安全管理水平。

3. 各级安全监管部门在企业安全生产标准化建设工作中不得收取任何费用。

4. 各级安全监管部门要规范对评审组织单位、评审单位的管理，强化监督检查，督促其做好安全生产标准化评审相关工作；对于在评审工作中弄虚作假、牟取不正当利益等行为的评审单位，一律取消评审单位资格；对于出现违法违规行为的评审单位法人和评审人员，依法依规严肃查处，并追究责任。

五、附则

本办法自印发之日起施行。国家安全监管总局印发的《非煤矿山安全生产标准化评审工作管理办法》(安监总管一〔2011〕190 号)、《危险化学品从业单位安全生产标准化评审工作管理办法》(安监总管三〔2011〕145 号)、《国家安全监管总局关于全面开展烟花爆竹企业安全生产标准化工作的通知》(安监总管三〔2011〕151 号)和《全国冶金等工贸企业安全生产标准化考评办法》(安监总管四〔2011〕84 号)同时废止。

备注：评审计分方法

1. 每个 A 级要素满分为 100 分，各个 A 级要素的评审得分乘以相应的权重系数(见附件 6)，然后相加得到评审得分。评审满分为 100 分，计算方法如下：

$$M = \sum_{1}^{n} K_i \cdot M_i$$

式中 M——总分值；

K_i——权重系数；

M_i—各 A 级要素得分值；

n——A 级要素的数量($1 \leqslant n \leqslant 12$)。

2. 当企业不涉及相关 B 级要素时为缺项，按零分计。A 级要素得分值折算方法如下：

$$M_i = \frac{M_{i实} \times 100}{M_{i满}}$$

式中 $M_{i实}$——A 级要素实得分值；

$M_{i满}$——扣除缺项后的要素满分值。

3. 每个 B 级要素分值扣完为止。

4.《评审标准》第 12 个要素(本地区要求)满分为 100 分，每项不符合要求扣 10 分。

5. 按照《评审标准》评审，一级、二级、三级企业评审得分均在 80 分(含)以上，且每个 A 级要素评审得分均在 60 分(含)以上。

附件：

1. 危险化学品从业单位安全生产标准化评审人员再培训换证申请表
2. 危险化学品从业单位安全生产标准化诊断报告
3. 危险化学品从业单位安全生产标准化评审申请书
4. 危险化学品从业单位安全生产标准化自评报告
5. 危险化学品从业单位安全生产标准化评审报告
6. A 级要素权重系数

附件 1

危险化学品从业单位安全生产标准化
评审人员再培训换证申请表

<table>
<tr><td>姓名</td><td></td><td>性别</td><td></td><td>出生年月</td><td></td><td rowspan="3">照
片
（1 寸彩照）</td></tr>
<tr><td>学历</td><td></td><td>职称/职务</td><td></td><td>工龄</td><td></td></tr>
<tr><td>工作单位</td><td colspan="5"></td></tr>
<tr><td>联系电话</td><td colspan="2"></td><td>手机号码</td><td colspan="3"></td></tr>
<tr><td>通讯地址</td><td colspan="4"></td><td>传真</td><td></td></tr>
<tr><td>电子信箱</td><td colspan="4"></td><td>邮政编码</td><td></td></tr>
<tr><td>3 年
评审/诊断
经历</td><td colspan="6"></td></tr>
<tr><td colspan="7">以上内容由申请人填写</td></tr>
<tr><td>化学品登记
中心意见</td><td colspan="6">盖章　　　　年　月　日</td></tr>
<tr><td>发证日期、有效
期及证书编号</td><td colspan="6">年　　月　　日发证，有效期至　　　年　　月　　日。
证书编号：________________。</td></tr>
<tr><td>备注</td><td colspan="6">提供 3 年内的评审经历记录或诊断经历记录。</td></tr>
</table>

附件 2

危险化学品从业单位安全生产标准化

诊断报告

诊断单位：____

专家组

专家组	姓　名	评审人员培训 合格证书编号	专业及经历	签　字
组长				
成员				

企业名称：

企业地址：

电话：　　　　　　传真：　　　　　　邮编：

诊断日期：___年___月___日　至　___年___月___日

诊断目的：

诊断范围：

诊断准则：

保密承诺：

企业主要参加人员：

企业的基本情况：

（续表）

<table>
<tr><td colspan="3">文件诊断综述：</td></tr>
<tr><td colspan="3">现场诊断综述（安全生产条件、安全管理等）：</td></tr>
<tr><td rowspan="2">适合本企业的要素项</td><td>A 级要素：</td><td>B 级要素：</td></tr>
<tr><td></td><td></td></tr>
<tr><td colspan="3">《评审标准》B 级要素是否存在缺项：</td></tr>
<tr><td colspan="3">诊断发现的主要问题、隐患和建议概述及纠正要求：</td></tr>
<tr><td colspan="3">组长：　　　　　　审批人/日期：
年　月　日　　　　诊断单位盖章</td></tr>
</table>

附件 3

危险化学品从业单位安全生产标准化

评审申请书

企业名称：________________________________

一、企业信息

<table>
<tr><td>单位名称</td><td colspan="5"></td></tr>
<tr><td>地　　址</td><td colspan="5"></td></tr>
<tr><td>性　　质</td><td colspan="5">□国有　□集体　□民营　□私营　□合资　□独资　□其他</td></tr>
<tr><td>法人代表</td><td></td><td>电话</td><td></td><td>邮编</td><td></td></tr>
<tr><td rowspan="2">联系人</td><td rowspan="2"></td><td>电话</td><td></td><td>传真</td><td></td></tr>
<tr><td>手机</td><td></td><td>电子信箱</td><td></td></tr>
<tr><td>是否倒班</td><td colspan="2">□是　　□否</td><td>倒班人数及方式</td><td colspan="2"></td></tr>
<tr><td>员工总数</td><td></td><td>厂休日</td><td></td><td>可否占用</td><td></td></tr>
<tr><td colspan="6">1. 本次申请的评审为：　□一级企业　　□二级企业　□三级企业</td></tr>
<tr><td colspan="6">2. 如果是某集团公司的成员，请注明该集团公司的名称全称：</td></tr>
<tr><td colspan="6">3. 安全生产标准化牵头部门：</td></tr>
<tr><td colspan="6">4. 计划在什么时间评审？</td></tr>
<tr><td colspan="6">5. 企业的相关负责人(经理/厂长、主管厂级领导、总工程师、安全生产标准化负责人)：</td></tr>
</table>

续表

姓名	职务	姓名	职务	姓名	职务

6. 申请企业主要化学品名称、用途、数量：（可另附页）

名　称	用　途	数量(kg)	属　性

8. 如有分支机构或多个现场(包括临时现场)，请填写以下内容：

名　称	地　址	联系人	员工人数	电话/传真	主要业务活动描述

二、有关情况说明

1. 近五年(一级企业)或近三年(二级企业)或近一年(三级企业)发生生产安全事故的情况：
2. 可能造成较大安全、职业健康影响的活动、产品和服务：
3. 安全、职业健康主要业绩：
4. 有无特殊危险区域或限制的情况：

三、其他信息、文件资料

1. 是否同意遵守评审要求，并能提供评审所必需的信息？□是　□否
2. 在提交申请时，请同时提交以下文件： (1) 企业简介(企业性质、地理位置和交通、生产能力和规模、从业人员、企业下属单位情况等)； (2) 厂区平面示意图； (3) 安全生产规章制度(电子文档)； (4) 组织机构图； (5) 重大风险清单； (6) 重大危险源清单； (7) 关键装置和重点部位清单； (8) 自评报告。
企业自评得分：
法定代表人签名：　　　　　　(申请企业盖章) 日期：　　年　　月　　日

附件 4

危险化学品从业单位安全生产标准化

自评报告

企业名称：________________________________

自评人员

自评组	姓　名	自评员证书编号	签　字
组长			
成员			
外聘专家	姓　名	评审人员培训合格证书编号	签　字
文件自评综述：			
法律法规符合性综述：			
现场自评综述(与《评审标准》的符合情况、有效性、安全责任制体系、安全文化、风险管理、安全生产条件、直接作业环节管理等)：			
自评发现的主要问题概述及纠正情况验证结论：			
自评结论：			
其他：			
自评组长：　　　年　　月　　日		审批人/日期：　　　自评单位盖章	

附件 5

危险化学品从业单位安全生产标准化

评审报告

评审单位：____

评审人员

<table>
<tr><td>评审组</td><td>姓　名</td><td>评审人员培训合格证书编号</td><td>签　字</td></tr>
<tr><td>组长</td><td></td><td></td><td></td></tr>
<tr><td rowspan="5">专职评审人员</td><td></td><td></td><td></td></tr>
<tr><td></td><td></td><td></td></tr>
<tr><td></td><td></td><td></td></tr>
<tr><td></td><td></td><td></td></tr>
<tr><td></td><td></td><td></td></tr>
<tr><td rowspan="6">兼职评审人员</td><td></td><td></td><td></td></tr>
<tr><td></td><td></td><td></td></tr>
<tr><td></td><td></td><td></td></tr>
<tr><td></td><td></td><td></td></tr>
<tr><td></td><td></td><td></td></tr>
<tr><td></td><td></td><td></td></tr>
<tr><td rowspan="5">技术专家</td><td>姓　名</td><td>技术专业</td><td>签　字</td></tr>
<tr><td></td><td></td><td></td></tr>
<tr><td></td><td></td><td></td></tr>
<tr><td></td><td></td><td></td></tr>
<tr><td></td><td></td><td></td></tr>
<tr><td colspan="4">企业名称：
企业地址：
电话：　　　　　　传真：　　　　邮编：</td></tr>
<tr><td colspan="4">评审日期：___年___月___日　至　___年___月___日</td></tr>
<tr><td colspan="4">评审目的：</td></tr>
<tr><td colspan="4">评审范围：</td></tr>
<tr><td colspan="4">评审准则：</td></tr>
<tr><td colspan="4">保密承诺：</td></tr>
</table>

续表

企业主要参加人员：
企业的基本情况：
文件评审综述：
法律法规符合性综述：
现场评审综述（与《评审标准》的符合情况、有效性、安全责任制体系、安全文化、风险管理、安全生产条件、直接作业环节管理等）：

续表

评审发现的主要问题概述及纠正要求：
评审结论及等级推荐意见：
建议：
评审组长：　　　　　　　　审批人/日期： 年　　月　　日　　　　　　评审单位盖章

附件 6

A 级要素权重系数

序号	A 级要素	权重系数
1	法律法规和标准	0. 05
2	机构和职责	0. 06
3	风险管理	0. 12
4	管理制度	0. 05
5	培训教育	0. 10
6	生产设施及工艺安全	0. 20
7	作业安全	0. 15
8	职业健康	0. 05
9	危险化学品管理	0. 05
10	事故与应急	0. 06
11	检查与自评	0. 06
12	本地区的要求	0. 05

3.7 《企业安全生产标准化基本规范》原文及导读

ICS13.100C78

AQ/T 9006—2010 中华人民共和国安全生产行业标准
企业安全生产标准化基本规范

Basic norms for work safety standardization of enterprises

2010-04-15 发布 2010-06-01 实施

国家安全生产监督管理总局发布

前言

本标准由国家安全生产监督管理总局提出。

本标准由全国安全生产标准化技术委员会归口。

本标准起草单位：中国安全生产协会、中国石油化工股份有限公司北京燕山分公司、中国神华煤制油化工有限公司。

本标准主要起草人：韩国庆、高明、侯茜、王屹、高英杰、李会英。

2016 年，该规范已修编为 GB/T 33000—2016 文件《企业安全生产标准化基本规范》。

1. 范围

本标准规定了企业安全生产标准化管理体系建立、保持与评定的原则和一般要求，以及目标职责、制度化管理、教育培训、现场管理、安全风险管控及隐患排查治理、应急管理、事故管理和持续改进 8 个体系的核心技术要求。

本标准适用于工矿企业开展安全生产标准化建设工作，有关行业制修订安全生产标准化标准、评定标准，以及对标准化工作的咨询、服务、评审、科研、管理和规划等。其他企业和生产经营单位等可参照执行。

2. 规范性引用文件

下列文件对本文件的应用是必不可少的。凡是注日期的引用文件，仅注日期的版本适用于本文件。凡是不注日期的引用文件，其最新版本(包括所有的修改单)适用于本文件。

GB 2893 安全色

GB 2894 安全标志及其使用导则

GB 5768 (所有部分)道路交通标志和标线

GB 6441 企业职工伤亡事故分类

GB 7231 工业管道的基本识别色、识别符号和安全标识

GB/T 11651 个体防护装备选用规范

GB 13495.1 消防安全标志第 1 部分：标志

GB/T 15499 事故伤害损失工作日标准

GB 18218 危险化学品重大危险源辨识
GB/T 29639 生产经营单位生产安全事故应急预案编制导则
GB 30871 危险化学品生产单位特殊作业安全规范
GB 50016 建筑设计防火规范
GB 50140 建筑灭火器配置设计规范
GB 50187 工业企业总平面设计规范
AQ 3035 危险化学品重大危险源安全监控通用技术规范
AQ/T 9004 企业安全文化建设导则
AQ/T 9007 生产安全事故应急演练基本规范
AQ/T 9009 生产安全事故应急演练评估规范
GBZ 1 工业企业设计卫生标准
GBZ 2.1 工作场所有害因素职业接触限值 第1部分：化学有害因素
GBZ 2.2 工作场所有害因素职业接触限值 第2部分：物理因素
GBZ 158 工作场所职业病危害警示标识
GBZ 188 职业健康监护技术规范
GBZ/T 203 高毒物品作业岗位职业病危害告知规范

3. 术语和定义

下列术语和定义适用于本标准。

[**3-1 问题讨论**]：什么是安全生产标准化？

3.1 企业安全生产标准化 China occupational safety and health management system

企业通过落实企业安全生产主体责任，通过全员全过程参与，建立并保持安全生产管理体系，全面管控生产经营活动各环节的安全生产与职业卫生工作，实现安全健康管理系统化、岗位操作行为规范化、设备设施本质安全化、作业环境器具定置化，并持续改进。

3.2 安全生产绩效 work safety performance

[**3-2 问题讨论**]：举例说明企业安全绩效的相关方？列出至少五个。

根据安全生产和职业卫生目标，在安全生产、职业卫生等工作方面取得的可测量结果。

3.3 企业主要负责人 key person(s) in charge of the enterprise

有限责任公司、股份有限公司的董事长、总经理，其他生产经营单位的厂长、经理、矿长，以及对生产经营活动有决策权的实际控制人。

3.4 相关方 related party

工作场所内外与企业安全生产绩效有关或受其影响的个人或单位，如承包商、供应商等。

3.5 承包商 contractor

在企业的工作场所按照双方协定的要求向企业提供服务

的个人或单位。

3.6 供应商 supplier

为企业提供材料、设备或设施及服务的外部个人或单位。

3.7 变更管理 management of change

对机构、人员、管理、工艺、技术、设备设施、作业环境等永久性或暂时性的变化进行有计划的控制，以避免或减轻对安全生产的影响。

3.8 风险 risk；hazard

发生危险事件或有害暴露的可能性，与随之引发的人身伤害、健康损害或财产损失的严重性的组合。

[**3-3 问题讨论**]：安全风险评价的方法有哪些？

3.9 安全风险评估 risk assessment；hazard assessment

运用定性或定量的统计分析方法对安全风险进行分析、确定其严重程度，对现有控制措施的充分性、可靠性加以考虑，以及对其是否可接受予以确定的过程。

3.10 安全风险管理 risk management；hazard management

根据安全风险评估的结果，确定安全风险控制的优先顺序和安全风险控制措施，以达到改善安全生产环境、减少和杜绝生产安全事故的目标。

3.11 工作场所 workplace

从业人员进行职业活动，并由企业直接或间接控制的所有工作点。

3.12 作业环境 working environment

从业人员进行生产经营活动的场所以及相关联的场所，对从业人员的安全、健康和工作能力，以及对设备(设施)的安全运行产生影响的所有自然和人为因素。

[**3-4 问题讨论**]：什么是安全风险管理？

4. 一般要求

4.1 原则

企业开展安全生产标准化工作，应遵循“安全第一、预防为主、综合治理”的方针，落实企业主体责任。以安全风险管理、隐患排查治理、职业病危害防治为基础，以安全生产责任制为核心，建立安全生产标准化管理体系，全面提升安全生产管理水平，持续改进安全生产工作，不断提升安全生产绩效，预防和减少事故的发生，保障人身安全健康，保证生产经营活动的有序进行。

4.2 建立和保持

企业应采用“策划、实施、检查、改进”的“PDCA”动态循环模式，依据本标准的规定，结合企业自身特点，自主建立并保持安全生产标准化管理体系；通过自我净化、自我完

[**3-5 问题讨论**]：建立一个安全生产标准化工作的 PDCA 图。

善、自我革新、自我提高，构建安全生产长效机制，持续提升安全生产绩效。

4.3 自评和评审

企业安全生产标准化管理体系的运行情况，采用企业自评和评审单位评审的方式进行评估。

5. 核心要求

5.1 目标职责

5.1.1 目标

企业应根据自身安全生产实际，制定文件化的总体和年度安全生产与职业卫生目标，并纳入企业总体生产经营目标。明确目标的制定、分解、实施、检查、考核等环节要求，并按照所属基层单位和部门在生产经营活动中所承担的职能，将目标分解为指标，确保落实。

[3-6 问题讨论]：举例说明适合危化品企业安全生产的法律、法规、标准规范。

企业应定期对安全生产与职业卫生目标、指标实施情况进行评估和考核，并结合实际及时进行调整。

5.1.2 机构和职责

5.1.2.1 机构设置

企业应落实安全生产组织领导机构，成立安全生产委员会，并应按照有关规定设置安全生产和职业卫生管理机构，或配备相应的专职或兼职安全生产和职业卫生管理人员，按照有关规定配备注册安全工程师，建立健全从管理机构到基层班组的管理网络。

5.1.2.2 主要负责人及领导层职责

企业主要负责人全面负责安全生产和职业卫生工作，并履行相应责任和义务。

分管负责人应对各自职责范围内的安全生产和职业卫生工作负责。

各级管理人员应按照安全生产和职业卫生责任制的相关要求，履行其安全生产和职业卫生职责。

[3-7 头脑风暴]：如何落实安全生产法律、法规、标准？

5.1.3 全员参与

企业应建立健全安全生产和职业卫生责任制，明确各级部门和从业人员的安全生产和职业卫生职责，并对职责的适宜性、履行情况进行定期评估和监督考核。

企业应为全员参与安全生产和职业卫生工作创造必要的条件，建立激励约束机制，鼓励从业人员积极建言献策，营造自下而上、自上而下全员重视安全生产和职业卫生的良好氛围，不断改进和提升安全生产和职业卫生管理水平。

5.1.4　安全生产投入

企业应建立安全生产投入保障制度，按照有关规定提取和使用安全生产费用，并建立使用台账。

企业应按照有关规定，为从业人员缴纳相关保险费用。企业宜投保安全生产责任保险。

5.1.5　安全文化建设

企业应开展安全文化建设，确立本企业的安全生产和职业病危害防治理念及行为准则，并教育、引导全体人员贯彻执行。

企业开展安全文化建设活动，应符合 AQ/T 9004 的规定。

5.1.6　安全生产信息化建设

企业应根据自身实际情况，利用信息化手段加强安全生产管理工作，开展安全生产电子台账管理、重大危险源监控、职业病危害防治、应急管理、安全风险管控和隐患自查自报、安全生产预测预警等信息系统的建设。

5.2　制度化管理

5.2.1　法规标准识别

企业应建立安全生产和职业卫生法律法规、标准规范的管理制度，明确主管部门，确定获取的渠道、方式，及时识别和获取适用、有效的法律法规、标准规范，建立安全生产和职业卫生法律法规、标准规范清单和文本数据库。

企业应将适用的安全生产和职业卫生法律法规、标准规范的相关要求转化为本单位的规章制度、操作规程，并及时传达给相关从业人员，确保相关要求落实到位。

5.2.2　规章制度

企业应建立健全安全生产和职业卫生规章制度，并征求工会及从业人员意见和建议，规范安全生产和职业卫生管理工作。

企业应确保从业人员及时获取制度文本。

企业安全生产和职业卫生规章制度包括但不限于下列内容：

——目标管理；

——安全生产和职业卫生责任制；

——安全生产承诺；

——安全生产投入；

——安全生产信息化；

——四新（新技术、新材料、新工艺、新设备设施）管理；

[**3-8 头脑风暴**]：有了安全生产法律、法规、标准，为什么企业还要建立安全生产规章制度？

[**3-9 问题讨论**]：谈谈企业修改更新“操作规程”的必要性。

[**3-10 问题讨论**]：如何建立安全生产机构？

——文件、记录和档案管理；
——安全风险管理、隐患排查治理；
——职业病危害防治；
——教育培训；
——班组安全活动；
——特种作业人员管理；
——建设项目安全设施、职业病防护设施“三同时”管理；
——设备设施管理；
——施工和检维修安全管理；
——危险物品管理；
——危险作业安全管理；
——安全警示标志管理；
——安全预测预警；
——安全生产奖惩管理；
——相关方安全管理；
——变更管理；
——个体防护用品管理；
——应急管理；
——事故管理；
——安全生产报告；
——绩效评定管理。

[3-11 问题讨论]：如何理顺安全生产责任？

5.2.3 操作规程

[3-12 扩展学习]：《安全生产责任保险实施办法》。

企业应按照有关规定，结合本企业生产工艺、作业任务特点以及岗位作业安全风险与职业病防护要求，编制齐全适用的岗位安全生产和职业卫生操作规程，发放到相关岗位员工，并严格执行。

企业应确保从业人员参与岗位安全生产和职业卫生操作规程的编制和修订工作。

企业应在新技术、新材料、新工艺、新设备设施投入使用前，组织制修订相应的安全生产和职业卫生操作规程，确保其适宜性和有效性。

5.2.4 文档管理

5.2.4.1 记录管理

企业应建立文件和记录管理制度，明确安全生产和职业卫生规章制度、操作规程的编制、评审、发布、使用、修订、作废以及文件和记录管理的职责、程序和要求。

企业应建立健全主要安全生产和职业卫生过程与结果的记录，并建立和保存有关记录的电子档案，支持查询和检索，便于自身管理使用和行业主管部门调取检查。

5.2.4.2　评估

企业应每年至少评估一次安全生产和职业卫生法律法规、标准规范、规章制度、操作规程的适用性、有效性和执行情况。

5.2.4.3　修订

企业应根据评估结果、安全检查情况、自评结果、评审情况、事故情况等，及时修订安全生产和职业卫生规章制度、操作规程。

5.3　教育培训

5.3.1　教育培训管理

企业应建立健全安全教育培训制度，按照有关规定进行培训。培训大纲、内容、时间应满足有关标准的规定。

[**3-13 问题讨论**]：企业安全培训教学的对象包括哪些？

企业安全教育培训应包括安全生产和职业卫生的内容。

企业应明确安全教育培训主管部门，定期识别安全教育培训需求，制定、实施安全教育培训计划，并保证必要的安全教育培训资源。

企业应如实记录全体从业人员的安全教育和培训情况，建立安全教育培训档案和从业人员个人安全教育培训档案，并对培训效果进行评估和改进。

5.3.2　人员教育培训

5.3.2.1　主要负责人和安全管理人员

企业的主要负责人和安全生产管理人员应具备与本企业所从事的生产经营活动相适应的安全生产和职业卫生知识与能力。

企业应对各级管理人员进行教育培训，确保其具备正确思行，岗位安全生产和职业卫生职责的知识与能力。

法律法规要求考核其安全生产和职业卫生知识与能力的人员，应按照有关规定经考核合格。

5.3.2.2　从业人员

企业应对从业人员进行安全生产和职业卫生教育培训，保证从业人员具备满足岗位要求的安全生产和职业卫生知识，熟悉有关的安全生产和职业卫生法律法规、规章制度、操作规程，掌握本岗位的安全操作技能和职业危害防护技能、安全风险辨识和管控方法，了解事故现场应急处置措施，并根据实际需要，定期进行复训考核。

未经安全教育培训合格的从业人员，不应上岗作业。

煤矿、非煤矿山、危险化学品、烟花爆竹、金属冶炼等企业应对新上岗的临时工、合同工、劳务工、轮换工、协议工等进行强制性安全培训，保证其具备本岗位安全操作、自救互救以及应急处置所需的知识和技能后，方能安排上岗作业。

企业的新入厂(矿)从业人员上岗前应经过厂(矿)、车间(工段、区、队)、班组三级安全培训教育，岗前安全教育培训学时和内容应符合国家和行业的有关规定。

在新工艺、新技术、新材料、新设备设施投入使用前，企业应对有关从业人员进行专门的安全生产和职业卫生教育培训，确保其具备相应的安全操作、事故预防和应急处置能力。

从业人员在企业内部调整工作岗位或离岗一年以上重新上岗时，应重新进行车间(工段、区、队)和班组级的安全教育培训。

从事特种作业、特种设备作业的人员应按照有关规定，经专门安全作业培训，考核合格，取得相应资格后，方可上岗作业，并定期接受复审。

企业专职应急救援人员应按照有关规定，经专门应急救援培训，考核合格后，方可上岗，并定期参加复训。

其他从业人员每年应接受再培训，再培训时间和内容应符合国家和地方政府的有关规定。

5.3.2.3 其他人员教育培训

企业应对进入企业从事服务和作业活动的承包商、供应商的从业人员和接收的中等职业学校、高等学校实习生，进行入厂(矿)安全教育培训，并保存记录。

外来人员进入作业现场前，应由作业现场所在单位对其进行安全教育培训，并保存记录。主要内容包括：外来人员入厂(矿)有关安全规定、可能接触到的危害因素、所从事作业的安全要求、作业安全风险分析及安全控制措施、职业病危害防护措施、应急知识等。

[**3-14 问题讨论**]：企业如何做好安全培训教育？

企业应对进入企业检查、参观、学习等外来人员进行安全教育，主要内容包括：安全规定、可能接触到的危险有害因素、职业病危害防护措施、应急知识等。

5.4 现场管理

5.4.1 设备设施管理

5.4.1.1 设备设施建设

企业总平面布置应符合 GB50187 的规定，建筑设计防火和建筑灭火器配置应分别符合 GB50016 和 GB50140 的规定；

建设项目的安全设施和职业病防护设施应与建设项目主体工程同时设计、同时施工、同时投入生产和使用。

企业应按照有关规定进行建设项目安全生产、职业病危害评价，严格履行建设项目安全设施和职业病防护设施设计审查、施工、试运行、竣工验收等管理程序。

5.4.1.2 设备设施验收

企业应执行设备设施采购、到货验收制度，购置、使用设计符合要求、质量合格的设备设施。设备设施安装后企业应进行验收，并对相关过程及结果进行记录。

5.4.1.3 设备设施运行

企业应对设备设施进行规范化管理，建立设备设施管理台账。

企业应有专人负责管理各种安全设施以及检测与监测设备，定期检查维护并做好记录。

企业应针对高温、高压和生产、使用、储存易燃、易爆、有毒、有害物质等高风险设备，以及海洋石油开采特种设备和矿山井下特种设备，建立运行、巡检、保养的专项安全管理制度，确保其始终处于安全可靠的运行状态。

[**3-15 问题讨论**]：生产过程现场管理的种类有哪些？

安全设施和职业病防护设施不应随意拆除、挪用或弃置不用；确因检维修拆除的，应采取临时安全措施，检维修完毕后立即复原。

5.4.1.4 设备设施检维修

企业应建立设备设施检维修管理制度，制定综合检维修计划，加强日常检维修和定期检维修管理，落实“五定”原则，即定检维修方案、定检维修人员、定安全措施、定检维修质量、定检维修进度，并做好记录。

检维修方案应包含作业安全风险分析、控制措施、应急处置措施及安全验收标准。检维修过程中应执行安全控制措施，隔离能量和危险物质，并进行监督检查，检维修后应进行安全确认。检维修过程中涉及危险作业的，应按照 5.4.2.1 执行。

5.4.1.5 检测检验

特种设备应按照有关规定，委托具有专业资质的检测、检验机构进行定期检测、检验。涉及人身安全、危险性较大的海洋石油开采特种设备和矿山井下特种设备，应取得矿用产品安全标志或相关安全使用证。

5.4.1.6 设备设施拆除、报废

企业应建立设备设施报废管理制度。设备设施的报废应办理审批手续，在报废设备设施拆除前应制订方案，并在现场设置明显的报废设备设施标志。报废、拆除涉及许可作业的，应按照 5.4.2.1 执行，并在作业前对相关作业人员进行培训和安全技术交底。报废、拆除应按方案和许可内容组织落实。

5.4.2　作业安全

5.4.2.1　作业环境和作业条件

企业应事先分析和控制生产过程及工艺、物料、设备设施、器材、通道、作业环境等存在的安全风险。

生产现场应实行定置管理，保持作业环境整洁。

生产现场应配备相应的安全、职业病防护用品(具)及消防设施与器材，按照有关规定设置应急照明、安全通道，并确保安全通道畅通。

企业应对临近高压输电线路作业、危险场所动火作业、有(受)限空间作业、临时用电作业、爆破作业、封道作业等危险性较大的作业活动，实施作业许可管理，严将履行作业许可审批手续。作业许可应包含安全风险分析、安全及职业病危害防护措施、应急处置等内容。作业许可实行闭环管理。

企业应对作业人员的上岗资格、条件等进行作业前的安全检查，做到特种作业人员持证上岗，并安排专人进行现场安全管理，确保作业人员遵守岗位操作规程和落实安全及职业病危害防护措施。

企业应采取可靠的安全技术措施，对设备能量和危险有害物质进行屏蔽或隔离。

[3-16 头脑风暴]：什么是定置管理？

两个以上作业队伍在同一作业区域内进行作业活动时，不同作业队伍相互之间应签订管理协议，明确各自的安全生产、职业卫生管理职责和采取的有效措施，并指定专人进行检查与协调。

危险化学品生产、经营、储存和使用单位的特殊作业，应符合 GB 30871 的规定。

5.4.2.2　作业行为

企业应依法合理进行生产作业组织和管理，加强对从业人员作业行为的安全管理，对设备设施、工艺技术以及从业人员作业行为等进行安全风险辨识，采取相应的措施，控制作业行为安全风险。

[3-17 问题讨论]：安全生产对作业环境有哪些要求？

企业应监督、指导从业人员遵守安全生产和职业卫生规章制度、操作规程，杜绝违章指挥、违规作业和违反劳动纪律的“三违”行为。

企业应为从业人员配备与岗位安全风险相适应的、符合GB/T 11651规定的个体防护装备与用品，并监督、指导从业人员按照有关规定正确佩戴、使用、维护、保养和检查个体防护装备与用品。

5.4.2.3　岗位达标

企业应建立班组安全活动管理制度，开展岗位达标活动，明确岗位达标的内容和要求。

[3-18 问题讨论]：安全生产作业条件包含哪些内容？

从业人员应熟练掌握本岗位安全职责、安全生产和职业卫生操作规程、安全风险及管控措施、防护用品使用、自救互救及应急处置措施。

各班组应按照有关规定开展安全生产和职业卫生教育培训、安全操作技能训练、岗位作业危险预知、作业现场隐患排查、事故分析等工作，并做好记录。

5.4.2.4　相关方

企业应建立承包商、供应商等安全管理制度，将承包商、供应商等相关方的安全生产和职业卫生纳入企业内部管理，对承包商、供应商等相关方的资格预审、选择、作业人员培训、作业过程检查监督、提供的产品与服务、绩效评估、续用或退出等进行管理。

[3-19 问题讨论]：危化品从业人员工作过程必须符合哪些作业行为？

企业应建立合格承包商、供应商等相关方的名录和档案，定期识别服务行为安全风险，并未取有效的控制措施。

企业不应将项目委托给不具备相应资质或安全生产、职业病防护条件的承包商、供应商等相关方。企业应与承包商、供应商等签订合作协议，明确规定双方的安全生产及职业病防护的责任和义务。

企业应通过供应链关系促进承包商、供应商等相关方达到安全生产标准化要求。

5.4.3　职业健康

5.4.3.1　基本要求

企业应为从业人员提供符合职业卫生要求的工作环境和条件，为解除职业危害的从业人员提供个人使用的职业病防护用品，建立、健全职业卫生档案和健康监护档案。

产生职业病危害的工作场所应设置相应的职业病防护设施，并符合GBZ 1的规定。

企业应确保使用有毒、有害物品的作业场所与生活区、辅助生产区分开，作业场所不应住人；将有害作业与无害作业分开，高毒工作场所与其他工作场所隔离。

对可能发生急性职业危害的有毒、有害工作场所，应设置检验报警装置，制定应急预案，配置现场急救用品、设备，设置应急撤离通道和必要的泄险区，定期检查监测。

企业应组织从业人员进行上岗前、在岗期间、特殊情况应急后和离岗时的职业健康检查，将检查结果书面告知从业人员并存档。对检查结果异常的从业人员，应及时就医，并定期复查。企业不应安排未经职业健康检查的从业人员从事接触职业病危害的作业；不应安排有职业禁忌的从业人员从事禁忌作业。从业人员的职业健康监护应符合 GBZ 188 的规定。

[3-20 问题讨论]：职业健康的基本要求有哪些？

各种防护用品、各种防护器具应定点存放在安全、便于取用的地方，建立台账，并有专人负责保管，定期校验、维护和更换。

涉及放射工作场所和放射性同位素运输、贮存的企业，应配置防护设备和报警装置，为接触放射线的从业人员佩带个人剂量计。

5.4.3.2 职业危害告知

企业与从业人员订立劳动合同时，应将工作过程中可能产生的职业危害及其后果和防护措施如实告知从业人员，并在劳动合同中写明。

企业应按照有关规定，在醒目位置设置公告栏，公布有关职业病防治的规章制度、操作规程、职业病危害事故应急救援措施和工作场所职业病危害因素检测结果。对存在或产生职业病危害的工作场所、作业岗位、设备、设施，应在醒目位置设置警示标识和中文警示说明；使用有毒物品作业场所，应设置黄色区域警示线、警示标识和中文警示说明，高毒作业场所应设置红色区域警示线、警示标识和中文警示说明，并设置通讯报警设备。高毒物品作业岗位职业病危害告知应符合 GBZ/T 203 的规定。

[3-21 头脑风暴]：企业只要在工作场所对职业危害按相关规范、标准作警示即起到了“职业危害告知义务”，你有何见解？

5.4.3.3 职业病危害申报

企业应按照有关规定，及时、如实向所在地安全生产监督管理部门申报职业病危害项目，并及时更新信息。

5.4.3.4 职业病危害检测与评价

企业应改善工作场所职业卫生条件，控制职业病危害因素浓(强)度不超过 GBZ 2.1、GBZ 2.2 规定的限值。

企业应对工作场所职业病危害因素进行日常监测，并保存监测记录。存在职业病危害的，应委托具有相应资质的职业卫生技术服务机构进行定期检测，每年至少进行一次全面的职业病危害因素检测；职业病危害严重的，应委托具有相应资质的职业卫生技术服务机构，每 3 年至少进行一次职业病危害现状评价。检测、评价结果存入职业卫生档案，并向安全监管部门报告，向从业人员公布。

定期检测结果中职业病危害因素液度或强度超过职业接触限值的，企业应根据职业卫生技术服务机构提出的整改建议，结合本单位的实际情况，制定切实有效的整改方案，立即进行整改。整改落实情况应有明确的记录并存入职业卫生档案备查。

[3-22 问题讨论]：如何检测职业危害？

5.4.4　警示标志

企业应按照有关规定和工作场所的安全风险特点，在有重大危险源、较大危险因素和严重职业病危害因素的工作场所，设置明显的、符合有关规定要求的安全警示标志和职业病危害指示标识。其中，警示标志的安全色和安全标志应分别符合 GB 2893 和 GB 2894 的规定，道路交通标志和标线应符合 GB 5768(所有部分)的规定，工业管道安全标识应符合 GB 7231 的规定，消防安全标志应符合 GB 13495.1 的规定，工作场所职业病危害警示标识应符合 GBZ 158 的规定。安全警示标志和职业病危害警示标识应标明安全风险内容、危险程度、安全距离、防控办法、应急措施等内容，在有重大隐患的工作场所和设备设施上设置安全警示标志，标明治理责任、期限及应急措施；在有安全风险的工作岗位设置安全告知卡，告知从业人员本企业、本岗位主要危险有害因素、后果、事故预防及应急措施、报告电话等内容。

企业应定期对警示标志进行检查维护，确保其完好有效。

[3-23 问题讨论]：如何评价职业危害？

企业应在设备设施施工、吊装、检维修等作业现场设置警戒区域和警示标志，在检维修现场的坑、井、渠、沟、陡坡等场所设置围栏和警示标志，进行危险提示、警示，告知危险的种类、后果及应急措施等。

5.5　安全风险管控及隐患排查治理

5.5.1　安全风险管理

5.5.1.1　安全风险辨识

企业应建立安全风险辨识管理制度，组织全员对本单位安全风险进行全面、系统的辨识。

[3-24 问题讨论]：按照相关标准，工作场所应包含哪些警示标志？

安全风险辨识范围应覆盖本单位的所有活动及区域，并考虑正常、异常和紧急三种状态及过去、现在和将来三种时态。安全风险辨识应采用适宜的方法和程序，且与现场实际相符。

企业应对安全风险辨识资料进行统计、分析、整理和归档。

5.5.1.2　安全风险评估

企业应建立安全风险评估管理制度，明确安全风险评估的目的、范围、频次、准则和工作程序等。

企业应选择合适的安全风险评估方法，定期对所辨识出的存在安全风险的作业活动、设备设施、物料等进行评估。在进行安全风险评估时，至少应从影响人、财产和环境三个方面的可能性和严重程度进行分析。

矿山、金属冶炼和危险物品生产、储存企业，每3年应委托具备规定资质条件的专业技术服务机构对本企业的安全生产状况进行安全评价。

[**3-25 拓展学习**]：化工生产过程安全风险的辨识方法有哪些？

5.5.1.3　安全风险控制

企业应选择工程技术措施、管理控制措施、个体防护措施等，对安全风险进行控制。

企业应根据安全风险评估结果及生产经营状况等，确定相应的安全风险等级，对其进行分级分类管理，实施安全风险差异化动态管理，制定并落实相应的安全风险控制措施。

企业应将安全风险评估结果及所采取的控制措施告知相关从业人员，使其熟悉工作岗位和作业环境中存在的安全风险，掌握、落实应采取的控制措施。

5.5.1.4　变更管理

企业应制定变更管理制度。变更前应对变更过程及变更后可能产生的安全风险进行分析，制定控制措施，履行审批及验收程序，并告知和培训相关从业人员。

5.5.2　重大危险源辨识和管理

[**3-26 问题讨论**]：安全风险控制措施有哪些？

企业应建立重大危险源管理制度，全面辨识重大危险源，对确认的重大危险源制定安全管理技术措施和应急预案。

涉及危险化学品的企业应按照GB 18218的规定，进行重大危险源辨识和管理。

企业应对重大危险源进行登记建档，设置重大危险源监控系统，进行日常监控，并按照有关规定向所在地安全监管部门备案。重大危险源安全监控系统应符合AQ 3035的技术规定。

[**3-27 头脑风暴**]：举例说明变更管理的重要性？

含有重大危险源的企业应将监控中心(室)视频监控资料、

数据监控系统状态数据和监控数据与有关监管部门监管系统联网。

5.5.3 隐患排查治理

5.5.3.1 隐患治理

企业应建立隐患排查治理制度，逐渐建立并落实从主要负责人到每位从业人员的隐患排查治理和防控责任制。并按照有关规定组织开展隐患排查治理工作，及时发现并消除隐患，实行隐患闭环管理。

企业应依据有关法律法规、标准规范等，组织制定各部门、岗位、场所、设备设施的隐患排查治理标准或排查清单，明确隐患排查的时限、范围、内容和要求，并组织开展相应的培训。隐患排查的范围应包括所有与生产经营相关的场所、人员、设备设施和活动，包括承包商和供应商等相关服务范围。

企业应按照有关规定，结合安全生产的需要和特点，采用综合检查、专业检查、季节性检查、节假日检查、日常检查等不同方式进行隐患排查。对排查出的隐患，按照隐患的等级进行记录，建立隐患信息档案，并按照职责分工实施监控治理。组织有关人员对本企业可能存在的重大隐患作出认定，并按照有关规定进行管理。

企业应将相关方排查出的隐患统一纳入本企业隐患管理。

[**3-28 头脑风暴**]：如何发现化工生产过程存在的安全隐患？

5.5.3.2 隐患治理

企业应根据隐患排查的结果，制定隐患治理方案，对隐患及时进行治理。

企业应按照责任分工立即或限期组织整改一般隐患。主要负责人应组织制定并实施重大隐患治理方案。治理方案应包括目标和任务、方法和措施、经费和物资、机构和人员、时限和要求、应急预案。

企业在隐患治理过程中，应采取相应的监控防范措施。隐患排除前或排除过程中无法保证安全的，应从危险区域内撤出作业人员，疏散可能危及的人员，设置警戒标志，暂时停产停业或停止使用相关设备、设施。

5.5.3.3 验收与评估

隐患治理完成后，企业应按照有关规定对治理情况进行评估、验收。重大隐患治理完成后，企业应组织本企业的安全管理人员和有关技术人员进行验收或委托依法设立的为安全生产提供技术、管理服务的机构进行评估。

[**3-29 问题讨论**]：谈谈隐患排查和治理的规范流程。

5.5.3.4 信息记录、通报和报送

企业应如实记录隐患排查治理情况，至少每月进行统计分析，及时将隐患排查治理情况向从业人员通报。

企业应运用隐患自查、自改、自报信息系统，通过信息系统对隐患排查、报告、治理、销账等过程进行电子化管理和统计分析，并按照当地安全监管部门和有关部门的要求，定期或实时报送隐患排查治理情况。

5.5.4 预测预警

企业应根据生产经营状况、安全风险管理及隐患排查治理、事故等情况，运用定量或定性的安全生产预测预警技术，建立体现企业安全生产状况及发展趋势的安全生产预测预警体系。

5.6 应急管理

5.6.1 应急准备

5.6.1.1 应急救援组织

企业应按照有关规定建立应急管理组织机构或指定专人负责应急管理工作，建立与本企业安全生产特点相适应的专(兼)职应急救援队伍。按照有关规定可以不单独建立应急救援队伍的，应指定兼职救援人员，并与邻近专业应急救援队伍签订应急救援服务协议。

5.6.1.2 应急预案

企业应在开展安全风险评估和应急资源调查的基础上，建立生产安全事故应急预案体系，制定符合 GB/T 29639 规定的生产安全事故应急预案，针对安全风险较大的重点场所(设施)制定现场处置方案，并编制重点岗位、人员应急处置卡。

企业应按照有关规定将应急预案报当地主管部门备案，并通报应急救援队伍、周边企业等有关应急协作单位，企业应定期评估应急预案，及时根据评估结果或实际情况的变化进行修订和完善，并按照有关规定将修订的应急预案及时报当地主管部门备案。

[3-30 拓展学习]：应急预案的要素有哪些？试编写一份实验室 NH_3 泄漏的应急预案。

5.6.1.3 应急设施、装备、物资

企业应根据可能发生的事故种类特点，按照规定设置应急设施，配备应急装备，储备应急物资，建立管理台账，安排专人管理，并定期检查、维护、保养，确保其完好、可靠。

5.6.1.4 应急演练

企业应按照 AQ/T 9007 的规定定期组织公司(厂、矿)、车间(工段、区、队)、班组开展生产安全事故应急演练，做到一线从业人员参与应急演练全覆盖，并按照 AQ/T 9009 的规定对演练进行总结和评估，根据评估结论和演练发现的问题，修订、完善应急预案，改进应急准备工作。

5.6.1.5 应急救援信息系统建设

矿山、金属冶炼等企业，生产、经营、运输、储存、使用危险物品或处置废弃危险物品的生产经营单位，应建立生产安全事故应急救援信息系统，并与所在地县级以上地方人民政府负有安全生产监督管理职责部门的安全生产应急管理信息系统互联互通。

[**3-31 问题讨论**]：应急管理包括哪些内容？

5.6.2 应急处置

发生事故后，企业应根据预案要求，立即启动应急响应程序，按照有关规定报告事故情况，并开展先期处置：

发出警报，在不危及人身安全时，现场人员采取阻断或隔离事故源、危险源等措施；严重危及人身安全时，迅速停止现场作业，现场人员采取必要的或可能的应急措施后撤离危险区域。

立即按照有关规定和程序报告本企业有关负责人，有关负责人应立即将事故发生的时间、地点、当前状态等简要信息向所在地县级以上地方人民政府负有安全生产监督管理职责的有关部门报告，并按照有关规定及时补报、续报有关情况；情况紧急时，事故现场有关人员可以直接向有关部门报告；对可能引发次生事故灾害的，应及时报告相关主管部门。

研判事故危害及发展趋势，将可能危及周边生命、财产、环境安全的危险性和防护措施等告知相关单位与人员；遇有重大紧急情况时，应立即封闭事故现场，通知本单位从业人员和周边人员疏散，采取转移重要物资、避免或减轻环境危害等措施。

请求周边应急救援队伍参加事故救援，维护事故现场秩序，保护事故现场证据。准备事故救援技术资料，做好向所在地人民政府及其负有安全生产监督管理职责的部门移交救援工作指挥权的各项准备。

5.6.3 应急评估

企业应对应急准备、应急处置工作进行评估。

矿山、金属冶炼等企业，生产、经营、运输、储存、使用危险物品或处置废弃危险物品的企业，应每年进行一次应急准备评估。

完成险情或事故应急处置后，企业应主动配合有关组织开展应急处置评估。

5.7 事故查处

5.7.1 报告

企业应建立事故报告程序，明确事故内外部报告的责任人、时限、内容等，并教育、指导从业人员严格按照有关规定的程序报告发生的生产安全事故。

企业应妥善保护事故现场以及相关证据。

事故报告后出现新情况的，应当及时补报。

5.7.2 调查和处理

企业应建立内部事故调查和处理制度，按照有关规定、行业标准和国际通行做法，将造成人员伤亡(轻伤、重伤、死亡等人身伤害和急性中毒)和财产损失的事故纳入事故调查和处理范畴。

企业发生事故后，应及时成立事故调查组，明确其职责与权限，进行事故调查。事故调查应查明事故发生的时间、经过、原因、波及范围、人员伤亡情况及直接经济损失等。

[3-32 问题讨论]：对照事故调查，谈谈“四不放过”的管理原则的必要性。

事故调查组应根据有关证据、资料，分析事故的直接、间接原因和事故责任，提出应吸取的教训、整改措施和处理建议，编制事故调查报告。

企业应开展事故案例警示教育活动，认真吸取事故教训，落实防范和整改措施，防止类似事故再次发生。

企业应根据事故等级，积极配合有关人民政府开展事故调查。

5.7.3 管理

企业应建立事故档案和管理台账，将承包商、供应商等相关方在企业内部发生的事故纳入本企业事故管理。

企业应按照 GB 6441、GB/T 15499 的有关规定和国家、行业确定的事故统计指标开展事故统计分析。

5.8 持续改进

5.8.1 绩效评定

企业每年至少应对安全生产标准化管理体系的运行情况进行一次自评，验证各项安全生产制度措施的适宜性、充分性和有效性，检查安全生产和职业卫生管理目标、指标的完成情况。

企业主要负责人应全面负责组织自评工作，并将自评结果向本企业所有部门、单位和从业人员通报。自评结果应形成正式文件，并作为年度安全绩效考评的重要依据。

企业应落实安全生产报告制度，定期向业绩考核等有关部门报告安全生产情况，并向社会公示。

企业发生生产安全责任死亡事故，应重新进行安全绩效评定，全面查找安全生产标准化管理体系中存在的缺陷。

[3-33 问题讨论]：什么是“持续改进”？谈谈“持续改进”的必要性。

5.8.2 持续改进

企业应根据安全生产标准化管理体系的自评结果和安全生产预测预警系统所反映的趋势，以及绩效评定情况，客观分析企业安全生产标准化管理体系的运行质量，及时调整完善相关制度文件和过程管控，持续改进，不断提高安全生产绩效。

习题与练习

一、填空题

1. 安全生产标准化，是指通过建立________，制定安全管理制度和______，排查治理隐患和________，建立预防机制，规范生产行为，使各生产环节符合有关安全生产法律法规和标准规范的要求，________处于良好的生产状态，并持续改进，不断加强企业安全生产规范化建设。

2. 安全生产标准化体现了________________的方针和________的科学发展观。

3. 安全生产责任制是根据我国的安全生产方针“安全第一，预防为主，综合治理”和安全生产法规建立的________________在劳动生产过程中对安全生产层层负责的制度。

4. 许多生产经营单位和企业在实行中、按照______相结合的原则，对安全工作采用目标管理的方法，并与奖惩制度紧密结合，使生产经营单位和企业的安全工作得到了加强。

5. 企业的培训由________组织实施，车间的培训由________组织实施，班组的培训由________组织实施。

6. 新技术、________、新材料在使用前，必须进行安全教育培训。

7. 企业开展安全生产标准化工作，遵循“安全第一、预防为主、综合治理”的方针，以________为基础，提高安全生产水平，减少事故发生，保障人身安全健康，保证生产经营活动的顺利进行。

8. 企业安全生产标准化工作实行企业________________的方式。

9. 安全生产标准化评审分为一级、二级、三级，______为最高级。

10. ________________对评审定级进行监督管理。

11. ________________应按照安全生产法律法规赋予的职责，全面负责安全生产工作，并履行安全生产义务。

12. 企业的主要负责人和________________，必须具备与本单位所从事的生产经营活动相适应的安全生产知识和管理能力。法律法规要求必须对其安全生产知识和管理能力进行考核的，须经考核合格后方可任职。

13. 新入厂(矿)人员在上岗前必须经过__________三级安全教育培训。

14. 从事特种作业的人员应取得__________，方可上岗作业。

15. 企业建设项目的所有设备设施应符合有关法律法规、标准规范要求；安全设备设施应与建设项目主体工程__________。

16. 企业隐患排查的范围应包括所有与生产经营相关的场所、环境、人员、__________。

17. 事故调查应查明事故发生的时间、经过、原因、__________等。

二、选择题

1. 生产经营单位安全生产标准化工作采用"策划、实施、检查、(　　)"动态循环的模式，结合自身的特点，建立并保持安全生产标准化系统；通过自我净化、自我完善、自我革新、自我提高，建立安全绩效持续改进的安全生产长效机制。

A. 提高　　B. 评优　　C. 改进　　D. 完善

2. 安全生产法律法规规定，生产经营单位的安全生产第一责任人是(　　)。

A. 安全机构负责人　　B. 管理者代表

C. 主要负责人　　D. 党政负责人

3. 下列关于安全生产培训管理的说法，正确的是(　　)。

A. 识别培训需求就是分析安全生产法律法规的要求

B. 制定培训计划就是制定培训大纲

C. 培训效果的评估方法之一是跟踪员工现场应用能力

D. 培训记录应上交安全生产监督管理部门归档保存

4. 在办理受限空间内动火作业许可时，需要检测的项目应至少包括(　　)。

A. 可燃气体浓度、有毒气体浓度、氧气含量

B. 温度、有毒气体浓度、氧气含量

C. 温度、可燃气体浓度、氧气含量

D. 有毒气体浓度、温度、可燃气体浓度

5. 新建、改建、扩建建设项目安全设施的"三同时"工作应在(　　)进行。

A. 建设项目正式投产前　　B. 建设项目正式投产后

C. 建设项目施工开始前　　D. 建设项目施工开始后

6. 所谓安全生产标准化建设，就是用(　　)，提高人的安全意识，创造人的安全环境，规范人的安全行为，使人–机–环境达到最佳统一，从而实现最大限度地防止和减少伤亡事故的目的。

A. 科学的方法和手段　　B. 规范的法律法规

C. 严格的检查制度　　D. 定期的培训教育

7. 安全生产标准化建设的核心是(　　)。

A. 制度　　B. 教育　　C. 人　　D. 检查

8. 动火作业、起重作业、受限空间作业、临时用电作业、高处作业等危险性较高的作

业活动实施作业许可管理，严格履行审批手续。作业许可证应包含(　　)和安全措施等内容。

A. 标准作业流程　　B. 技术要求
C. 安全生产要求　　D. 危害因素分析

9. 生产经营单位每年至少(　　)对本单位安全生产标准化的实施情况进行评定，验证各项安全生产制度措施的适宜性、充分性和有效性。

A. 一次　　B. 两次　　C. 三次　　D. 四次

10. 安全生产投入资金具体由谁来保证，应根据企业的性质而定。一般来说，股份制企业、合资企业等安全生产投入资金由(　　)予以保证。

A. 厂长以及经理人　B. 工会　　C. 董事会　　D. 投资人

11. 安全生产培训教育是安全生产工作的(　　)。

A. 基础　　B. 保障　　C. 重要组成部分　　D. 重要支撑

12. 企业安全生产标准化工作实行企业自主评定、(　　)的方式。

A. 内部评审　　B. 企业评审　　C. 综合评审　　D. 外部评审

13. 操作岗位人员转岗、离岗(　　)以上重新上岗者，应进行车间(工段)、班组安全教育培训，经考核合格后，方可上岗工作。

A. 半年　　B. 一年　　C. 二年　　D. 三年

14. 企业应(　　)至少一次对本单位安全生产标准化的实施情况进行评定，验证各项安全生产制度措施的适宜性、充分性和有效性，检查安全生产工作目标、指标的完成情况。

A. 每半年　　B. 每年　　C. 每二年　　D. 每三年

15. 根据作业场所的实际情况，在有较大危险因素的作业场所和设施上，设置明显的安全警示标志，进行危险提示、警示，告知(　　)、后果及应急措施等。

A. 危险源辨识内容　　B. 危险的种类
C. 安全等级　　D. 作业标准

16.《企业安全生产标准化基本规范》自(　　)起实施。

A. 2004 年 6 月 1 日　B. 2008 年 6 月 1 日　C. 2010 年 6 月 1 日　D. 2010 年 12 月 1 日

17. 企业单位的各级领导人员在管理生产的同时，必须负责管理(　　)。

A. 监督工作　　B. 检查工作　　C. 计划工作　　D. 安全工作

18. (　　)对本单位劳动保护工作负全面责任。

A. 企业领导(厂长、经理)　　B. 管理人员
C. 职能机构　　D. 监督人员

19. 以下说法错误的是(　　)。

A. 企业培训以安全生产的法律法规、方针政策、规范和企业的规章制度为主
B. 车间、班组培训以安全操作规程、劳动纪律、法律法规、方针政策等为主
C. 特种作业人员培训以特种设备的操作规程、特种作业人员的安全知识为主
D. 重大危险源的相关人员培训以危险源的危险因素、现实情况、可能发生的事故、注意事项为主

20. 四新教育培训是生产经营单位实施新工艺、(　　)、新设备、新材料时，组织相

关岗位对从业人员进行有针对性的安全生产教育培训。

A. 新生产现场　　B. 新员工　　C. 新产品　　D. 新技术

三、简答题

1. 安全生产标准化的内涵是什么？
2. 开展安全标准化建设的重点内容有哪些？
3. 安全生产规章制度应包含哪些内容？
4. 安全生产标准化的定义是什么？
5.《企业安全生产标准化基本规范》的意义是什么？
6. 重大危险源的定义是什么？

扫码获取更多学习资料

模块四　危险化学品从业单位安全标准化通用规范

☞ **知识目标**

1. 熟悉《危险化学品从业单位安全标准化通用规范》(AQ 3013—2008)内容；
2. 了解通用规范所引用的相关规则、标准；
3. 掌握安全管理基本要素。

☞ **能力目标**

1. 能根据《危险化学品从业单位安全标准化通用规范》指导安全生产；
2. 能熟练应用 PDCA 管理模式；
3. 锻炼对生产过程实施风险管理的能力。

4.1 《危险化学品从业单位安全标准化通用规范》的制定依据

本标准明确了危险化学品从业单位开展安全标准化的总体原则、过程和要求，同时用于指导危险化学品从业单位安全标准化系列标准的编制与实施。

本标准由国家安全生产监督管理总局提出。适用于中华人民共和国境内危险化学品生产、使用、储存企业及有危险化学品储存设施的经营企业。

本标准由全国安全生产标准化技术委员会化学品安全分技术委员会归口。本标准第 4 章、第 5 章为强制性条款。

涉及化学品生产、加工、储存、运输的单位通常具有比其他行业更为危险的状况，会出现和造成一系列的危险和灾害。主要体现在以下几个方面。

1. 化工生产的物料绝大多数具有潜在危险性

化工生产使用的原料、中间体和产品绝大多数具有易燃易爆、有毒有害、腐蚀等危险。

2. 生产工艺过程复杂、工艺条件苛刻

化工生产从原料到产品，一般都需要经过许多工序和复杂的加工单元，通过多次反应或分离才能完成。如此，隐患随工艺流程的复杂、设备的增多而增加。

3. 生产规模大型化、生产过程连续性强

现代化工生产装置规模越来越大，以求降低单位产品的投资和成本，提高经济效益。然而却形成了重大危险源，由于连续化的生产过程，设备及控制系统出现故障的概率也在增加。

4. 生产过程自动化程度高

由于装置大型化、连续化、工艺过程复杂化和工艺参数要求苛刻，因而现代化工生产过程用人工操作已不能适应其需要，必须采用自动化程度较高的控制系统。而自动化系统本身存在一定的故障率，由于故障导致的安全事故也时有发生。

5. 化工生产过程三废排放高，对环境有不良影响

当前的化工生产工艺还不能完全实现“零排放”的绿色化工艺，由此造成的环境污染还不能忽视，特别是如果发生较大的化工事故，所造成的环境污染和损害是需要较长时间才能恢复的。

鉴于“涉化”单位可能引发的风险和灾害，我国政府对危险化学品的管理尤为重视。制定了《安全生产法》《企业安全生产标准化基本规范》《危险化学品从业单位安全标准化通用规范》等法律和规范；这些律法的发布实施，对我国安全生产领域产生深远的影响，具有重大的安全生产管理意义。

鉴于‘涉化’过程独特的危险性，为了强化对危险化学品和危险化学品从业单位的安全管理，继《安全生产法》《企业安全生产标准化基本规范》立法建标之后，《危险化学品从业单位安全标准化通用规范》从更严格的约束、更细致的规范、更具体的措施、更加标准的规范来约束危险化学品从业单位的日常行为和管理，安全标准化建设充分体现全员、全过程、全方位、全天候的安全监督治理原则，所以《危险化学品从业单位安全标准化通用规范》是《安全生产法》在危险化学品从业单位得以贯彻实施，规范生产经营单位的安全生产，强化安全生产监督管理的有力抓手。

4.2 《危险化学品从业单位安全标准化通用规范》制定的目的和意义

危险化学品从业单位必须坚持“安全第一、预防为主、综合治理”的方针，坚持近期与长远、治标与治本、预防与查处相结合，以深入开展“安全生产”活动为主线，以有效防范、坚决遏制事故(特别是重特大事故)为目标。

以安全责任制为核心，以消除各类安全生产事故风险为目的，针对企业存在的各种危险化学品生产、加工、储存、运输、工艺、设备和环境，按照国家、地方法律法规，及国家、行业、企业、职业卫生标准，制定和完善各类安全生产制度及硬件设施，由企业主要负责人负责基础和基层工作，全员参与的安全标准化管理工作。规范生产经营单位的安全生产，强化安全生产监督管理，促进经济发展和保持社会稳定都具有重大的现实意义。

4.3 《危险化学品从业单位安全标准化通用规范》的特点及其基本框架

《危险化学品从业单位安全标准化通用规范》是针对危险化学品从业单位的一个行业标准，也是有关危险化学品安全生产、加工、储存、运输的基本规范。本标准共分为五部分。

第一部分是该标准的内容范畴和适用范围界定；

第二部分是标准制定时所引用的规范性文件，主要是石油、化学工业企业通用的一些标准，包括安全、建筑、职业卫生等方面的国家标准。

第三部分是本标准中所使用的术语和概念的定义，用中英文双语表达；

第四部分是对企业安全生产标准化建设的一般性要求。规定了危险化学品从业单位安全生产标准化实施方法和持续改进；安全标准化建设的科学性、规范性和系统性原则；规范实施的具体步骤(包括初始评审、策划、培训、实施、自评、改进与提升等6个时期)。

第五部分是安全标准化管理的核心要素。由10个一级要素和53个二级要素组成(如表4-1所示)。是安全标准化管理的强制性条款。

表4-1　危险化学品从业单位安全标准化管理的一级和二级要素

一级要素	二级要素	要点
5.1 负责人与职责	5.1.1 负责人 5.1.2 方针目标 5.1.3 机构设置 5.1.4 职责 5.1.5 安全生产投入及工伤保险	领导负责，全员参与，方针、目标、计划明确 方针、目标与计划之间的联系 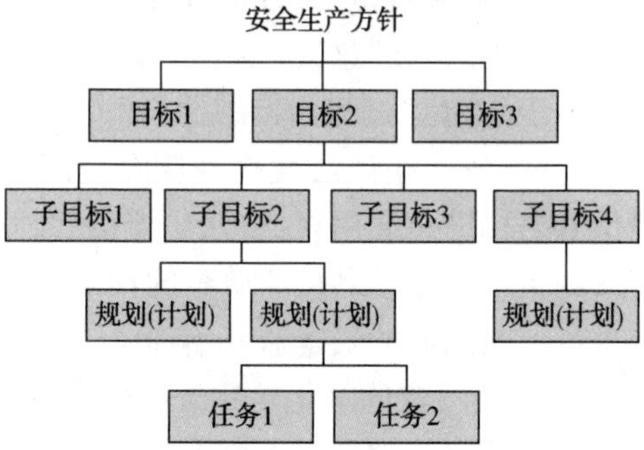
5.2 风险治理	5.2.1 范畴与评价方法 5.2.2 风险评价 5.2.3 风险控制 5.2.4 隐患治理 5.2.5 重大危险源 5.2.6 风险信息更新	1. 企业风险评价的范畴包括9个因素； 2. 风险评价的方法至少8种； 3. 风险评价的准则依据4个层次的法律、规范； 4. 风险控制的可行性；安全性；可靠性； 5. 隐患治理档案内容5条； 6. 五种情况的变更需要重新评价管理
5.3 法律法规与治理制度	5.3.1 法律法规 5.3.2 符合性评价 5.3.3 安全生产规章制度 5.3.4 操作规程 5.3.5 修订	1. 除必须遵守的法律、法规外，企业应制订的安全生产规章制度至少32种； 2. 操作规程及时更新、修订
5.4 培训教育	5.4.1 培训教育管理 5.4.2 管理人员培训教育 5.4.3 从业人员培训教育 5.4.4 新从业人员培训教育 5.4.5 其他人员培训教育 5.4.6 日常安全教育	全员、全过程、全方位，多层次、多专业、多种形式的安全培训教育

续表

一级要素	二级要素	要点
5.5 生产设施及工艺安全	5.5.1 生产设施建设 5.5.2 安全设施 5.5.3 特种设备 5.5.4 工艺安全 5.5.5 关键装置及重点部位 5.5.6 检维修 5.5.7 拆除和报废	1. 安全设施与建设项目的主体工程的“三同时”原则； 2. 建设项目采用先进的、安全性能可靠的新技术、新工艺、新设备和新材料； 3. 安全设施建设参照相关国标； 4. 工艺管理、特种设备管理符合规范； 5. 检维修落实“五定”
5.6 作业安全	5.6.1 作业许可 5.6.2 警示标志 5.6.3 作业环节 5.6.4 承包商与供应商 5.6.5 变更	1. 10 种特殊作业的许可证制度； 2. 工作现场的安全警示和标识； 3. 作业环节的风险识别和排查，严格执行操作规程； 4. 所有变更必须通知和培训，改变操作方案
5.7 产品安全与危害告知	5.7.1 危险化学品档案 5.7.2 化学品分类 5.7.3 化学品安全技术说明书和安全标签 5.7.4 化学事故应急咨询服务电话 5.7.5 危险化学品登记 5.7.6 危害告知	1. 化学品分类 2. 化学品安全技术说明书和安全标签
5.8 职业危害	5.8.1 职业危害申报 5.8.2 作业场所职业危害治理 5.8.3 劳动防护用品	作业场所应符合 GBZ 1、GBZ 2
5.9 事故与应急	5.9.1 事故报告 5.9.2 抢险与抢救 5.9.3 事故调查和处理 5.9.4 应急指挥系统 5.9.5 应急救援器材 5.9.6 应急救援预案与演练	1. 事故报告的程序和原则； 2. 应急预案的制定和演练； 3. 应急救援物资齐全，充足，应急救援组织完善，后备充实
5.10 检查与自评	5.10.1 安全检查形式与内容 5.10.2 整改 5.10.3 自评	检查、整改和持续改进

4.4 《危险化学品从业单位安全标准化通用规范》原文及导读

ICS13.100 G09
备案号：25428—2009
AQ 3013—2008

中华人民共和国安全生产行业标准

危险化学品
从业单位安全标准化通用规范

General norms for safety standardization of hazardous chemical enterprises

国家安全生产监督管理总局发布

2008-11-19 发布　　2009-01-01 实施

前言

本标准第 4 章、第 5 章为强制性条款。

本标准明确了危险化学品从业单位开展安全标准化的总体原则、过程和要求，同时用于指导危险化学品从业单位安全标准化系列标准的编制与实施。

本标准由国家安全生产监督管理总局提出。

本标准由全国安全生产标准化技术委员会化学品安全分技术委员会归口。

本标准主要起草单位：国家安全生产监督管理总局化学品登记中心、中国石油化工股份有限公司青岛安全工程研究院。

本标准主要起草人：张海峰、曹永友、曲福年、刘艳萍、董国胜、郭秀云、张秀亭、刘伟、李运才。

本标准首次发布。

1 范围

本标准规定了危险化学品从业单位(以下简称企业)开展安全标准化的总体原则、过程和要求。

本标准适用于中华人民共和国境内危险化学品生产、使用、储存企业及有危险化学品储存设施的经营企业。

2 规范性引用文件

下列文件中的条款，通过本标准的引用而成为本标准的

[4-1 问题讨论]：本标准的适用范围？

条款。凡是注日期的引用文件，其随后所有的修改单(不包括勘误的内容)或修订版均不适用于本标准，然而，鼓励根据本标准达成协议的各方研究是否可使用这些文件的最新版本。凡是不注日期的引用文件，其最新版本适用于本标准。

GB 2894 安全标志

GB 11651 劳动防护用品选用规则

GB 13690 常用危险化学品的分类及标志

GB 15258 化学品安全标签编写规定

GB 16179 安全标志使用导则

GB 16483 化学品安全技术说明书编写规定

GB 18218 重大危险源辨识

GB 50016 建筑设计防火规范

GB 50057 建筑物防雷设计规范

GB 50058 爆炸和火灾危险环境电力装置设计规范

GB 50140 建筑灭火器配置设计规范

GB 50160 石油化工企业设计防火规范

GB 50351 储罐区防火堤设计规范

GBZ 1 工业企业设计卫生标准

GBZ 2 工作场所有害因素职业接触限值

GBZ 158 工作场所职业病危害警示标识

AQ/T 9002 生产经营单位安全生产事故应急预案编制导则

SH 3063—1999 石油化工企业可燃气体和有毒气体检测报警设计规范

SH 3097—2000 石油化工静电接地设计规范

[4-2 问题讨论]：本标准应用了多少条规范性文件？

3 术语和定义

本标准采用下列术语和定义。

3.1 危险化学品从业单位 chemical enterprise

依法设立，生产、经营、使用和储存危险化学品的企业或者其所属生产、经营、使用和储存危险化学品的独立核算成本的单位。

3.2 安全标准化 safety standardization

为安全生产活动获得最佳秩序，保证安全管理及生产条件达到法律、行政法规、部门规章和标准等要求制定的规则。

3.3 关键装置 key facility

在易燃、易爆、有毒、有害、易腐蚀、高温、高压、真空、深冷、临氢、烃氧化等条件下进行工艺操作的生产装置。

3.4 重点部位 key site

生产、储存、使用易燃易爆、剧毒等危险化学品场所，以及可能形成爆炸、火灾场所的罐区、装卸台(站)、油库、仓库等；对关键装置安全生产起关键作用的公用工程系统等。

3.5　资源 resources

实施安全标准化所需的人力、财力、设施、技术和方法等。

3.6　相关方 interested party

关注企业职业安全健康绩效或受其影响的个人或团体。

3.7　供应商 supplier

为企业提供原材料、设备设施及其服务的外部个人或团体。

3.8　承包商 contractor

在企业的作业现场，按照双方协定的要求、期限及条件向企业提供服务的个人或团体。

3.9　事件 incident

导致或可能导致事故的情况。

3.10　事故 accident

造成死亡、职业病、伤害、财产损失或其他损失的意外事件。

3.11　危险、有害因素 hazardous elements

可能导致伤害、疾病、财产损失、环境破坏的根源或状态。

3.12　危险、有害因素识别 hazard identification

识别危险、有害因素的存在并确定其性质的过程。

3.13　风险 risk

发生特定危险事件的可能性与后果的结合。

3.14　风险评价 risk assessment

评价风险程度并确定其是否在可承受范围的过程。

3.15　安全绩效 safe performance

基于安全生产方针和目标，控制和消除风险取得的可测量结果。

3.16　变更 change

人员、管理、工艺、技术、设施等永久性或暂时性的变化。

3.17　隐患 potential accidents

作业场所、设备或设施的不安全状态，人的不安全行为和管理上的缺陷。

3.18　重大事故隐患 serious potential accidents

[4-3 问题讨论]：PDCA 循环的特点是什么？

可能导致重大人身伤亡或者重大经济损失的事故隐患。

4 要求

4.1 概述

本规范采用计划（P）、实施（D）、检查（C）、改进（A）动态循环、持续改进的管理模式，如图1所示。

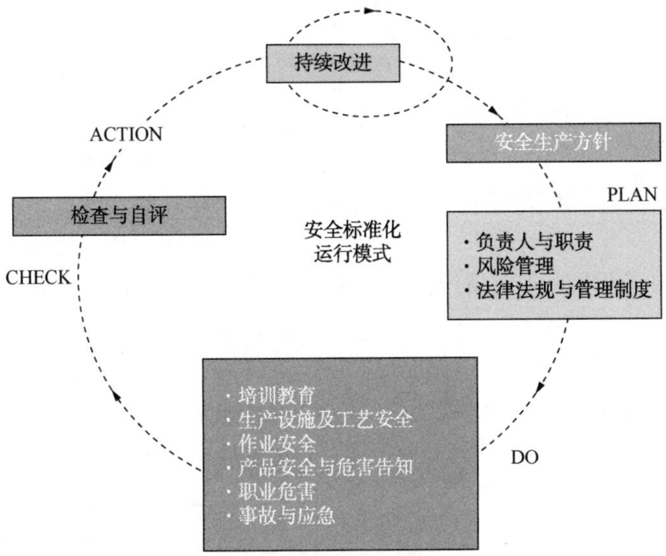

图1 PDCA动态循环图

4.2 原则

4.2.1 企业应结合自身特点，依据本规范的要求，开展安全标准化。

4.2.2 安全标准化的建设，应当以危险、有害因素辨识和风险评价为基础，树立任何事故都是可以预防的理念，与企业其他方面的管理有机地结合起来，注重科学性、规范性和系统性。

4.2.3 安全标准化的实施，应体现全员、全过程、全方位、全天候的安全监督管理原则，通过有效方式实现信息的交流和沟通，不断提高安全意识和安全管理水平。

4.2.4 安全标准化采取企业自主管理，安全标准化考核机构考评、政府安全生产监督管理部门监督的管理模式，持续改进企业的安全绩效，实现安全生产长效机制。

4.3 实施

4.3.1 安全标准化的建立过程，包括初始评审、策划、培训、实施、自评、改进与提高等6个阶段。

4.3.2 初始评审阶段：依据法律法规及本规范要求，对

[4-4 课堂练习]：（单选题）在生产经营单位的安全生产工作中，最基本的安全管理制度是（　　）。

A. 安全生产目标管理制
B. 安全生产承包责任制
C. 安全生产奖励制度
D. 安全生产责任制

企业安全管理现状进行初始评估，了解企业安全管理现状、业务流程、组织机构等基本管理信息，发现差距。

4.3.3　策划阶段：根据相关法律法规及本规范的要求，针对初始评审的结果，确定建立安全标准化方案，包括资源配置、进度、分工等；进行风险分析；识别和获取适用的安全生产法律法规、标准及其他要求；完善安全生产规章制度、安全操作规程、台账、档案、记录等；确定企业安全生产方针和目标。

4.3.4　培训阶段：对全体从业人员进行安全标准化相关内容培训。

4.3.5　实施阶段：根据策划结果，落实安全标准化的各项要求。

4.3.6　自评阶段：应对安全标准化的实施情况进行检查和评价，发现问题，找出差距，提出完善措施。

4.3.7　改进与提高阶段：根据自评的结果，改进安全标准化管理，不断提高安全标准化实施水平和安全绩效。

5　管理要素

5.1　负责人与职责

5.1.1　负责人

5.1.1.1　企业主要负责人是本单位安全生产的第一责任人，应全面负责安全生产工作，落实安全生产基础和基层工作。

5.1.1.2　企业主要负责人应组织实施安全标准化，建设企业安全文化。

5.1.1.3　企业主要负责人应作出明确的、公开的、文件化的安全承诺，并确保安全承诺转变为必需的资源支持。

5.1.1.4　企业主要负责人应定期组织召开安全生产委员会(以下简称安委会)或领导小组会议。

5.1.2　方针目标

5.1.2.1　企业应坚持“安全第一，预防为主，综合治理”的安全生产方针。主要负责人应依据国家法律法规，结合企业实际，组织制定文件化的安全生产方针和目标。安全生产方针和目标应满足：

1）形成文件，并得到所有从业人员的贯彻和实施；

2）符合或严于相关法律法规的要求；

3）与企业的职业安全健康风险相适应；

4）目标予以量化；

5）公众易于获得。

[4-5 案例]：

2013年6月6日，B炼油厂油罐区的2号汽油罐发生火灾爆炸事故，造成1人死亡、3人轻伤，直接经济损失达420万元。该油罐为拱顶罐，容量为200m^3。油罐进油管从罐顶接入罐内，但未伸到罐底。罐内原有液位计，因失灵已拆除。2013年5月20日，油罐完成了清罐检修。6月6日8时，开始给油罐输油，汽油从罐顶输油时进油管内流速为2.3~2.5m/s，导致汽油在罐内发生了剧烈喷溅，随即着火爆炸。爆炸把整个罐顶抛离油罐。现场人员灭火时发现泡沫发生器不出泡沫，匆忙中用水枪灭火，导致火势扩大。消防队到达后，用泡沫扑灭了火灾。事故发生后，在事故调查分析时发现，泡沫灭火系统正常，泡沫发生器不出泡沫的原因是现场人员操作不当，开错了阀门。该厂针对此次事故暴露出的问题，加强了员工安全培训，在现场增设了自动监控系统，完善了现场设

5.1.2.2　企业应签订各级组织的安全目标责任书，确定量化的年度安全工作目标，并予以考核。企业各级组织应制定年度安全工作计划，以保证年度安全工作目标的有效完成。(如图2所示)

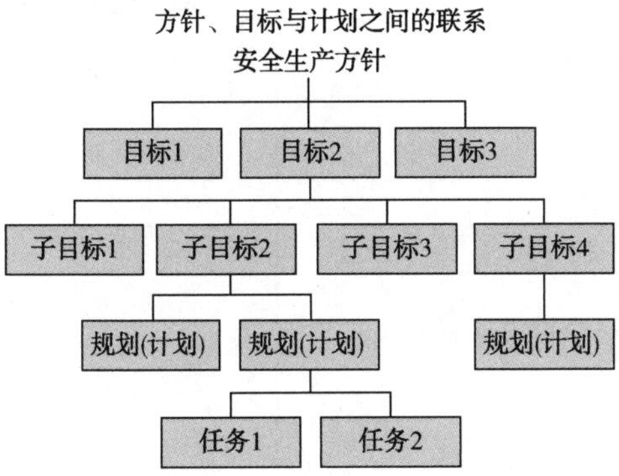

图2　方针、目标、计划关系图

5.1.3　机构设置

5.1.3.1　企业应设置安委会或领导小组，设置安全生产管理部门或配备专职安全生产管理人员，并按规定配备注册安全工程师。

5.1.3.2　企业应根据生产经营规模大小，设置相应的管理部门。

5.1.3.3　企业应建立、健全从安委会或领导小组到基层班组的安全生产管理网络。

5.1.4　职责

5.1.4.1　企业应制定安委会或领导小组和管理部门的安全职责。

5.1.4.2　企业应制定主要负责人、各级管理人员和从业人员的安全职责。

5.1.4.3　企业应建立安全责任考核机制，对各级管理部门、管理人员及从业人员安全职责的履行情况和安全生产责任制的实现情况进行定期考核，予以奖惩。

5.1.5　安全生产投入及工伤保险

5.1.5.1　企业应依据国家、当地政府的有关安全生产费用提取规定，自行提取安全生产费用，专项用于安全生产。

5.1.5.2　企业应按照规定的安全生产费用使用范围，合理使用安全生产费用，建立安全生产费用台账。

5.1.5.3　企业应依法参加工伤社会保险，为从业人员缴纳工伤保险费。

备、设施的标志和标识，制定了安全生产应急救援预案。

根据以上场景，回答下列问题：

1. 该起火灾爆炸事故的点火源是(　　)。

A. 明火

B. 静电放电

C. 高温烘烤

D. 油品含有的杂质

E. 接地不良的罐体

2. 油罐内发生火灾时，可以选用的灭火剂包括(　　)。(多选)

A. 直流水

B. 泡沫

C. 开花水

D. 二氧化碳

E. 干粉

3. 上述案例中，火灾爆炸事故发生后应立即采取的应急救援措施包括(　　)。(多选)

A. 报警

B. 疏散人员

C. 灭火

D. 追究事故责任

E. 抚恤伤亡人员

4. 事故发生后，该企业支出的下列费用中，属于安全投入的包括(　　)。(多选)

A. 事故善后处理费用

B. 安全技术培训费用

C. 自动监控系统建设费用

D. 完善现场设备、设施的标志和标识费用

E. 安全生产应急救援预案编制费用

5.2 风险管理

5.2.1 范围与评价方法

5.2.1.1 企业应组织制定风险评价管理制度，明确风险评价的目的、范围和准则。

5.2.1.2 企业风险评价的范围应包括：

1）规划、设计和建设、投产、运行等阶段；

2）常规和非常规活动；

3）事故及潜在的紧急情况；

4）所有进入作业场所人员的活动；

5）原材料、产品的运输和使用过程；

6）作业场所的设施、设备、车辆、安全防护用品；

7）丢弃、废弃、拆除与处置；

8）企业周围环境；

9）气候、地震及其他自然灾害等。

5.2.1.3 企业可根据需要，选择科学、有效、可行的风险评价方法。常用的评价方法有：

1）工作危害分析（JHA）；

2）安全检查表分析（SCL）；

3）预危险性分析（PHA）；

4）危险与可操作性分析（HAZOP）；

5）失效模式与影响分析（FMEA）；

6）故障树分析（FTA）；

7）事件树分析（ETA）；

8）作业条件危险性分析（LEC）等。

5.2.1.4 企业应依据以下内容制定风险评价准则：

1）有关安全生产法律、法规；

2）设计规范、技术标准；

3）企业的安全管理标准、技术标准；

4）企业的安全生产方针和目标等。

5.2.2 风险评价

5.2.2.1 企业应依据风险评价准则，选定合适的评价方法，定期和及时对作业活动和设备设施进行危险、有害因素识别和风险评价。企业在进行风险评价时，应从影响人、财产和环境等三个方面的可能性和严重程度分析。

5.2.2.2 企业各级管理人员应参与风险评价工作，鼓励从业人员积极参与风险评价和风险控制。

5.2.3 风险控制

5.2.3.1 企业应根据风险评价结果及经营运行情况等，

[问题讨论 4-6]：安全检查表的编制方法有哪些？

[问题讨论 4-7]：如何区分工程技术措施和管理措施？

确定不可接受的风险，制定并落实控制措施，将风险尤其是重大风险控制在可以接受的程度。企业在选择风险控制措施时：

1）应考虑：

（1）可行性；

（2）安全性；

（3）可靠性。

2）应包括：

（1）工程技术措施；

（2）管理措施；

（3）培训教育措施；

（4）个体防护措施。

5.2.3.2 企业应将风险评价的结果及所采取的控制措施对从业人员进行宣传、培训，使其熟悉工作岗位和作业环境中存在的危险、有害因素，掌握、落实应采取的控制措施。

5.2.4 隐患治理

5.2.4.1 企业应对风险评价出的隐患项目，下达隐患治理通知，限期治理，做到定治理措施、定负责人、定资金来源、定治理期限。企业应建立隐患治理台账。

5.2.4.2 企业应对确定的重大隐患项目建立档案，档案内容应包括：

1）评价报告与技术结论；

2）评审意见；

3）隐患治理方案，包括资金概预算情况等；

4）治理时间表和责任人；

5）竣工验收报告。

5.2.4.3 企业无力解决的重大事故隐患，除采取有效防范措施外，应书面向企业直接主管部门和当地政府报告。

5.2.4.4 企业对不具备整改条件的重大事故隐患，必须采取防范措施，并纳入计划，限期解决或停产。

5.2.5 重大危险源

[问题讨论 4-8]：除有法律规范外，企业的安全生产规章制度有哪些？

5.2.5.1 企业应按照 GB 18218 辨识并确定重大危险源，建立重大危险源档案。

5.2.5.2 企业应按照有关规定对重大危险源设置安全监控报警系统。

5.2.5.3 企业应按照国家有关规定，定期对重大危险源进行安全评估。

5.2.5.4 企业应对重大危险源的设备、设施定期检查、检验，并做好记录。

5.2.5.5　企业应制定重大危险源应急救援预案，配备必要的救援器材、装备，每年至少进行1次重大危险源应急救援预案演练。

5.2.5.6　企业应将重大危险源及相关安全措施、应急措施报送当地县级以上人民政府安全生产监督管理部门和有关部门备案。

5.2.5.7　企业重大危险源的防护距离应满足国家标准或规定。不符合国家标准或规定的，应采取切实可行的防范措施，并在规定期限内进行整改。

5.2.6　风险信息更新

5.2.6.1　企业应适时组织风险评价工作，识别与生产经营活动有关的危险、有害因素和隐患。

5.2.6.2　企业应定期评审或检查风险评价结果和风险控制效果。

5.2.6.3　企业应在下列情形发生时及时进行风险评价：

1）新的或变更的法律法规或其他要求；

2）操作条件变化或工艺改变；

3）技术改造项目；

4）有对事件、事故或其他信息的新认识；

5）组织机构发生大的调整。

5.3　法律法规与管理制度

5.3.1　法律法规

5.3.1.1　企业应建立识别和获取适用的安全生产法律、法规、标准及其他要求管理制度，明确责任部门，确定获取渠道、方式和时机，及时识别和获取，定期更新。

5.3.1.2　企业应将适用的安全生产法律、法规、标准及其他要求及时对从业人员进行宣传和培训，提高从业人员的守法意识，规范安全生产行为。

5.3.1.3　企业应将适用的安全生产法律、法规、标准及其他要求及时传达给相关方。

5.3.2　符合性评价

企业应每年至少1次对适用的安全生产法律、法规、标准及其他要求的执行情况进行符合性评价，消除违规现象和行为。

5.3.3　安全生产规章制度

5.3.3.1　企业应制定健全的安全生产规章制度，至少包括下列内容：

1）安全生产职责；

2）识别和获取适用的安全生产法律法规、标准及其他要求；

3）安全生产会议管理；

4）安全生产费用；

5）安全生产奖惩管理；

6）管理制度评审和修订；

7）安全培训教育；

8）特种作业人员管理；

9）管理部门、基层班组安全活动管理；

10）风险评价；

11）隐患治理；

12）重大危险源管理；

13）变更管理；

14）事故管理；

15）防火、防爆管理，包括禁烟管理；

16）消防管理；

17）仓库、罐区安全管理；

18）关键装置、重点部位安全管理；

19）生产设施管理，包括安全设施、特种设备管理等；

20）监视和测量设备管理；

21）安全作业管理，包括动火作业、进入受限空间作业、临时用电作业、高处作业、起重吊装作业、破土作业、断路作业、设备检维修作业、高温作业、抽堵盲板作业管理等；

22）危险化学品安全管理，包括剧毒化学品安全管理及危险化学品储存、出入库、运输、装卸等；

23）检维修管理；

24）生产设施拆除和报废管理；

25）承包商管理；

26）供应商管理；

27）职业卫生管理，包括防尘、防毒管理；

28）劳动防护用品(具)和保健品管理；

29）作业场所职业危害因素检测管理；

30）应急救援管理；

31）安全检查管理；

32）自评等。

5.3.3.2　企业应将安全生产规章制度发放到有关的工作岗位。

[4-9 课堂练习]：(单选题)法律赋予职工享有接受教育培训，以使自己具备保护自己和他人所必须的知识与技能的权利。这项权利也是保证职工(　　)的前提条件。

A. 接受教育培训

B. 知情权和参与权

C. 掌握知识与技能

D. 管理权

5.3.4 操作规程

5.3.4.1 企业应根据生产工艺、技术、设备设施特点和原材料、辅助材料、产品的危险性，编制操作规程，并发放到相关岗位。

5.3.4.2 企业应在新工艺、新技术、新装置、新产品投产或投用前，组织编制新的操作规程。

5.3.5 修订

5.3.5.1 企业应明确评审和修订安全生产规章制度和操作规程的时机和频次，定期进行评审和修订，确保其有效性和适用性。在发生以下情况时，应及时对相关的规章制度或操作规程进行评审、修订：

1）当国家安全生产法律、法规、规程、标准废止、修订或新颁布时；

2）当企业归属、体制、规模发生重大变化时；

3）当生产设施新建、扩建、改建时；

4）当工艺、技术路线和装置设备发生变更时；

5）当上级安全监督部门提出相关整改意见时；

6）当安全检查、风险评价过程中发现涉及到规章制度层面的问题时；

7）当分析重大事故和重复事故原因，发现制度性因素时；

8）其他相关事项。

5.3.5.2 企业应组织相关管理人员、技术人员、操作人员和工会代表参加安全生产规章制度和操作规程评审和修订，注明生效日期。

5.3.5.3 企业应及时组织相关管理人员和操作人员培训学习修订后的安全生产规章制度和操作规程。

5.3.5.4 企业应保证使用最新有效版本的安全生产规章制度和操作规程。

5.4 培训教育

5.4.1 培训教育管理

5.4.1.1 企业应严格执行安全培训教育制度，依据国家、地方及行业规定和岗位需要，制定适宜的安全培训教育目标和要求。根据不断变化的实际情况和培训目标，定期识别安全培训教育需求，制定并实施安全培训教育计划。

5.4.1.2 企业应组织培训教育，保证安全培训教育所需人员、资金和设施。

5.4.1.3 企业应建立从业人员安全培训教育档案。

[**4-10 问题讨论**]：什么是特种作业？

5.4.1.4　企业安全培训教育计划变更时，应记录变更情况。

5.4.1.5　企业安全培训教育主管部门应对培训教育效果进行评价。

5.4.1.6　企业应确立终身教育的观念和全员培训的目标，对在岗的从业人员进行经常性安全培训教育。

5.4.2　管理人员培训教育

5.4.2.1　企业主要负责人和安全生产管理人员应接受专门的安全培训教育，经安全生产监管部门对其安全生产知识和管理能力考核合格，取得安全资格证书后方可任职，并按规定参加每年再培训。

5.4.2.2　企业其他管理人员，包括管理部门负责人和基层单位负责人、专业工程技术人员的安全培训教育由企业相关部门组织，经考核合格后方可任职。

5.4.3　从业人员培训教育

5.4.3.1　企业应对从业人员进行安全培训教育，并经考核合格后方可上岗。从业人员每年应接受再培训，再培训时间不得少于国家或地方政府规定学时。

5.4.3.2　企业特种作业人员应按有关规定参加安全培训教育，取得特种作业操作证，方可上岗作业，并定期复审。

5.4.3.3　企业从事危险化学品运输的驾驶员、船员、押运人员，必须经所在地设区的市级人民政府交通部门考核合格(船员经海事管理机构考核合格)，取得从业资格证，方可上岗作业。

5.4.3.4　企业应在新工艺、新技术、新装置、新产品投产前，对有关人员进行专门培训，经考核合格后，方可上岗。

5.4.4　新从业人员培训教育

5.4.4.1　企业应按有关规定，对新从业人员进行厂级、车间(工段)级、班组级安全培训教育，经考核合格后，方可上岗。

5.4.4.2　企业新从业人员安全培训教育时间不得少于国家或地方政府规定学时。

5.4.5　其他人员培训教育

5.4.5.1　企业从业人员转岗、脱离岗位一年以上(含一年)者，应进行车间(工段)、班组级安全培训教育，经考核合格后，方可上岗。

5.4.5.2　企业应对外来参观、学习等人员进行有关安全规定及安全注意事项的培训教育。

[4-11 拓展练习]：(单选题)班组长在安全生产上的职责是：贯彻执行本单位对安全生产的规定和要求，督促本班组的工人遵守有关安全生产的规章制度和安全操作规程，切实做到(　　)。

A. 尽职尽责，措施完善

B. 班前班后检查、评比

C. 不违章指挥，不违章作业，遵守劳动纪律

D. 事事有人管

5.4.5.3 企业应对承包商的作业人员进行入厂安全培训教育，经考核合格发放入厂证，保存安全培训教育记录。进入作业现场前，作业现场所在基层单位应对施工单位的作业人员进行进入现场前安全培训教育，保存安全培训教育记录。

5.4.6 日常安全教育

5.4.6.1 企业管理部门、班组应按照月度安全活动计划开展安全活动和基本功训练。

5.4.6.2 班组安全活动每月不少于2次，每次活动时间不少于1学时。班组安全活动应有负责人、有计划、有内容、有记录。企业负责人应每月至少参加1次班组安全活动，基层单位负责人及其管理人员应每月至少参加2次班组安全活动。

5.4.6.3 管理部门安全活动每月不少于1次，每次活动时间不少于2学时。

5.4.6.4 企业安全生产管理部门或专职安全生产管理人员应每月至少1次对安全活动记录进行检查，并签字。

5.4.6.5 企业安全生产管理部门或专职安全生产管理人员应结合安全生产实际，制定管理部门、班组月度安全活动计划，规定活动形式、内容和要求。

5.5 生产设施及工艺安全

5.5.1 生产设施建设

5.5.1.1 企业应确保建设项目安全设施与建设项目的主体工程同时设计、同时施工、同时投入生产和使用。

5.5.1.2 企业应按照建设项目安全许可有关规定，对建设项目的设立阶段、设计阶段、试生产阶段和竣工验收阶段规范管理。

5.5.1.3 企业应对建设项目的施工过程实施有效安全监督，保证施工过程处于有序管理状态。

5.5.1.4 企业建设项目建设过程中的变更应严格执行变更管理规定，履行变更程序，对变更全过程进行风险管理。

5.5.1.5 企业应采用先进的、安全性能可靠的新技术、新工艺、新设备和新材料。

5.5.2 安全设施

5.5.2.1 企业应严格执行安全设施管理制度，建立安全设施台账。

5.5.2.2 企业应确保安全设施配备符合国家有关规定和标准，做到：

1）宜按照SH 3063—1999在易燃、易爆、有毒区域设置

[4-12拓展练习]：（单选题）对操作者本人，尤其对他人和周围设施的安全有重大危害因素的作业，称为（　　）。

A. 危险作业

B. 高难度作业

C. 特种作业

D. 特殊技能作业

固定式可燃气体和/或有毒气体的检测报警设施，报警信号应发送至工艺装置、储运设施等控制室或操作室；

2）按照 GB 50351 在可燃液体罐区设置防火堤，在酸、碱罐区设置围堤并进行防腐处理；

3）宜按照 SH 3097—2000 在输送易燃物料的设备、管道安装防静电设施；

4）按照 GB 50057 在厂区安装防雷设施；

5）按照 GB 50016、GB 50140 配置消防设施与器材；

6）按照 GB 50058 设置电力装置；

7）按照 GB 11651 配备个体防护设施；

8）厂房、库房建筑应符合 GB 50016、GB 50160；

9）在工艺装置上可能引起火灾、爆炸的部位设置超温、超压等检测仪表、声和/或光报警和安全联锁装置等设施。

5.5.2.3　企业的各种安全设施应有专人负责管理，定期检查和维护保养。

5.5.2.4　安全设施应编入设备检维修计划，定期检维修。安全设施不得随意拆除、挪用或弃置不用，因检维修拆除的，检维修完毕后应立即复原。

5.5.2.5　企业应对监视和测量设备进行规范管理，建立监视和测量设备台账，定期进行校准和维护，并保存校准和维护活动的记录。

5.5.3　特种设备

5.5.3.1　企业应按照《特种设备安全监察条例》管理规定，对特种设备进行规范管理。

5.5.3.2　企业应建立特种设备台账和档案。

5.5.3.3　特种设备投入使用前或者投入使用后 30 日内，企业应当向直辖市或者设区的市特种设备监督管理部门登记注册。

5.5.3.4　企业应对在用特种设备进行经常性日常维护保养，至少每月进行 1 次检查，并保存记录。

5.5.3.5　企业应对在用特种设备及安全附件、安全保护装置、测量调控装置及有关附属仪器仪表进行定期校验、检修，并保存记录。

5.5.3.6　企业应在特种设备检验合格有效期届满前 1 个月向特种设备检验检测机构提出定期检验要求。未经定期检验或者检验不合格的特种设备，不得继续使用。企业应将安全检验合格标志置于或者附着于特种设备的显著位置。

[问题讨论 4-13]：什么是特种设备？

5.5.3.7　企业特种设备存在严重事故隐患，无改造、维

修价值，或者超过安全技术规范规定使用年限，

应及时予以报废，并向原登记的特种设备监督管理部门办理注销。

5.5.4　工艺安全

5.5.4.1　企业操作人员应掌握工艺安全信息，主要包括：

1）化学品危险性信息：

（1）物理特性；

（2）化学特性，包括反应活性、腐蚀性、热和化学稳定性等；

（3）毒性；

（4）职业接触限值。

2）工艺信息：

（1）流程图；

（2）化学反应过程；

（3）最大储存量；

（4）工艺参数（如压力、温度、流量）安全上下限值。

3）设备信息：

（1）设备材料；

（2）设备和管道图纸；

（3）电气类别；

（4）调节阀系统；

（5）安全设施（如报警器、联锁等）。

5.5.4.2　企业应保证下列设备设施运行安全可靠、完整：

1）压力容器和压力管道，包括管件和阀门；

2）泄压和排空系统；

3）紧急停车系统；

4）监控、报警系统；

5）联锁系统；

6）各类动设备，包括备用设备等。

5.5.4.3　企业应对工艺过程进行风险分析：

1）工艺过程中的危险性；

2）工作场所潜在事故发生因素；

3）控制失效的影响；

4）人为因素等。

5.5.4.4　企业生产装置开车前应组织检查，进行安全条件确认。安全条件应满足下列要求：

1）现场工艺和设备符合设计规范；

2）系统气密测试、设施空运转调试合格；

3）操作规程和应急预案已制订；

4）编制并落实了装置开车方案；

5）操作人员培训合格；

6）各种危险已消除或控制。

5.5.4.5　企业生产装置停车应满足下列要求：

1）编制停车方案；

2）操作人员能够按停车方案和操作规程进行操作。

5.5.4.6　企业生产装置紧急情况处理应遵守下列要求：

1）发现或发生紧急情况，应按照不伤害人员为原则，妥善处理，同时向有关方面报告；

2）工艺及机电设备等发生异常情况时，采取适当的措施，并通知有关岗位协调处理，必要时，按程序紧急停车。

5.5.4.7　企业生产装置泄压系统或排空系统排放的危险化学品应引至安全地点并得到妥善处理。

5.5.4.8　企业操作人员应严格执行操作规程，对工艺参数运行出现的偏离情况及时分析，保证工艺参数控制不超出安全限值，偏差及时得到纠正。

5.5.5　关键装置及重点部位

5.5.5.1　企业应加强对关键装置、重点部位安全管理，实行企业领导干部联系点管理机制。

5.5.5.2　联系人对所负责的关键装置、重点部位负有安全监督与指导责任，包括：

1）指导安全联系点实现安全生产；

2）监督安全生产方针、政策、法规、制度的执行和落实；

3）定期检查安全生产中存在的问题；

4）督促隐患项目治理；

5）监督事故处理原则的落实；

6）解决影响安全生产的突出问题等。

5.5.5.3　联系人应每月至少到联系点进行一次安全活动，活动形式包括参加基层班组安全活动、安全检查、督促治理事故隐患、安全工作指示等。

5.5.5.4　企业应建立关键装置、重点部位档案，建立企业、管理部门、基层单位及班组监控机制，明确各级组织、各专业的职责，定期进行监督检查，并形成记录。

5.5.5.5　企业应制定关键装置、重点部位应急预案，至

[4-14 拓展练习]：（单选题）“班前检查”的内容有三项：一是检查防护用品和用具，看班组成员是否穿戴了防护用品，是否按规定携带了防护用具。如果不符合规定，应督促他们改正。二是检查作业现场，看是否存在（　　），如果存在应及时排除。三是检查机械设备，看是否处于良好状态，如有故障则应及时检修。

A. 影响生产障碍

B. 不安全因素

C. 危险危害因素

D. 工具箱和供电设施

少每半年进行一次演练，确保关键装置、重点部位的操作、检修、仪表、电气等人员能够识别和及时处理各种事件及事故。

5.5.5.6 企业关键装置、重点部位为重大危险源时，还应按5.2.5条执行。

5.5.6 检维修

5.5.6.1 企业应严格执行检维修管理制度，实行日常检维修和定期检维修管理。

[**4-15 问题讨论**]：通常所说的八大危险作业是指哪些？

5.5.6.2 企业应制订年度综合检维修计划，落实“五定”，即定检修方案、定检修人员、定安全措施、定检修质量、定检修进度原则。

5.5.6.3 企业在进行检维修作业时，应执行下列程序：

1）检维修前：

（1）进行危险、有害因素识别；

（2）编制检维修方案；

（3）办理工艺、设备设施交付检维修手续；

（4）对检维修人员进行安全培训教育；

（5）检维修前对安全控制措施进行确认；

（6）为检维修作业人员配备适当的劳动保护用品；

（7）办理各种作业许可证。

2）对检维修现场进行安全检查。

3）检维修后办理检维修交付生产手续。

5.5.7 拆除和报废

5.5.7.1 企业应严格执行生产设施拆除和报废管理制度。拆除作业前，拆除作业负责人应与需拆除设施的主管部门和使用单位共同到现场进行对接，作业人员进行危险、有害因素识别，制定拆除计划或方案，办理拆除设施交接手续。

[**4-16 问题讨论**]：常见的安全警示色有哪些？分别表示什么意思？

5.5.7.2 企业凡需拆除的容器、设备和管道，应先清洗干净，分析、验收合格后方可进行拆除作业。

5.5.7.3 企业欲报废的容器、设备和管道内仍存有危险化学品的，应清洗干净，分析、验收合格后，方可报废处置。

5.6 作业安全

5.6.1 作业许可

企业应对下列危险性作业活动实施作业许可管理，严格履行审批手续，各种作业许可证中应有危险、有害因素识别和安全措施内容：

1）动火作业；

2）进入受限空间作业；

3）破土作业；
4）临时用电作业；
5）高处作业；
6）断路作业；
7）吊装作业；
8）设备检修作业；
9）抽堵盲板作业；
10）其他危险性作业。

5.6.2 警示标志

5.6.2.1 企业应按照 GB 16179 规定，在易燃、易爆、有毒有害等危险场所的醒目位置设置符合 GB 2894 规定的安全标志。

5.6.2.2 企业应在重大危险源现场设置明显的安全警示标志。

5.6.2.3 企业应按有关规定，在厂内道路设置限速、限高、禁行等标志。

5.6.2.4 企业应在检维修、施工、吊装等作业现场设置警戒区域和安全标志，在检修现场的坑、井、洼、沟、陡坡等场所设置围栏和警示灯。

5.6.2.5 企业应在可能产生严重职业危害作业岗位的醒目位置，按照 GBZ 158 设置职业危害警示标识，同时设置告知牌，告知产生职业危害的种类、后果、预防及应急救治措施、作业场所职业危害因素检测结果等。

5.6.2.6 企业应按有关规定在生产区域设置风向标。

5.6.3 作业环节

5.6.3.1 企业应在危险性作业活动作业前进行危险、有害因素识别，制定控制措施。在作业现场配备相应的安全防护用品(具)及消防设施与器材，规范现场人员作业行为。

5.6.3.2 企业作业活动的负责人应严格按照规定要求科学指挥；作业人员应严格执行操作规程，不违章作业，不违反劳动纪律。

5.6.3.3 企业作业人员在进行 5.6.1 中规定的作业活动时，应持相应的作业许可证作业。

5.6.3.4 企业作业活动监护人员应具备基本救护技能和作业现场的应急处理能力，持相应作业许可证进行监护作业，作业过程中不得离开监护岗位。

5.6.3.5 企业应保持作业环境整洁。

5.6.3.6 企业同一作业区域内有两个以上承包商进行生

[4-17 课堂练习]：(单选题)剧毒化学品以及储存数量构成重大危险源的其他危险化学品必须在专用仓库内单独存放，实行(　　)收发、(　　)保管制度。

A. 双人，一人
B. 一人，双人
C. 双人，双人
D. 一人，一人

产经营活动，可能危及对方生产安全时，应组织并监督承包商之间签订安全生产协议，明确各自的安全生产管理职责和应当采取的安全措施，并指定专职安全生产管理人员进行安全检查与协调。

5.6.3.7　企业应办理机动车辆进入生产装置区、罐区现场相关手续，机动车辆应佩戴标准阻火器、按指定线路行驶。

5.6.3.8　企业应严格执行危险化学品储存、出入库安全管理制度。危险化学品应储存在专用仓库、专用场地或者专用储存室(以下统称专用仓库)内，并按照相关技术标准规定的储存方法、储存数量和安全距离，实行隔离、隔开、分离储存，禁止将危险化学品与禁忌物品混合储存；危险化学品专用仓库应当符合相关技术标准对安全、消防的要求，设置明显标志，并由专人管理；危险化学品出入库应当进行核查登记，并定期检查。

5.6.3.9　企业的剧毒化学品必须在专用仓库单独存放，实行双人收发、双人保管制度。企业应将储存剧毒化学品的数量、地点以及管理人员的情况，报当地公安部门和安全生产监督管理部门备案。

5.6.3.10　企业应严格执行危险化学品运输、装卸安全管理制度，规范运输、装卸人员行为。

5.6.4　承包商与供应商

5.6.4.1　企业应严格执行承包商管理制度，对承包商资格预审、选择、开工前准备、作业过程监督、表现评价、续用等过程进行管理，建立合格承包商名录和档案。企业应与选用的承包商签订安全协议书。

5.6.4.2　企业应严格执行供应商管理制度，对供应商资格预审、选用和续用等过程进行管理，并定期识别与采购有关的风险。

5.6.5　变更

5.6.5.1　企业应严格执行变更管理制度，履行下列变更程序：

1) 变更申请：按要求填写变更申请表，由专人进行管理；

2) 变更审批：变更申请表应逐级上报主管部门，并按管理权限报主管领导审批；

3) 变更实施：变更批准后，由主管部门负责实施。不经过审查和批准，任何临时性的变更都不得超过原批准范围和期限；

[4-18 课堂练习]：(判断题)常用防噪声用品有防噪声耳塞、耳罩和防噪声服。(　　)

[4-19 拓展练习](单选题)职业危害因素就是生产劳动过程中，存在于(　　)中的危害劳动者健康的因素。

A. 公共场所

B. 作业环境

C. 自然环境

D. 居家生活

4）变更验收：变更实施结束后，变更主管部门应对变更的实施情况进行验收，形成报告，并及时将变更结果通知相关部门和有关人员。

5.6.5.2 企业应对变更过程产生的风险进行分析和控制。

5.7 产品安全与危害告知

5.7.1 危险化学品档案

企业应对所有危险化学品，包括产品、原料和中间产品进行普查，建立危险化学品档案，包括：

1）名称，包括别名、英文名等；

2）存放、生产、使用地点；

3）数量；

4）危险性分类、危规号、包装类别、登记号；

5）安全技术说明书与安全标签。

5.7.2 化学品分类

企业应按照国家有关规定对其产品、所有中间产品进行分类，并将分类结果汇入危险化学品档案。

5.7.3 化学品安全技术说明书和安全标签

5.7.3.1 生产企业的产品属危险化学品时，应按 GB 16483 和 GB 15258 编制产品安全技术说明书和安全标签，并提供给用户。

5.7.3.2 企业采购危险化学品时，应索取危险化学品安全技术说明书和安全标签，不得采购无安全技术说明书和安全标签的危险化学品。

5.7.4 化学事故应急咨询服务电话

生产企业应设立 24h 应急咨询服务固定电话，有专业人员值班并负责相关应急咨询。没有条件设立应急咨询服务电话的，应委托危险化学品专业应急机构作为应急咨询服务代理。

5.7.5 危险化学品登记

企业应按照有关规定对危险化学品进行登记。

5.7.6 危害告知

企业应以适当、有效的方式对从业人员及相关方进行宣传，使其了解生产过程中危险化学品的危险特性、活性危害、禁配物等，以及采取的预防及应急处理措施。

5.8 职业危害

5.8.1 职业危害申报

企业如存在法定职业病目录所列的职业危害因素，应按

[4-20 课堂练习]：（单选题）《安全生产法》规定，从业人员发现事故隐患或者其他不安全因素，应当（　　）向现场安全生产管理人员或者本单位负责人报告；接到报告的人员应当及时予以处理。

A. 在 8 小时内

B. 在 4 小时内

C. 在 1 小时内

D. 立即

照国家有关规定，及时、如实向当地安全生产监督管理部门申报，接受其监督。

5.8.2 作业场所职业危害管理

5.8.2.1 企业应制定职业危害防治计划和实施方案，建立、健全职业卫生档案和从业人员健康监护档案。

5.8.2.2 企业作业场所应符合 GBZ 1、GBZ 2。

5.8.2.3 企业应确保使用有毒物品作业场所与生活区分开，作业场所不得住人；应将有害作业与无害作业分开，高毒作业场所与其他作业场所隔离。

5.8.2.4 企业应在可能发生急性职业损伤的有毒有害作业场所按规定设置报警设施、冲洗设施、防护急救器具专柜，设置应急撤离通道和必要的泄险区，定期检查，并记录。

5.8.2.5 企业应严格执行生产作业场所职业危害因素检测管理制度，定期对作业场所进行检测，在检测点设置标识牌，告知检测结果，并将检测结果存入职业卫生档案。

5.8.2.6 企业不得安排上岗前未经职业健康检查的从业人员从事接触职业病危害的作业；不得安排有职业禁忌的从业人员从事禁忌作业。

5.8.3 劳动防护用品

5.8.3.1 企业应根据接触危害的种类、强度，为从业人员提供符合国家标准或行业标准的个体防护用品和器具，并监督、教育从业人员正确佩戴、使用。

5.8.3.2 企业各种防护器具应定点存放在安全、方便的地方，并有专人负责保管、检查，定期校验和维护，每次校验后应记录、铅封。

5.8.3.3 企业应建立职业卫生防护设施及个体防护用品管理台账，加强对劳动防护用品使用情况的检查监督，凡不按规定使用劳动防护用品者不得上岗作业。

5.9 事故与应急

5.9.1 事故报告

5.9.1.1 企业应明确事故报告程序。发生生产安全事故后，事故现场有关人员除立即采取应急措施外，应按规定和程序报告本单位负责人及有关部门。情况紧急时，事故现场有关人员可以直接向事故发生地县级以上人民政府安全生产监督管理部门和负有安全生产监督管理职责的有关部门报告。

5.9.1.2 企业负责人接到事故报告后，应当于 1 小时内向事故发生地县级以上人民政府安全生产监督管理部门和负有安全生产监督管理职责的有关部门报告。

5.9.1.3 企业在事故报告后出现新情况时，应按有关规定及时补报。

5.9.2 抢险与救护

5.9.2.1 企业发生生产安全事故后，应迅速启动应急救援预案，企业负责人直接指挥，积极组织抢救，妥善处理，以防止事故的蔓延扩大，减少人员伤亡和财产损失。安全、技术、设备、动力、生产、消防、保卫等部门应协助做好现场抢救和警戒工作，保护事故现场。

5.9.2.2 企业发生有害物大量外泄事故或火灾爆炸事故应设警戒线。

5.9.2.3 企业抢救人员应佩戴好相应的防护器具，对伤亡人员及时进行抢救处理。

5.9.3 事故调查和处理

5.9.3.1 企业发生生产安全事故后，应积极配合各级人民政府组织的事故调查，负责人和有关人员在事故调查期间不得擅离职守，应当随时接受事故调查组的询问，如实提供有关情况。

5.9.3.2 未造成人员伤亡的一般事故，县级人民政府委托企业负责组织调查的，企业应按规定成立事故调查组组织调查，按时提交事故调查报告。

5.9.3.3 企业应落实事故整改和预防措施，防止事故再次发生。整改和预防措施应包括：

1）工程技术措施；

2）培训教育措施；

3）管理措施。

5.9.3.4 企业应建立事故档案和事故管理台账。

5.9.4 应急指挥与救援系统

5.9.4.1 企业应建立应急指挥系统，实行分级管理，即厂级、车间级管理。

5.9.4.2 企业应建立应急救援队伍。

5.9.4.3 企业应明确各级应急指挥系统和救援队伍的职责。

5.9.5 应急救援器材

5.9.5.1 企业应按国家有关规定，配备足够的应急救援器材，并保持完好。

5.9.5.2 企业应建立应急通讯网络，保证应急通讯网络的畅通。

5.9.5.3 企业应为有毒有害岗位配备救援器材柜，放置必要的防护救护器材，进行经常性的维护保养并记录，保证

[4-21 头脑风暴]：（单选题）在作业现场因接触油漆、油料、沥青、外渗剂、添加剂、化学药品等有毒物品中毒时，应脱去污染的衣物并用大量的（　　）清洗污染的皮肤、头发以及指甲等，对不溶于水的毒物用适宜的溶剂清洗。

A. 高温的清水

B. 低温的清水

C. 微温的清水

D. 微碱性水

其处于完好状态。

5.9.6 应急救援预案与演练

5.9.6.1 企业宜按照AQ/T 9002，根据风险评价的结果，针对潜在事件和突发事故，制定相应的事故应急救援预案。

5.9.6.2 企业应组织从业人员进行应急救援预案的培训，定期演练，评价演练效果，评价应急救援预案的充分性和有效性，并形成记录。

5.9.6.3 企业应定期评审应急救援预案，尤其在潜在事件和突发事故发生后。

5.9.6.4 企业应将应急救援预案报当地安全生产监督管理部门和有关部门备案，并通报当地应急协作单位，建立应急联动机制。

5.10 检查与自评

5.10.1 安全检查

5.10.1.1 企业应严格执行安全检查管理制度，定期或不定期进行安全检查，保证安全标准化有效实施。

5.10.1.2 企业安全检查应有明确的目的、要求、内容和计划。各种安全检查均应编制安全检查表，安全检查表应包括检查项目、检查内容、检查标准或依据、检查结果等内容。

[**4-22 问题讨论**]：安全检查的类型有哪几种？

5.10.1.3 企业各种安全检查表应作为企业有效文件，并在实际应用中不断完善。

5.10.2 安全检查形式与内容

5.10.2.1 企业应根据安全检查计划，开展综合性检查、专业性检查、季节性检查、日常检查和节假日检查；各种安全检查均应按相应的安全检查表逐项检查，建立安全检查台账，并与责任制挂钩。

5.10.2.2 企业安全检查形式和内容应满足：

1）综合性检查应由相应级别的负责人负责组织，以落实岗位安全责任制为重点，各专业共同参与的全面安全检查。厂级综合性安全检查每季度不少于1次，车间级综合性安全检查每月不少于1次；

2）专业检查分别由各专业部门的负责人组织本系统人员进行，主要是对锅炉、压力容器、危险物品、电气装置、机械设备、构建筑物、安全装置、防火防爆、防尘防毒、监测仪器等进行专业检查。专业检查每半年不少于1次；

3）季节性检查由各业务部门的负责人组织本系统相关人员进行，是根据当地各季节特点对防火防爆、防雨防汛、防雷电、防暑降温、防风及防冻保暖工作等进行预防性季节检查。

4）日常检查分岗位操作人员巡回检查和管理人员日常检查。岗位操作人员应认真履行岗位安全生产责任制，进行交接班检查和班中巡回检查，各级管理人员应在各自的业务范围内进行日常检查；

5）节假日检查主要是对节假日前安全、保卫、消防、生产物资准备、备用设备、应急预案等方面进行的检查。

5.10.3　整改

5.10.3.1　企业应对安全检查所查出的问题进行原因分析，制定整改措施，落实整改时间、责任人，并对整改情况进行验证，保存相应记录。

5.10.3.2　企业各种检查的主管部门应对各级组织和人员检查出的问题和整改情况定期进行检查。

5.10.4　自评

企业应每年至少1次对安全标准化运行进行自评，提出进一步完善安全标准化的计划和措施。

习题与练习

一、填空题

1. 风险是指发生特定危险事件的________与后果的结合。

2. 评价风险程度并确定其是否在可承受范围的过程称为__________。

3. 隐患是指作业场所、设备或设施的__________，人的不安全行为和管理上的缺陷。

4. 安全标准化的实施，应体现________________________________的安全监督管理原则，通过有效方式实现信息的交流和沟通，不断提高安全意识和安全管理水平。

5. 安全标准化的建立过程，包括初始评审、策划、培训、实施、自评、____________6个阶段。

6. 企业在进行风险评价时，应从影响__________________三个方面的可能性和严重程度分析。

7. 企业应制定重大危险源应急救援预案，配备必要的救援器材、装备，每年至少进行__________重大危险源应急救援预案演练。

8. 企业应每年至少__________对适用的安全生产法律、法规、标准及其他要求的执行情况进行符合性评价，消除违规现象和行为。

9. __________________和安全生产管理人员应接受专门的安全培训教育，经安全生产监管部门对其安全生产知识和管理能力考核合格，取得安全资格证书后方可任职，并按规定参加每年再培训。

10. 企业应在新工艺、新技术、__________、新产品投产前，对有关人员进行专门培训，经考核合格后，方可上岗。

11. 特种设备投入使用前或者投入使用后__________，企业应当向直辖市或者设区的市特种设备监督管理部门登记注册。

12. 企业应对在用特种设备进行经常性日常维护保养，至少__________进行 1 次检查，并保存记录。

13. 企业负责人接到事故报告后，应当于________向事故发生地县级以上人民政府安全生产监督管理部门和负有安全生产监督管理职责的有关部门报告。

14. 企业应建立应急指挥系统，实行分级管理，即______________管理。

二、选择题

1. 在安全检查中，检查组应当对查出的隐患的(　　)进行复查，以实现安全检查工作的闭环。

A. 整改落实　　B. 严重程度　　C. 整改资金　　D. 性质种类

2. 常规安全检查通常是对作业人员的行为、作业场所的环境条件、生产设备设施等进行的检查。检查效果很大程度上取决于检查人员的个人经验和能力。为了尽量减小检查人员个人因素对检查结果的影响，常采用的方法是(　　)。

A. 作业条件危险性评价法　　B. 可靠性分析法

C. 事故树分析法　　D. 安全检查表法

3. 定量安全评价方法可以分为概率风险评价法、伤害(或破坏)范围评价法和(　　)。

A. 危险指数评价法　　B. 因素图分析法

C. 物质系数评价法　　D. 作业条件危险性评价

4. 严禁违章作业、脱岗和在岗做(　　)的事。

A. 与工作有关　　B. 与工作无关

C. 与其他工作有关　　D. 与其他有关

5. 特种设备是指下列涉及生命安全、危险性较大的设备，其中(　　)不是特种设备。

A. 锅炉　　B. 压力容器　　C. 电梯　　D. 车床

6. 事故统计工作一般分为 3 个步骤，以下(　　)不是其步骤之一。

A. 资料收集　　B. 资料整理　　C. 综合分析　　D. 反馈结果

7. 风险管理的主要内容包括危险源辨识、风险评价、危险预警与监测、事故预防、风险控制及(　　)。

A. 环境改善　　B. 事故调查　　C. 应急管理　　D. 持续改进

8. 新建、改建、扩建生产、储存危险化学品的建设项目，应当由(　　)进行安全条件审查。

A. 工商部门　　B. 安全生产监督管理部门

C. 公安部门　　D. 环保部门

9. 危险化学品单位的(　　)对本单位危险化学品的安全负责。

A. 主要负责人　　B. 法人　　C. 安全负责人　　D. 法定代表人

10. 生产经营单位应落实重大危险源有效监控责任。按照有关规定对重大危险源登记建档，定期检查、检验、检测，严格记录，制定并落实重大危险源专项管理责任制度，制定应急救援预案并每年至少演练(　　)。

A. 一次　　B. 两次　　C. 三次　　D. 四次

11. 严禁(　　)进行动火、进入受限空间、高处、吊装、临时用电、动土、检维修、盲板抽堵等作业。

A. 无证人员　　B. 未经审批　　C. 法定假日　　D. 恶劣天气

12. 国家对危险化学品的生产，统一规划，(　　)。

A. 严格管理　　B. 严格控制　　C. 严格检查　　D. 严格审批

13. 化学品事故发生后，除建立警戒区外，还应在通往事故现场的主要干道上实行(　　)。

A. 戒严　　B. 人员疏散　　C. 交通管制　　D. 交通分流

14. 专业隐患排查主要是指对区域位置及总图布置、工艺、设备、电气、仪表、储运、消防和公用工程等系统分别进行的(　　)。

A. 专业检查　　B. 例行检查　　C. 日常检查　　D. 每周检查

15. 发现剧毒化学品、易制爆危险化学品丢失或者被盗的，应当立即向当地(　　)报告。

A. 安全生产监管部门　　B. 公安机关

C. 环保部门　　D. 工商部门

16. 技术力量不足或危险化学品安全生产管理经验欠缺的企业应聘请有经验的化工专家或(　　)指导企业开展隐患排查治理工作。

A. 师傅　　B. 注册安全工程师

C. 企业主要负责人　　D. 安全员

17. 危险化学品企业事故隐患上报要按照安全监管部门的要求，建立与安监部门联网的“隐患排查治理信息系统”，(　　)将开展隐患排查治理情况和存在的重大事故隐患上报当地安全监管部门，发现无法立即整改的重大事故隐患，应当及时上报。

A. 每个月　　B. 每季度　　C. 每半个月　　D. 每两个月

三、简答题

1. 企业在选择风险控制措施时应包含哪些措施？
2. 什么是事故？
3. 什么是风险？
4. 企业在选择风险控制措施时应包含哪些措施？
5. 危险化学品分类有哪些？
6. 画出危险化学品管理的流程图，并注明主要事项。

扫码获取更多学习资料

模块五 危险化学品安全管理条例

☞ **知识目标**

1. 熟悉危险化学品安全管理条例的基本内容；
2. 熟悉危险化学品生产、储存、使用、销售、运输过程的安全规范；
3. 熟悉危险化学品事故中的安全责任承担。

☞ **能力目标**

1. 学会根据危险化学品安全管理条例发现生产、储存、使用、销售、运输过程安全隐患；
2. 能对危险化学品安全事故进行应急处理。

5.1 《危险化学品安全管理条例》立法的目的和意义

5.1.1 《危险化学品安全管理条例》立法的目的

《危险化学品安全管理条例》(中华人民共和国国务院令第 591 号)第一条就明确表述：为了加强危险化学品的安全管理，预防和减少危险化学品事故，保障人民群众生命财产安全，保护环境，制定本条例。

从法律角度理解，危险化学品从业单位应当具备法律、行政法规规定和国家标准、行业标准要求的安全条件；建立、健全安全管理规章制度和岗位安全责任制度，对从业人员进行安全教育、法制教育和岗位技术培训，做到有法可依。

5.1.2 《危险化学品安全管理条例》立法的意义

1. 增强法律意识，整顿规范市场秩序

建立起危险化学品安全管理体系，加强对危险化学品的安全监管，提高全社会特别是危险化学品从业人员对危险化学品安全管理的法律意识，加强危险化学品生产、经营、储存、运输、使用和废弃物处置各个环节的安全管理。整顿和规范市场经济秩序，保障人民生命、财产安全，保护环境。

2. 提高企业安全管理水平

危险化学品安全管理各项法律、法规、标准的贯彻实施，使我国危险化学品生产、经营、储存、运输、使用和废弃物处置的企业或单位管理水平进一步提高，建立完善的安全管理制度，落实安全生产责任制，与国际接轨，适应我国加入 WTO 的需要。

3. 加强基础环节的安全防范

按照国家危险化学品的法律法规和标准执行，实施对危险化学品生产经营单位负责人和员工的培训，持证上岗，促进危险化学品生产、经营、储存、运输、使用和废弃物处置企业或单位人员素质的不断提高，有利于对危险化学品基础环节安全管理的落实及安全防范。

4. 强化监督管理，保障经济的可持续发展

政府各监管部门统一协调，加强危险化学品的管理，使危险化学品的管理部门及生产经营单位对危险化学品管理中的新情况、新特点和规律认识更加深入，逐步实现危险化学品安全管理法制秩序，建立危险化学品安全管理长效机制，实现我国危险化学品的总体管理水平不断提高，保障国民经济的可持续发展。

5.2 《危险化学品安全管理条例》监管范畴

5.2.1 危险化学品分类范围

危险化学品，是指具有毒害、腐蚀、爆炸、燃烧、助燃等性质，对人体、设施、环境具有危害的剧毒化学品和其他化学品。危险化学品目录，由国务院安全生产监督管理部门会同国务院工业和信息化、公安、环境保护、卫生、质量监督检验检疫、交通运输、铁路、民用航空、农业主管部门，根据化学品危险特性的鉴别和分类标准确定、公布，并适时调整。

危险化学品的种类包括：爆炸品、压缩气体和液化气体、易燃液体、易燃固体、自燃物品和遇湿易燃物品、氧化剂和有机过氧化物、有毒品和感染品、腐蚀品(注：放射性物质、杂项类不包含在此条例管理之列)等七大类。

国家安监总局(现称应急管理部)、工信部、公安部、环保部(现称生态环境部)、交运部、农业部(现称农村农业部)、卫计委(现称卫健委)、质检总局、铁路局、民航总局(中国民航局)2015 年第 5 号公告发布的《危险化学品名录》(2015 版)，共列入了 2827 种危化品。

5.2.2 《危险化学品安全管理条例》适用范围

环节适用：生产、经营、储存、运输、使用五个环节。

依照适用：监控化学品，属于危险化学品的药品、农药依照执行；进口危险化学品的储存、使用、经营、运输的安全管理，依照本条例的规定执行。

排除适用：民用爆炸物品、放射性物品、核能物质、城镇燃气、危险化学品容器(属于特种设备)不适用；废弃危险化学品的处置，依照有关环境保护的法律、行政法规和国家有关规定执行；危险化学品的进出口管理，依照有关对外贸易的法律、行政法规、规章的规定执行。

5.3 《危险化学品安全管理条例》所赋予的职责

5.3.1 危险化学品从业单位的安全责任

(1) 危险化学品安全管理，应当坚持安全第一、预防为主、综合治理的方针，强化和

落实企业的主体责任。

（2）生产、储存、使用、经营、运输危险化学品的单位(统称危险化学品单位)的主要负责人对本单位的危险化学品安全管理工作全面负责。

（3）危险化学品单位应当具备法律、行政法规规定和国家标准、行业标准要求的安全条件，建立、健全安全管理规章制度和岗位安全责任制度，对从业人员进行安全教育、法制教育和岗位技术培训。从业人员应当接受教育和培训，考核合格后上岗作业；对有资格要求的岗位，应当配备依法取得相应资格的人员。

（4）任何单位和个人不得生产、经营、使用国家禁止生产、经营、使用的危险化学品。

国家对危险化学品的使用有限制性规定的，任何单位和个人不得违反限制性规定使用危险化学品。

5.3.2 管理机构职责

危险化学品安全监管 10 个部门具有以下职责：

（1）安全生产监督管理部门负责危险化学品安全监督管理综合工作，组织确定、公布、调整危险化学品目录，对新建、改建、扩建生产、储存危险化学品(包括使用长输管道输送危险化学品)的建设项目进行安全条件审查，核发危险化学品安全生产许可证、危险化学品安全使用许可证和危险化学品经营许可证，并负责危险化学品登记工作。

（2）公安机关负责危险化学品的公共安全管理，核发剧毒化学品购买许可证、剧毒化学品道路运输通行证，并负责危险化学品运输车辆的道路交通安全管理。

（3）质量监督检验检疫部门负责核发危险化学品及其包装物、容器生产企业的工业产品生产许可证，并依法对其产品质量实施监督，负责对进出口危险化学品及其包装实施检验。

（4）环境保护主管部门负责废弃危险化学品处置的监督管理，组织危险化学品的环境危害性鉴定和环境风险程度评估，确定实施重点环境管理的危险化学品，负责危险化学品环境管理登记和新化学物质环境管理登记；依照职责分工调查相关危险化学品环境污染事故和生态破坏事件，负责危险化学品事故现场的应急环境监测。

（5）交通运输主管部门负责危险化学品道路运输、水路运输的许可以及运输工具的安全管理，对危险化学品水路运输安全实施监督，负责危险化学品道路运输企业、水路运输企业驾驶人员、船员、装卸管理人员、押运人员、申报人员、集装箱装箱现场检查员的资格认定。铁路监管部门负责危险化学品铁路运输及其运输工具的安全管理。民用航空主管部门负责危险化学品航空运输以及航空运输企业及其运输工具的安全管理。

（6）卫生主管部门负责危险化学品毒性鉴定的管理，负责组织、协调危险化学品事故受伤人员的医疗卫生救援工作。

（7）工商行政管理部门依据有关部门的许可证件，核发危险化学品生产、储存、经营、运输企业营业执照，查处危险化学品经营企业违法采购危险化学品的行为。

（8）邮政管理部门负责依法查处寄递危险化学品的行为。

5.3.3 危险化学品安全监管部门的监督检查职权

负有危险化学品安全监督管理职责的部门依法进行监督检查，可以采取下列措施：

(1) 进入危险化学品作业场所实施现场检查，向有关单位和人员了解情况，查阅、复制有关文件、资料；

(2) 发现危险化学品事故隐患，责令立即消除或者限期消除；

(3) 对不符合法律、行政法规、规章规定或者国家标准、行业标准要求的设施、设备、装置、器材、运输工具，责令立即停止使用；

(4) 经本部门主要负责人批准，查封违法生产、储存、使用、经营危险化学品的场所，扣押违法生产、储存、使用、经营、运输的危险化学品以及用于违法生产、使用、运输危险化学品的原材料、设备、运输工具；

(5) 发现影响危险化学品安全的违法行为，当场予以纠正或者责令限期改正。

5.3.4 危险化学品安全监管的协调机制

县级以上人民政府应当建立危险化学品安全监督管理工作协调机制，协调、解决危险化学品安全监督管理工作中的重大问题。

5.4 《危险化学品安全管理条例》的特点及其基本框架

5.4.1 内容特点

《危险化学品安全管理条例》有以下特点：

1. 管理部门职责明确

由国家经贸委、国家安全生产监督管理局牵头，经贸、安全、公安、卫生、环保、交通、铁路、民航、质检、工商、邮政等11个部门监督管理，职责明确。

2. 明确危险化学品的管辖范围

管辖范围是危险化学品，包括爆炸品、压缩气体和液化气体、易燃液体、易燃固体、自燃物品和遇湿易燃物品、氧化剂和有机过氧化物、有毒品和腐蚀品等。

3. 对危险化学品实施全过程的管理

包括从生产、经营、储存、使用、运输到废弃物处置各个环节，从建厂、运行到停业处置的全过程。

4. 明确了一些重要的制度

(1) 危险化学品生产、储存企业的新建、扩建、改建实行统一规划、审批制度；

(2) 加强重大危险源的监控、管理；

(3) 经批准设立的危险化学品生产企业，必须向质检部门申领《生产许可证》；

(4) 生产危险化学品的企业，必须有安全技术说明书和安全标签；

(5) 生产、储存、使用剧毒化学品的单位和生产、储存、使用其他危险化学品的单位要对装置进行安全评价；

(6) 危险化学品的包装容器由审查合格的专业生产企业定点生产；

(7) 危险化学品的经营销售实行经营许可制度；

(8) 购买剧毒品实行凭证(购买凭证、准购证)购买制度；

(9) 危险化学品的运输实行资质认证制度;
(10) 剧毒品公路运输实行公路运输通行证制度;
(11) 实行危险化学品的登记制度;
(12) 制定危险化学品事故应急预案;
(13) 法律责任。

5.4.2 基本框架

《危险化学品安全管理条例》从加强危险化学品的安全管理，预防和减少危险化学品事故，保障人民群众生命财产安全，保护环境的角度出发，阐释了危险化学品安全管理的宗旨依然是坚持安全第一、预防为主、综合治理的方针，强化和落实从业单位的主体责任，监管单位的监管责任。

该法将“生产经营单位”作为主体，对安全生产经营的法律规定和责任更加明确，其基本框架如下:

1. 第一章 总则

本章共10条，主要说明《危险化学品安全管理条例》的制定目的、适用范围，规定了负有危险化学品安全监督管理职责的八个部门(安全生产监督管理部门、公安机关、质量监督检验检疫部门、环境保护主管部门、交通运输主管部门、卫生主管部门、工商行政管理部门、邮政管理部门)的监管职责、执法依据和规范。

2. 第二章 生产、储存安全

本章共17条，主要规定了:

(1) 对危险化学品的生产和储存场所的建设和设施要符合相应的安全标准，并进行评价、验收合格。

(2) 危险化学品在生产前必须首先取得安全生产许可证，化学品要有安全技术说明书，其包装(包括包装容器)要符合相关国家标准或行业标准。

(3) 危险化学品生产、储存场应设置鲜明的标志、警示，配套符合标准的安全设施。通信、报警设施齐全。

(4) 重大危险源与八类重要场所的安全间距应符合国家相关规定。

(5) 剧毒品、易制爆化学品的管理办法。

(6) 危险化学品的储存、出入库、生产企业余料管理。

3. 第三章 使用安全

本章共5条，主要对危险化学品使用的安全规程和技术支持做了相应的规定。

4. 第四章 经营安全

本章共10条，规定了从事危险化学品经营的企业应当具备的条件，以及经营危险化学品所需许可证的规定。

5. 第五章 运输安全

本章共23条，主要规定了:有关危险化学品道路运输、水路运输、铁路运输、航空运输的从业资格，相关规则、规定、标准、技术支持、安全防护、事故报告和处理等。

6. 第六章 危险化学品登记与事故应急救援

本章共9条，规定了：

(1) 危险化学品登记管理制度、技术和信息支持；

(2) 危险化学品从业单位应当制定本单位危险化学品事故应急预案，配备应急救援人员和必要的应急救援器材、设备，并定期组织应急救援演练；同时将其危险化学品事故应急预案报所在地设区的市级人民政府安全生产监督管理部门备案。

(3) 发生危险化学品事故，有关地方人民政府应当立即组织安全生产监督管理、环境保护、公安、卫生、交通运输等有关部门，按照本地区危险化学品事故应急预案组织实施救援，不得拖延、推诿，并采取必要的应急处置措施，减少事故损失，防止事故蔓延、扩大。

7. 第七章 法律责任

本章共22条，规定了对生产、经营、使用、运输危险化学品过程中发生违法行为的单位和个人进行法律处罚的形式、规定和限度。

对负有危险化学品安全监督管理职责的部门的工作人员，在危险化学品安全监督管理工作中滥用职权、玩忽职守、徇私舞弊，构成犯罪的，依法追究刑事责任；尚不构成犯罪的，依法给予处分。

8. 第八章 附则

本章共6条，重申了本法律设适用范围。监控化学品、属于危险化学品的药品和农药的安全管理，依照本条例的规定执行；法律、行政法规另有规定的，依照其规定。

化学品的危险特性尚未确定的，由国务院安全生产监督管理部门、国务院环境保护主管部门、国务院卫生主管部门分别负责组织对该化学品的物理危险性、环境危害性、毒理特性进行鉴定。

民用爆炸物品、烟花爆竹、放射性物品、核能物质以及用于国防科研生产的危险化学品的安全管理，不适用本条例。

本条例自2011年12月1日起施行。

5.5 典型案例分析

天津×臻化工科技发展有限公司(×臻公司)与中华人民共和国北疆海事局、中华人民共和国天津海事局行政诉讼案。

【基本案情】

2018年1月，天津×臻公司就两个集装箱货物自天津港出运向泉州×通物流公司订舱，申报货物名称为“陶瓷熔块”。1月17日，北疆海事局实施开箱查验，并就样品委托鉴定。《检验报告》和《危险特性分类鉴别报告》结论均表明样品主要成分为氢氧化钠，应按危险化学品储运。3月23日，北疆海事局以×臻公司将危险化学品谎报为普通货物托运为由，依据相关规定作出《海事行政处罚决定书》，对×臻公司处以109000元的行政处罚。×臻公司不服，向天津海事局申请行政复议，天津海事局作出《行政复议决定书》，维持北疆海事局作出的行政处罚，并送达×臻公司。×臻公司不服，诉至天津海事法院。

【裁判结果】

天津海事法院一审判决驳回原告请求撤销行政处罚决定和复议决定的诉讼请求。原告提起上诉，天津市高级人民法院二审维持原判。

【典型意义】

提高风险防控能力，着力防范化解重大风险，是维护社会大局稳定，实现经济高质量发展的重要保证。在海上货物运输中，货方瞒报或谎报危险品致使承运人将危险品货物按照普通货物运输极易造成重大安全隐患。本案中，原告×臻公司认为在相似违法情形下，我国其他地方海事行政部门的处罚数额少于北疆海事局处罚数额，存在“同案不同罚”的问题。合议庭在严格审查行政处罚行为基础上，结合本案具体违法情形，认定北疆海事局在《危险化学品安全管理条例》规定的“10 万元以上 20 万元以下”范围内做出罚款 109000 元的处罚决定并无不当。该案入选天津法院 2019 年度十大影响性案件。

5.6 危险化学品安全管理制度范本

一、危险化学品安全管理制度

1. 目的

为了加强公司危险化学品的安全管理，预防危险化学品在储存、使用、废弃过程中由于防护不当或违规而导致的各类事故，以保障员工生命健康安全及公司财产安全。根据《中华人民共和国安全生产法》《危险化学品安全管理条例》等法律法规，特制定本制度。

2. 范围

本制度适用于本公司内一切危险化学品相关活动及作业。

3. 责任

3.1 安环主任负责本制度的监督执行。

3.2 危险化学品采购、储存、使用、废弃等部门配合履行本制度。

4. 内容

4.1 定义

危险化学物品，是指国标（GB 13690—2009）分类标准中的 9 类危险物质：第 1 类爆炸品，第 2 类压缩气体和液化气体，第 3 类易燃液体，第 4 类易燃固体、自燃物品和遇湿易燃物品，第 5 类氧化剂和有机过氧化物，第 6 类有毒品，第 7 类放射性物品，第 8 类腐蚀品，第 9 类杂项类。

5. 内容

5.1 危险化学品的采购

5.1.1 凡因生产需要购买的危险化学物品，生产厂家必须持有国家安监部门颁发的安全生产许可证书，经营销售商须有危险化学品经营许可证，所有入厂的危险化学品均须有合格的安全技术说明书及安全标签。

5.1.2 采购应向经营销售单位索取化学品安全技术说明书（MSDS），MSDS 安全数据需包括经测定的产品燃点、自燃点、闪点、爆炸极限、毒性、预防等详细中文资料，并具有符合国标的标志和包装。

5.2　危险化学品的运输及装卸

5.2.1　危险化学品运送的供货商及运送车辆、押运人员须符合相关法规的规定。运输需有资质，押运人员经培训合格有上岗证。

5.2.2　化学性质相抵制或灭火方法不同的危险化学品禁止在同一辆车上混合运输。

5.2.3　危险化学品装卸时，仓库管理人员对装卸区进行标识，确保厂区其他员工不进入装卸区，并检查装卸人员的上岗资格证书，监督其佩戴必要的防护用品及按正确的方式轻装轻卸，严禁拖、拉、抛、滚。

5.3　危险化学品的储存

5.3.1　仓库保管的易燃易爆品，必须在专库储存。

5.3.2　仓库配备足够的与危险化学品性质相适应的消防器材，并由专人维护和保养。

5.3.3　危险化学品按性质及不兼容性分隔离、隔开、分离多种形式储存，同库房要满足“5 距”要求。

5.3.3.1　顶距：须为 50cm 以上，人字形屋顶，堆货顶面以不超过横梁为准。

5.3.3.2　灯距：货物距离灯的距离，灯距应不小于 50cm；

5.3.3.3　墙距：外墙距在 30cm 以上，内墙距在 30cm 以上。以便通风散潮和防火，一旦发生火灾，可供消防人员出入。

5.3.3.4　柱距：在 20cm 以上。

6.3.3.5　堆距：在 50cm 以上。每堆占地面积小于 $100m^2$，主要通道的宽度不小于 2m。

5.3.4　在仓库堆垛设立明显的防火标志，出入口和通向消防设施的道路应保持畅通。

5.3.5　危险化学品仓管部门根据物品的危险性，为保管员配备必要的防护用品、器具。

5.3.6　危险化学品入库时，保管员应按入库验收标准进行检查、验收、登记，严格核对和检验物品的名称、规格、案例标签、质量、数量、包装。物品经检验合格方可入库。无产地、品牌、安全标签和产品合格证的物品不得入库。

5.3.7　危险化学品发放，应严格执行发放管理制度。仓库主管负责人应经常检查核准。

5.3.8　易燃、易爆危险化学品仓库要采取杜绝火种的安全措施。经批准进入仓库的机动车辆必须安装阻火器，作业人使用的工具、防护用品应符合防爆要求。

5.3.9　加强对防爆电气设备、避雷、静电导除设施的管理，选用经国家指定的防爆检验单位检验合格的防爆电气产品，并定期检测。

5.3.10　易燃、易爆品仓库内的各种安全设施，必须经常检查、定期校验、保持完好状态，做好记录。

5.3.11　储存易燃和可燃物品的仓库、堆垛附近，不准私自动火作业，如因特殊需要，应由仓库负责人上报，经厂区安环主任批准，采取相应安全措施后才能进行上述作业。作业结束后，检查确无火种，才可离开现场。

5.3.12　物品储存严格执行危险化学品的配装规定，对不可配装的危险物品必须严格隔离。

5.3.13　仓库易燃易爆品专库设专人负责保管；严格控制储存数量，少进货、少储存，保持合理库存；坚持生产使用部门存放易燃易爆品不超过一日用量的原则，按一日用量或最少包装发放易燃易爆品，无关人员严禁进入易燃易爆品专库；库区绝对禁止烟火。

5.3.14　剧毒化学品储存/使用安全管理严格参照公安部门规定的“5 双”(双人保管、双锁、双台账、双人发货、双人领用)制度执行。

5.3.14.1　剧毒化学品必须单独储存，不得与其他物质混放，库房要求干燥通风、无积水、堆垛严格执行“5 距”规定。

5.3.14.2　仓库管理人员认真填写《剧毒化学品进出(库)流量登记簿》《剧毒化学品剧毒品进出库物料卡》《剧毒化学品使用领料签发备查单》，并由出入库各个环节的负责人签字确认。

5.4　危险化学品的使用

5.4.1　生产部门使用的危险化学品需专门设区存放，存放量不得超过一个班次用量，并做好各项防火防泄漏措施，悬挂安全技术说明书，设置警示标志，通风良好。

5.4.2　生产现场使用的易燃品用小包装，包装上需贴上安全标签，接触员工需正确佩戴相应个人防护用品。

5.4.3　危险化学品包装盛装容器需有盖，在使用储存过程需注意加盖以防止易燃或有毒有害物质挥发，危险化学品除用作生产工艺中，严禁挪作它用。

5.4.4　操作使用中如不小心被危险化学品溅到，应立即到就近紧急淋浴或洗眼器处用大量清水冲洗至少 15 分钟以上，然后就医。

5.4.5　使用易燃品区域须做好防静电措施，并定期检查、检测。

5.4.6　各部门使用危险化学品的日期、数量要登记签字，完善手续。

5.5　危险化学品的废弃处置

5.5.1　危险化学品的管理须指定专人负责，送往厂区危险化学品废弃物处理区统一处置，不得随意抛弃。

5.5.2　禁止在危险化学品贮存区域内堆积可燃危险废弃物。

5.5.3　贮存、运输、处置危险化学品废弃物，必须按照危险化学品废弃物特性分类进行。禁止混合贮存、运输、处置性质不兼容而未经安全性处置的危险化学品废弃物。

5.5.4　运输危险化学品废弃物，必须采取防止污染环境的措施。

5.5.5　对危险化学品废弃物容器、包装物，贮存、运输、处置危险化学品废弃物的场所、设施，必须设置危险废弃物识别标志。

5.5.6　危险化学品废弃物的包装应采用易回收利用、易处置或者在环境中易消纳的包装物。

5.5.7　剧毒品用完的后，留下的包装物必须严加管理，使用部门应登记造册，指定专人交物资回收部门，由专人负责管理。

5.5.8　贮存、运输、处置危险化学品废弃物的场所、设施、设备、容器、包装物及其他物品转作它用时，必须经过消除污染及消毒处理，方可使用。

5.5.9　转移危险化学品废弃物，需按国家有关规定填写、办理废弃物转移联单，并向危险物移出地和接受地的县级以上环保局备案。

5.5.10　安全管理人员负责制订在贮存、处置危险化学品废弃物时发生的意外事故的应急措施。

5.5.11 因发生事故，造成危险化学品废弃物严重污染环境时，安全管理人员必须立即采取措施消除或减轻对环境的污染危害，及时通报可能受到污染危害的单位和居民，并向上级主管和当地县以上环保局以及其他有关部门报告。

6. 奖惩

6.1 凡违反本制度相关规定的责任人员，公司将视情节给予100~500元处罚。

6.2 造成事故和恶劣影响的可处以辞退直至追究法律责任。

6.3 因个人原因造成的重大事故根据《安全生产法》《危险化学品安全管理条例》等相关法律负相应的法律责任。

二、化学品(含危险化学品)管理流程

序号	步骤	流程	责任部门	主要工作内容	形成记录	备注
1	化学品分类	开始 → 建立清单	采购部	采购应建立包括全公司所有化学品的“化学品清单”。当有化学品新增时，由化学品仓库上报至综合管理部门备案，当化学品属于危险化学品时应注明	化学品清单	
2	化学品采购	→ 供方选择	采购部	1. 采购在化学危险品采购前应先组织相关部门进行供方考察，确保在合格供方中采购。供方考察的重点一是供方企业的资质证明和化学品MSDS，二危险品生产经营许可证，三道路运输资质，四是化学品的质量是否符合要求，五是提供SGS出具的禁用物质检测报告(无磷及ROSH)，六是采购前需与相关方签订环境、安全等协议，七是包装容器是否回收		引用《供应商控制程序》
				2. 危险化学品的采购流程按《采购控制程序》进行		引用《采购控制程序》
		→ 化学品采购		3. 危险化学品购入时，应先向供应商索要其MSDS，确认供应商所提供的MSDS是否符合“GB/T 16483 化学品安全技术说明书内容和项目顺序”的要求	MSDS	
		→		4. 当危险化学品是以分装的形式购入时，采购应要求供方选择适宜的容器，并在容器上做好相应的标识，包括：品名、供应商名称、生产日期、保存期限、保管条件(若有)、安全标识和危险标志		

续表

序号	步骤	流程	责任部门	主要工作内容	形成记录	备注
2	化学品采购		采购部	1. 采购负责为本公司运输危险化学品的单位进行施加影响，要求运输单位必须具有政府有关部门认可的从事危险货物运输的资格，其人员应接受过相关培训并具有危险货物运输的从业资格(驾驶证、押运证)		
				2. 采购负责为本公司运输危险化学品的单位进行施加影响，要求其遵守国家有关危险化学品运输管理的规定，并按照MSDS上“操作注意事项”“运输信息”的要求进行运输及搬运		
		运输及装卸		① 化学品的装卸事先应制定安全装卸方案，确定防护措施。做到轻装轻卸，严禁摔拖、重压和摩擦，不得损毁包装容器		
				② 运输单位应固定车辆运装化学品，运易燃易爆液体、气体、有毒有害品等非常危险化学品时，必须使用符合该物品安全运输要求的运输工具，要有“危险品”标志		
				③ 装运化学品时，严禁客、货混装，禁止无关人员搭乘装运危险品的车辆		
				④ 运输化学品的单位应具备相应的防止化学品泄漏、爆炸等应急措施和方法		
		进厂监督检查	综合管理部	3. 门卫负责监督供方货物运输的资料验证，对不符合要求的供方禁止入厂		
3			仓库	1. 化学危险品到公司后，必须先由采购、仓管员验收，合格后才能入库		
		入库		2. 化学品进仓前的验收项目包括名称、规格、数量、包装(或容器)上的安全标签，危险化学品还应有危险标志。安全标签若脱落或损坏经检查确认后应补贴		
				3. 化学品必须建立出入库台账，详细记录品种、名称、入库数量、出库数量、存放日期、领用人等重要资料	化学品出入库台账	
4	化学品贮存	贮存	化学品仓库化学品贮存场所	1. 贮存危险化学品的部门应按MSDS中的保管要求进行保管；采购及相关使用部门应在新购入化学品未纳入公司前，要依照化学品的MSDS或提前向供应商索取相关信息，确认公司现行贮存条件能否满足，若不能满足时应及时采取适当的措施以满足其条件		

续表

序号	步骤	流程	责任部门	主要工作内容	形成记录	备注
4	化学品贮存	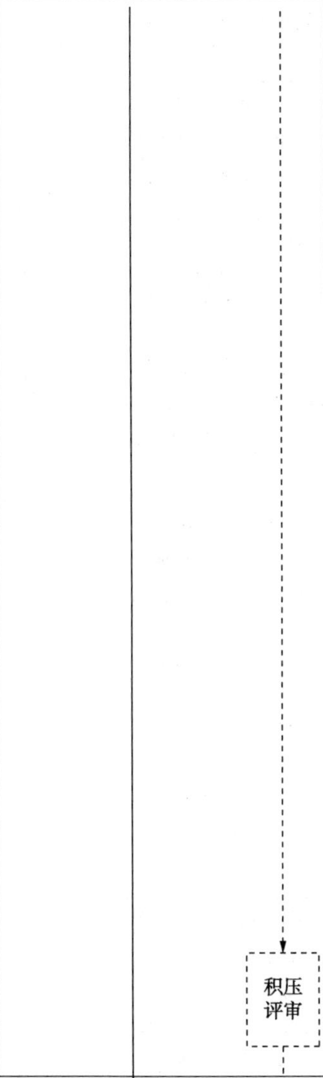	化学品仓库 化学品贮存场所	2. 化学品贮存场所应尽量避免阳光，配备必要的通风、防爆、防火、防泄漏设施，以减小当事故或紧急情况发生时对环境造成的危害		
				3. 仓库应指定具有专业知识的人员作为危险品仓库的管理责任者，管理负责人应定期对化学品仓库进行检查，对不符合项及时整改		
				4. 按照“GB 15603 常用化学危险品贮存通则”的定义，公司的贮存方式属于“隔离贮存”，故平均每平方米面积贮存量应为 0.5 吨，且单一贮存区最大贮存量不可超过 300 吨		
				5. 危险化学品应分类贮存，保持安全距离（垛距 0.3~0.5m，通道宽度 1~2m，墙距宽度 0.3~0.5m），并在醒目处标明贮存物品的名称		
				6. 危险化学品的最大贮存量应本着在不影响生产运作的前提下，越少越好		
				7. 要定期检查化学品，防止过期或变质失效，造成浪费和对环境的影响		
				8. 严禁在化学品仓库及使用场所动用明火		
			化学品仓库	9. 危险化学品仓库管理责任者应在每月底对在库的危险化学品全面盘点、清查一次	危险化学品盘点清单	
				10. 部分化学危险品需在有效期内使用，超过有效期的，由仓库进行积压评审报采购、财务部及综合管理部门，如供方能回收，则由采购联系供方回收		引用《仓库管理规定》
5	发放及领用	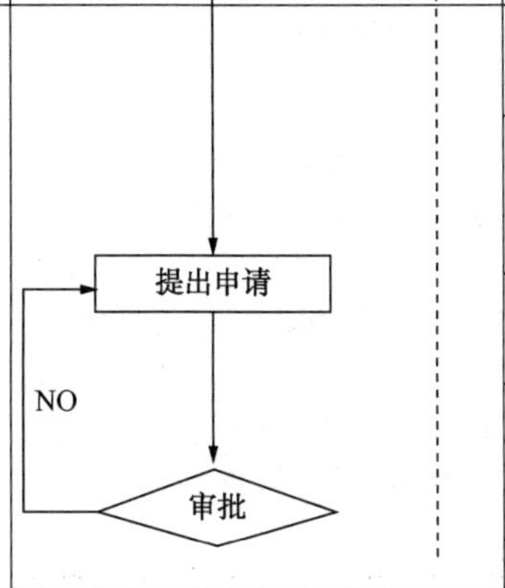	使用部门 组长及以人员 领用部门	1. 危险化学品的领用必须遵守审批制度，保管人员只有在审批手续齐全的情况下才能准许领用； 2. 危险化学品领用要求由组长及以上人员批准后领用，并且做好安全隐患预防措施，建立使用台账	危险化学品使用台账	
			使用部门	1. 化学品应被放到指定的化学品放置场所。现场的化学品放置场所贮存量不可过多，在不影响每日生产的前提下贮存足够的量即可		

续表

序号	步骤	流程	责任部门	主要工作内容	形成记录	备注
5	发放及领用	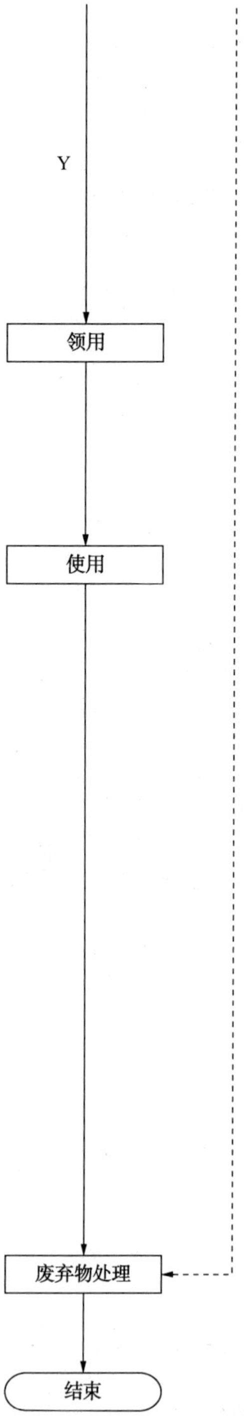		2. 对接受的MSDS转化为公司内部文件发至相关部门	MSDS	
				3. 各部门应根据本部门的实际情况，在危险化学品的贮存及使用场所配置相应的MSDS(同一部门不同工序使用同一种类危险化学品时，应在每个工序分别配置)，以确保相关人员随手可取		
				4. 危险化学品放置场所应有相应标识(如：化学品名称、安全标识、危险标志)，以确保所有人员都能明了该种化学品具有的危险性以及使用时应该注意的事项，避免不知情的人员将其误用的情况发生		
				5. 各部门负责人应严格按照MSDS上“接触控制和个体防护”的要求，为使用者配备相应的防护用具并对员工进行操作指导		
				6. 厂内运输应规定搬运方法、搬运工具进行搬运，并防止搬运过程中的倾倒、洒落、泄漏等		
				7. 当修补、换装、清扫、装卸易燃、易爆危险化学品时，应使用不产生火花的铜、合金或其他材质的工具		
				8. 在危险化学品工作场所设置急救设施，提供应急处理的方法，对作业员进行相关培训。当危险化学品出现泄漏或发生火灾等紧急情况时，按相应的应急预案及MSDS上“消防措施”“急救措施”“泄漏应急处理”的要求进行处理，尽量把事故的影响降低到最低程度		
				1. 公司对废弃的危险化学品进行统一回收处理，不得擅自排放，抛弃，污染环境。 2. 定义为危废的废弃物应集中回收后委托有资质的第三方处理。 3. 过期或停用的化学品，应由使用或贮存部门通报采购，由采购根据实际情况联系委托外部处理	危废转移联单	

5.7 《危险化学品安全管理条例》原文及导读

《危险化学品安全管理条例》于 2002 年 1 月 26 日由中华人民共和国国务院令第 344 号公布，2011 年 2 月 16 日国务院第 144 次常务会议修订通过，2011 年 3 月 2 日中华人民共和国国务院令第 591 号公布，自 2011 年 12 月 1 日起施行，根据 2013 年 12 月 7 日国务院令第 645 号发布的《国务院关于修改部分行政法规的决定》第二次修订。

第一章 总则

第一条 为了加强危险化学品的安全管理，预防和减少危险化学品事故，保障人民群众生命财产安全，保护环境，制定本条例。

[**5-1 问题讨论**]：制定危险化学品安全管理条例的目的是什么？

第二条 危险化学品生产、储存、使用、经营和运输的安全管理，适用本条例。

废弃危险化学品的处置，依照有关环境保护的法律、行政法规和国家有关规定执行。

第三条 本条例所称危险化学品，是指具有毒害、腐蚀、爆炸、燃烧、助燃等性质，对人体、设施、环境具有危害的剧毒化学品和其他化学品。

危险化学品目录，由国务院安全生产监督管理部门会同国务院工业和信息化、公安、环境保护、卫生、质量监督检验检疫、交通运输、铁路、民用航空、农业主管部门，根据化学品危险特性的鉴别和分类标准确定、公布，并适时调整。

[**5-2 问题讨论**]：危险化学品安全管理条例的适用范围有哪些？

第四条 危险化学品安全管理，应当坚持安全第一、预防为主、综合治理的方针，强化和落实企业的主体责任。

生产、储存、使用、经营、运输危险化学品的单位(以下统称危险化学品单位)的主要负责人对本单位的危险化学品安全管理工作全面负责。

危险化学品单位应当具备法律、行政法规规定和国家标准、行业标准要求的安全条件，建立、健全安全管理规章制度和岗位安全责任制度，对从业人员进行安全教育、法制教育和岗位技术培训。从业人员应当接受教育和培训，考核合格后上岗作业；对有资格要求的岗位，应当配备依法取得相应资格的人员。

第五条 任何单位和个人不得生产、经营、使用国家禁止生产、经营、使用的危险化学品。

国家对危险化学品的使用有限制性规定的，任何单位和个人不得违反限制性规定使用危险化学品。

[**5-3 问题讨论**]：危险化学品安全管理的方针是什么？

第六条 对危险化学品的生产、储存、使用、经营、运输实施安全监督管理的有关部门(以下统称负有危险化学品安全监督管理职责的部门),依照下列规定履行职责:

(一)安全生产监督管理部门负责危险化学品安全监督管理综合工作,组织确定、公布、调整危险化学品目录,对新建、改建、扩建生产、储存危险化学品(包括使用长输管道输送危险化学品,下同)的建设项目进行安全条件审查,核发危险化学品安全生产许可证、危险化学品安全使用许可证和危险化学品经营许可证,并负责危险化学品登记工作。

(二)公安机关负责危险化学品的公共安全管理,核发剧毒化学品购买许可证、剧毒化学品道路运输通行证,并负责危险化学品运输车辆的道路交通安全管理。

[5-4 问题讨论]:对危险化学品的生产、储存、使用、经营、运输实施安全监督管理的有关部门中公安机关的职责是什么?

(三)质量监督检验检疫部门负责核发危险化学品及其包装物、容器(不包括储存危险化学品的固定式大型储罐,下同)生产企业的工业产品生产许可证,并依法对其产品质量实施监督,负责对进出口危险化学品及其包装实施检验。

(四)环境保护主管部门负责废弃危险化学品处置的监督管理,组织危险化学品的环境危害性鉴定和环境风险程度评估,确定实施重点环境管理的危险化学品,负责危险化学品环境管理登记和新化学物质环境管理登记;依照职责分工调查相关危险化学品环境污染事故和生态破坏事件,负责危险化学品事故现场的应急环境监测。

[5-5 问题讨论]:对危险化学品的生产、储存、使用、经营、运输实施安全监督管理的有关部门中环境保护主管部门的职责是什么?

(五)交通运输主管部门负责危险化学品道路运输、水路运输的许可以及运输工具的安全管理,对危险化学品水路运输安全实施监督,负责危险化学品道路运输企业、水路运输企业驾驶人员、船员、装卸管理人员、押运人员、申报人员、集装箱装箱现场检查员的资格认定。(铁路主管部门负责危险化学品铁路运输的安全管理,负责危险化学品铁路运输承运人、托运人的资质审批及其运输工具的安全管理。民用航空主管部门负责危险化学品航空运输以及航空运输企业及其运输工具的安全管理。)无

(六)卫生主管部门负责危险化学品毒性鉴定的管理,负责组织、协调危险化学品事故受伤人员的医疗卫生救援工作。

(七)工商行政管理部门依据有关部门的许可证件,核发危险化学品生产、储存、经营、运输企业营业执照,查处危险化学品经营企业违法采购危险化学品的行为。

(八)邮政管理部门负责依法查处寄递危险化学品的行为。

第七条 负有危险化学品安全监督管理职责的部门依法进行监督检查，可以采取下列措施：

（一）进入危险化学品作业场所实施现场检查，向有关单位和人员了解情况，查阅、复制有关文件、资料；

（二）发现危险化学品事故隐患，责令立即消除或者限期消除；

（三）对不符合法律、行政法规、规章规定或者国家标准、行业标准要求的设施、设备、装置、器材、运输工具，责令立即停止使用；

（四）经本部门主要负责人批准，查封违法生产、储存、使用、经营危险化学品的场所，扣押违法生产、储存、使用、经营、运输的危险化学品以及用于违法生产、使用、运输危险化学品的原材料、设备、运输工具；

（五）发现影响危险化学品安全的违法行为，当场予以纠正或者责令限期改正。

负有危险化学品安全监督管理职责的部门依法进行监督检查，监督检查人员不得少于 2 人，并应当出示执法证件；有关单位和个人对依法进行的监督检查应当予以配合，不得拒绝、阻碍。

第八条 县级以上人民政府应当建立危险化学品安全监督管理工作协调机制，支持、督促负有危险化学品安全监督管理职责的部门依法履行职责，协调、解决危险化学品安全监督管理工作中的重大问题。

负有危险化学品安全监督管理职责的部门应当相互配合、密切协作，依法加强对危险化学品的安全监督管理。

第九条 任何单位和个人对违反本条例规定的行为，有权向负有危险化学品安全监督管理职责的部门举报。负有危险化学品安全监督管理职责的部门接到举报，应当及时依法处理；对不属于本部门职责的，应当及时移送有关部门处理。

第十条 国家鼓励危险化学品生产企业和使用危险化学品从事生产的企业采用有利于提高安全保障水平的先进技术、工艺、设备以及自动控制系统，鼓励对危险化学品实行专门储存、统一配送、集中销售。

第二章 生产、储存安全

第十一条 国家对危险化学品的生产、储存实行统筹规划、合理布局。

国务院工业和信息化主管部门以及国务院其他有关部门

[5-6 问题讨论]：国家对危险化学品的生产、储存实行的原则是什么？

[5-7 拓展练习]：（单选题）从事单调、重复工作的人员，由于长时间重复不间断的、无变化的操作动作，缺乏自主性，感觉不到其意义和重要性，容易产生（　　）和厌倦感而导致违章。

A. 精神紧张

B. 精神放松

C. 心理疲劳

依据各自职责，负责危险化学品生产、储存的行业规划和布局。

地方人民政府组织编制城乡规划，应当根据本地区的实际情况，按照确保安全的原则，规划适当区域专门用于危险化学品的生产、储存。

第十二条 新建、改建、扩建生产、储存危险化学品的建设项目(以下简称建设项目)，应当由安全生产监督管理部门进行安全条件审查。

建设单位应当对建设项目进行安全条件论证，委托具备国家规定的资质条件的机构对建设项目进行安全评价，并将安全条件论证和安全评价的情况报告报建设项目所在地设区的市级以上人民政府安全生产监督管理部门；安全生产监督管理部门应当自收到报告之日起45日内作出审查决定，并书面通知建设单位。具体办法由国务院安全生产监督管理部门制定。

新建、改建、扩建储存、装卸危险化学品的港口建设项目，由港口行政管理部门按照国务院交通运输主管部门的规定进行安全条件审查。

第十三条 生产、储存危险化学品的单位，应当对其铺设的危险化学品管道设置明显标志，并对危险化学品管道定期检查、检测。

[**5-8 问题讨论**]：发现管道标志损毁的应该怎么办?

进行可能危及危险化学品管道安全的施工作业，施工单位应当在开工的7日前书面通知管道所属单位，并与管道所属单位共同制定应急预案，采取相应的安全防护措施。管道所属单位应当指派专门人员到现场进行管道安全保护指导。

第十四条 危险化学品生产企业进行生产前，应当依照《安全生产许可证条例》的规定，取得危险化学品安全生产许可证。

生产列入国家实行生产许可证制度的工业产品目录的危险化学品的企业，应当依照《中华人民共和国工业产品生产许可证管理条例》的规定，取得工业产品生产许可证。

负责颁发危险化学品安全生产许可证、工业产品生产许可证的部门，应当将其颁发许可证的情况及时向同级工业和信息化主管部门、环境保护主管部门和公安机关通报。

[**5-9 拓展练习**]：(判断题)居住与生产、经营、储存易燃易爆物品设置在同一建筑内是严格禁止的，但采用实体墙进行分隔，是可以允许的。(　　)

第十五条 危险化学品生产企业应当提供与其生产的危险化学品相符的化学品安全技术说明书，并在危险化学品包装(包括外包装件)上粘贴或者拴挂与包装内危险化学品相符的化学品安全标签。化学品安全技术说明书和化学品安全标签所载明的内容应当符合国家标准的要求。

危险化学品生产企业发现其生产的危险化学品有新的危险特性的，应当立即公告，并及时修订其化学品安全技术说明书和化学品安全标签。

第十六条 生产实施重点环境管理的危险化学品的企业，应当按照国务院环境保护主管部门的规定，将该危险化学品向环境中释放等相关信息向环境保护主管部门报告。环境保护主管部门可以根据情况采取相应的环境风险控制措施。

第十七条 危险化学品的包装应当符合法律、行政法规、规章的规定以及国家标准、行业标准的要求。

危险化学品包装物、容器的材质以及危险化学品包装的型式、规格、方法和单件质量(重量)，应当与所包装的危险化学品的性质和用途相适应。

第十八条 生产列入国家实行生产许可证制度的工业产品目录的危险化学品包装物、容器的企业，应当依照《中华人民共和国工业产品生产许可证管理条例》的规定，取得工业产品生产许可证；其生产的危险化学品包装物、容器经国务院质量监督检验检疫部门认定的检验机构检验合格，方可出厂销售。

运输危险化学品的船舶及其配载的容器，应当按照国家船舶检验规范进行生产，并经海事管理机构认定的船舶检验机构检验合格，方可投入使用。

对重复使用的危险化学品包装物、容器，使用单位在重复使用前应当进行检查；发现存在安全隐患的，应当维修或者更换。使用单位应当对检查情况作出记录，记录的保存期限不得少于2年。

[5-10 问题讨论]：生产、储存危险化学品的企业，应当委托具备国家规定的资质条件的机构，对本企业的安全生产条件进行安全评价，提出安全评价报告。安全评价的周期是什么？

第十九条 危险化学品生产装置或者储存数量构成重大危险源的危险化学品储存设施(运输工具加油站、加气站除外)，与下列场所、设施、区域的距离应当符合国家有关规定：

(一) 居住区以及商业中心、公园等人员密集场所；

(二) 学校、医院、影剧院、体育场(馆)等公共设施；

(三) 饮用水源、水厂以及水源保护区；

(四) 车站、码头(依法经许可从事危险化学品装卸作业的除外)、机场以及通信干线、通信枢纽、铁路线路、道路交通干线、水路交通干线、地铁风亭以及地铁站出入口；

(五) 基本农田保护区、基本草原、畜禽遗传资源保护区、畜禽规模化养殖场(养殖小区)、渔业水域以及种子、种畜禽、水产苗种生产基地；

（六）河流、湖泊、风景名胜区、自然保护区；

（七）军事禁区、军事管理区；

（八）法律、行政法规规定的其他场所、设施、区域。

已建的危险化学品生产装置或者储存数量构成重大危险源的危险化学品储存设施不符合前款规定的，由所在地设区的市级人民政府安全生产监督管理部门会同有关部门监督其所属单位在规定期限内进行整改；需要转产、停产、搬迁、关闭的，由本级人民政府决定并组织实施。

储存数量构成重大危险源的危险化学品储存设施的选址，应当避开地震活动断层和容易发生洪灾、地质灾害的区域。

本条例所称重大危险源，是指生产、储存、使用或者搬运危险化学品，且危险化学品的数量等于或者超过临界量的单元（包括场所和设施）。

第二十条 生产、储存危险化学品的单位，应当根据其生产、储存的危险化学品的种类和危险特性，在作业场所设置相应的监测、监控、通风、防晒、调温、防火、灭火、防爆、泄压、防毒、中和、防潮、防雷、防静电、防腐、防泄漏以及防护围堤或者隔离操作等安全设施、设备，并按照国家标准、行业标准或者国家有关规定对安全设施、设备进行经常性维护、保养，保证安全设施、设备的正常使用。

生产、储存危险化学品的单位，应当在其作业场所和安全设施、设备上设置明显的安全警示标志。

第二十一条 生产、储存危险化学品的单位，应当在其作业场所设置通信、报警装置，并保证处于适用状态。

第二十二条 生产、储存危险化学品的企业，应当委托具备国家规定的资质条件的机构，对本企业的安全生产条件每3年进行一次安全评价，提出安全评价报告。安全评价报告的内容应当包括对安全生产条件存在的问题进行整改的方案。

生产、储存危险化学品的企业，应当将安全评价报告以及整改方案的落实情况报所在地县级人民政府安全生产监督管理部门备案。在港区内储存危险化学品的企业，应当将安全评价报告以及整改方案的落实情况报港口行政管理部门备案。

第二十三条 生产、储存剧毒化学品或者国务院公安部门规定的可用于制造爆炸物品的危险化学品（以下简称易制爆危险化学品）的单位，应当如实记录其生产、储存的剧毒化学

[5-11 课堂练习]：剧毒化学品以及储存数量构成重大危险源的其他危险化学品，应当在专用仓库内单独存放，并实行（　　）、（　　）制度。

[5-12 课堂练习]：除运输工具加油站、加气站外，危险化学品的生产装置和储存数量构成重大危险源的储存设施，与下列场所、设施、区域的距离必须符合国家标准或国家有关规定（　　）。

A. 居民区、商业中心、公园等人口密集区域

B. 学校、医院、影剧院、体育场等公共设施

C. 供水水源、水厂及水源保护区

D. 河流、湖泊、风景名胜区和自然保护区

E. 牧场、养殖场、野生动物园

品、易制爆危险化学品的数量、流向，并采取必要的安全防范措施，防止剧毒化学品、易制爆危险化学品丢失或者被盗；发现剧毒化学品、易制爆危险化学品丢失或者被盗的，应当立即向当地公安机关报告。

生产、储存剧毒化学品、易制爆危险化学品的单位，应当设置治安保卫机构，配备专职治安保卫人员。

第二十四条 危险化学品应当储存在专用仓库、专用场地或者专用储存室(以下统称专用仓库)内，并由专人负责管理；剧毒化学品以及储存数量构成重大危险源的其他危险化学品，应当在专用仓库内单独存放，并实行双人收发、双人保管制度。

危险化学品的储存方式、方法以及储存数量应当符合国家标准或者国家有关规定。

第二十五条 储存危险化学品的单位应当建立危险化学品出入库核查、登记制度。

对剧毒化学品以及储存数量构成重大危险源的其他危险化学品，储存单位应当将其储存数量、储存地点以及管理人员的情况，报所在地县级人民政府安全生产监督管理部门(在港区内储存的，报港口行政管理部门)和公安机关备案。

第二十六条 危险化学品专用仓库应当符合国家标准、行业标准的要求，并设置明显的标志。储存剧毒化学品、易制爆危险化学品的专用仓库，应当按照国家有关规定设置相应的技术防范设施。

储存危险化学品的单位应当对其危险化学品专用仓库的安全设施、设备定期进行检测、检验。

第二十七条 生产、储存危险化学品的单位转产、停产、停业或者解散的，应当采取有效措施，及时、妥善处置其危险化学品生产装置、储存设施以及库存的危险化学品，不得丢弃危险化学品；处置方案应当报所在地县级人民政府安全生产监督管理部门、工业和信息化主管部门、环境保护主管部门和公安机关备案。安全生产监督管理部门应当会同环境保护主管部门和公安机关对处置情况进行监督检查，发现未依照规定处置的，应当责令其立即处置。

第三章 使用安全

第二十八条 使用危险化学品的单位，其使用条件(包括工艺)应当符合法律、行政法规的规定和国家标准、行业标准的要求，并根据所使用的危险化学品的种类、危险特性以及

[5-13 课堂练习]：在储存甲苯的库房内，由于包装破损，甲苯发生泄漏，可能发生的事故类型有(　　)。

A. 火灾　　B. 爆炸

C. 中毒　　D. 窒息

E. 致癌

使用量和使用方式，建立、健全使用危险化学品的安全管理规章制度和安全操作规程，保证危险化学品的安全使用。

第二十九条 使用危险化学品从事生产并且使用量达到规定数量的化工企业(属于危险化学品生产企业的除外，下同)，应当依照本条例的规定取得危险化学品安全使用许可证。

前款规定的危险化学品使用量的数量标准，由国务院安全生产监督管理部门会同国务院公安部门、农业主管部门确定并公布。

第三十条 申请危险化学品安全使用许可证的化工企业，除应当符合本条例第二十八条的规定外，还应当具备下列条件：

(一) 有与所使用的危险化学品相适应的专业技术人员；

(二) 有安全管理机构和专职安全管理人员；

(三) 有符合国家规定的危险化学品事故应急预案和必要的应急救援器材、设备；

(四) 依法进行了安全评价。

第三十一条 申请危险化学品安全使用许可证的化工企业，应当向所在地设区的市级人民政府安全生产监督管理部门提出申请，并提交其符合本条例第三十条规定条件的证明材料。设区的市级人民政府安全生产监督管理部门应当依法进行审查，自收到证明材料之日起45日内作出批准或者不予批准的决定。予以批准的，颁发危险化学品安全使用许可证；不予批准的，书面通知申请人并说明理由。

安全生产监督管理部门应当将其颁发危险化学品安全使用许可证的情况及时向同级环境保护主管部门和公安机关通报。

第三十二条 本条例第十六条关于生产实施重点环境管理的危险化学品的企业的规定，适用于使用实施重点环境管理的危险化学品从事生产的企业；第二十条、第二十一条、第二十三条第一款、第二十七条关于生产、储存危险化学品的单位的规定，适用于使用危险化学品的单位；第二十二条关于生产、储存危险化学品的企业的规定，适用于使用危险化学品从事生产的企业。

第四章 经营安全

第三十三条 国家对危险化学品经营(包括仓储经营，下同)实行许可制度。未经许可，任何单位和个人不得经营危险

[5-14 拓展练习]：(单选题)蚊香点火温度高，稍不注意易起火，夏日的夜晚，点蚊香驱蚊者越来越多。蚊香阴燃时，火点最高温度可达700~800℃，火点周围(　　)厘米处可达130℃高温，足可将燃点低的蚊帐、衣服、纸张等引燃。

A. 1　　B. 1.5

C. 3　　D. 5

[5-15 课堂练习]：根据《常用化学危险品储存通则》(GB 15603)，危险化学品的储存有(　　)。

A. 隔离储存　B. 隔开储存

C. 分离储存　D. 分开储存

E. 分区储存

化学品。

依法设立的危险化学品生产企业在其厂区范围内销售本企业生产的危险化学品，不需要取得危险化学品经营许可。

依照《中华人民共和国港口法》的规定取得港口经营许可证的港口经营人，在港区内从事危险化学品仓储经营，不需要取得危险化学品经营许可。

第三十四条 从事危险化学品经营的企业应当具备下列条件：

（一）有符合国家标准、行业标准的经营场所，储存危险化学品的，还应当有符合国家标准、行业标准的储存设施；

（二）从业人员经过专业技术培训并经考核合格；

（三）有健全的安全管理规章制度；

（四）有专职安全管理人员；

（五）有符合国家规定的危险化学品事故应急预案和必要的应急救援器材、设备；

（六）法律、法规规定的其他条件。

第三十五条 从事剧毒化学品、易制爆危险化学品经营的企业，应当向所在地设区的市级人民政府安全生产监督管理部门提出申请，从事其他危险化学品经营的企业，应当向所在地县级人民政府安全生产监督管理部门提出申请（有储存设施的，应当向所在地设区的市级人民政府安全生产监督管理部门提出申请）。申请人应当提交其符合本条例第三十四条规定条件的证明材料。设区的市级人民政府安全生产监督管理部门或者县级人民政府安全生产监督管理部门应当依法进行审查，并对申请人的经营场所、储存设施进行现场核查，自收到证明材料之日起30日内作出批准或者不予批准的决定。予以批准的，颁发危险化学品经营许可证；不予批准的，书面通知申请人并说明理由。

设区的市级人民政府安全生产监督管理部门和县级人民政府安全生产监督管理部门应当将其颁发危险化学品经营许可证的情况及时向同级环境保护主管部门和公安机关通报。

申请人持危险化学品经营许可证向工商行政管理部门办理登记手续后，方可从事危险化学品经营活动。法律、行政法规或者国务院规定经营危险化学品还需要经其他有关部门许可的，申请人向工商行政管理部门办理登记手续时还应当持相应的许可证件。

第三十六条 危险化学品经营企业储存危险化学品的，应当遵守本条例第二章关于储存危险化学品的规定。危险化

[5-16 拓展练习]：（多选题）春、秋季安全大检查常提出“五查六防”中，“五查”指的什么内容？

A. 查领导

B. 查思想

C. 查规章制度

D. 查安全隐患和设备缺陷

E. 查劳动纪律

F. 查备品配件和检修质量以及安全工器具

学品商店内只能存放民用小包装的危险化学品。

第三十七条 危险化学品经营企业不得向未经许可从事危险化学品生产、经营活动的企业采购危险化学品，不得经营没有化学品安全技术说明书或者化学品安全标签的危险化学品。

第三十八条 依法取得危险化学品安全生产许可证、危险化学品安全使用许可证、危险化学品经营许可证的企业，凭相应的许可证件购买剧毒化学品、易制爆危险化学品。民用爆炸物品生产企业凭民用爆炸物品生产许可证购买易制爆危险化学品。

前款规定以外的单位购买剧毒化学品的，应当向所在地县级人民政府公安机关申请取得剧毒化学品购买许可证；购买易制爆危险化学品的，应当持本单位出具的合法用途说明。

个人不得购买剧毒化学品(属于剧毒化学品的农药除外)和易制爆危险化学品。

第三十九条 申请取得剧毒化学品购买许可证，申请人应当向所在地县级人民政府公安机关提交下列材料：

（一）营业执照或者法人证书(登记证书)的复印件；

（二）拟购买的剧毒化学品品种、数量的说明；

（三）购买剧毒化学品用途的说明；

（四）经办人的身份证明。

县级人民政府公安机关应当自收到前款规定的材料之日起3日内，作出批准或者不予批准的决定。予以批准的，颁发剧毒化学品购买许可证；不予批准的，书面通知申请人并说明理由。

剧毒化学品购买许可证管理办法由国务院公安部门制定。

第四十条 危险化学品生产企业、经营企业销售剧毒化学品、易制爆危险化学品，应当查验本条例第三十八条第一款、第二款规定的相关许可证件或者证明文件，不得向不具有相关许可证件或者证明文件的单位销售剧毒化学品、易制爆危险化学品。对持剧毒化学品购买许可证购买剧毒化学品的，应当按照许可证载明的品种、数量销售。

禁止向个人销售剧毒化学品(属于剧毒化学品的农药除外)和易制爆危险化学品。

第四十一条 危险化学品生产企业、经营企业销售剧毒化学品、易制爆危险化学品，应当如实记录购买单位的名称、地址、经办人的姓名、身份证号码以及所购买的剧毒化学品、易制爆危险化学品的品种、数量、用途。销售记录以及经办

[5-17 问题讨论]：申请取得剧毒化学品购买许可证，申请人应当向所在地县级人民政府公安机关提交哪些材料？

[5-18 头脑风暴]：从标志的内容上看，安全标志有哪些种类？

人的身份证明复印件、相关许可证件复印件或者证明文件的保存期限不得少于1年。

剧毒化学品、易制爆危险化学品的销售企业、购买单位应当在销售、购买后5日内，将所销售、购买的剧毒化学品、易制爆危险化学品的品种、数量以及流向信息报所在地县级人民政府公安机关备案，并输入计算机系统。

第四十二条 使用剧毒化学品、易制爆危险化学品的单位不得出借、转让其购买的剧毒化学品、易制爆危险化学品；因转产、停产、搬迁、关闭等确需转让的，应当向具有本条例第三十八条第一款、第二款规定的相关许可证件或者证明文件的单位转让，并在转让后将有关情况及时向所在地县级人民政府公安机关报告。

第五章 运输安全

第四十三条 从事危险化学品道路运输、水路运输的，应当分别依照有关道路运输、水路运输的法律、行政法规的规定，取得危险货物道路运输许可、危险货物水路运输许可，并向工商行政管理部门办理登记手续。

危险化学品道路运输企业、水路运输企业应当配备专职安全管理人员。

第四十四条 危险化学品道路运输企业、水路运输企业的驾驶人员、船员、装卸管理人员、押运人员、申报人员、集装箱装箱现场检查员应当经交通运输主管部门考核合格，取得从业资格。具体办法由国务院交通运输主管部门制定。

危险化学品的装卸作业应当遵守安全作业标准、规程和制度，并在装卸管理人员的现场指挥或者监控下进行。水路运输危险化学品的集装箱装箱作业应当在集装箱装箱现场检查员的指挥或者监控下进行，并符合积载、隔离的规范和要求；装箱作业完毕后，集装箱装箱现场检查员应当签署装箱证明书。

第四十五条 运输危险化学品，应当根据危险化学品的危险特性采取相应的安全防护措施，并配备必要的防护用品和应急救援器材。

用于运输危险化学品的槽罐以及其他容器应当封口严密，能够防止危险化学品在运输过程中因温度、湿度或者压力的变化发生渗漏、洒漏；槽罐以及其他容器的溢流和泄压装置应当设置准确、起闭灵活。

运输危险化学品的驾驶人员、船员、装卸管理人员、押

[5-19 课堂练习]：依据《危险化学品安全管理条例》运输液氯的槽罐车运输单位需要(　　)。

A. 经过资质认定
B. 对驾驶员进行相关安全知识培训
C. 配备必要的应急处理器材和防护用品
D. 办理夜间行车手续
E. 配备押运人员

[5-20 拓展练习]：(单选题)(　　)应当为劳动者创造符合国家职业卫生标准和卫生要求的工作环境和条件，并采取措施保障劳动者获得职业卫生保护。

A. 各级工会组织
B. 用人单位
C. 企业、科研单位、政府机关

运人员、申报人员、集装箱装箱现场检查员，应当了解所运输的危险化学品的危险特性及其包装物、容器的使用要求和出现危险情况时的应急处置方法。

第四十六条 通过道路运输危险化学品的，托运人应当委托依法取得危险货物道路运输许可的企业承运。

第四十七条 通过道路运输危险化学品的，应当按照运输车辆的核定载质量装载危险化学品，不得超载。

危险化学品运输车辆应当符合国家标准要求的安全技术条件，并按照国家有关规定定期进行安全技术检验。

危险化学品运输车辆应当悬挂或者喷涂符合国家标准要求的警示标志。

第四十八条 通过道路运输危险化学品的，应当配备押运人员，并保证所运输的危险化学品处于押运人员的监控之下。

运输危险化学品途中因住宿或者发生影响正常运输的情况，需要较长时间停车的，驾驶人员、押运人员应当采取相应的安全防范措施；运输剧毒化学品或者易制爆危险化学品的，还应当向当地公安机关报告。

第四十九条 未经公安机关批准，运输危险化学品的车辆不得进入危险化学品运输车辆限制通行的区域。危险化学品运输车辆限制通行的区域由县级人民政府公安机关划定，并设置明显的标志。

第五十条 通过道路运输剧毒化学品的，托运人应当向运输始发地或者目的地县级人民政府公安机关申请剧毒化学品道路运输通行证。

申请剧毒化学品道路运输通行证，托运人应当向县级人民政府公安机关提交下列材料：

（一）拟运输的剧毒化学品品种、数量的说明；

（二）运输始发地、目的地、运输时间和运输路线的说明；

（三）承运人取得危险货物道路运输许可、运输车辆取得营运证以及驾驶人员、押运人员取得上岗资格的证明文件；

（四）本条例第三十八条第一款、第二款规定的购买剧毒化学品的相关许可证件，或者海关出具的进出口证明文件。

县级人民政府公安机关应当自收到前款规定的材料之日起7日内，作出批准或者不予批准的决定。予以批准的，颁发剧毒化学品道路运输通行证；不予批准的，书面通知申请人并说明理由。

[5-21 问题讨论]：剧毒化学品、易制爆危险化学品在道路运输途中丢失、被盗、被抢或者出现流散、泄漏等情况的，应该如何处理？

剧毒化学品道路运输通行证管理办法由国务院公安部门制定。

第五十一条 剧毒化学品、易制爆危险化学品在道路运输途中丢失、被盗、被抢或者出现流散、泄漏等情况的，驾驶人员、押运人员应当立即采取相应的警示措施和安全措施，并向当地公安机关报告。公安机关接到报告后，应当根据实际情况立即向安全生产监督管理部门、环境保护主管部门、卫生主管部门通报。有关部门应当采取必要的应急处置措施。

第五十二条 通过水路运输危险化学品的，应当遵守法律、行政法规以及国务院交通运输主管部门关于危险货物水路运输安全的规定。

第五十三条 海事管理机构应当根据危险化学品的种类和危险特性，确定船舶运输危险化学品的相关安全运输条件。

拟交付船舶运输的化学品的相关安全运输条件不明确的，货物所有人或者代理人应当委托相关技术机构进行评估，明确相关安全运输条件并经海事管理机构确认后，方可交付船舶运输。

[**5-22 问题讨论**]：通过内河运输危险化学品，对运输企业的资格要求是什么？

第五十四条 禁止通过内河封闭水域运输剧毒化学品以及国家规定禁止通过内河运输的其他危险化学品。

前款规定以外的内河水域，禁止运输国家规定禁止通过内河运输的剧毒化学品以及其他危险化学品。

禁止通过内河运输的剧毒化学品以及其他危险化学品的范围，由国务院交通运输主管部门会同国务院环境保护主管部门、工业和信息化主管部门、安全生产监督管理部门，根据危险化学品的危险特性、危险化学品对人体和水环境的危害程度以及消除危害后果的难易程度等因素规定并公布。

[**5-23 头脑风暴**]：安全生产隐患是如何定义的？

第五十五条 国务院交通运输主管部门应当根据危险化学品的危险特性，对通过内河运输本条例第五十四条规定以外的危险化学品(以下简称通过内河运输危险化学品)实行分类管理，对各类危险化学品的运输方式、包装规范和安全防护措施等分别作出规定并监督实施。

第五十六条 通过内河运输危险化学品，应当由依法取得危险货物水路运输许可的水路运输企业承运，其他单位和个人不得承运。托运人应当委托依法取得危险货物水路运输许可的水路运输企业承运，不得委托其他单位和个人承运。

第五十七条 通过内河运输危险化学品，应当使用依法取得危险货物适装证书的运输船舶。水路运输企业应当针对所运输的危险化学品的危险特性，制定运输船舶危险化学品事故应急救援预案，并为运输船舶配备充足、有效的应急救援器材和设备。

通过内河运输危险化学品的船舶，其所有人或者经营人应当取得船舶污染损害责任保险证书或者财务担保证明。船舶污染损害责任保险证书或者财务担保证明的副本应当随船携带。

第五十八条 通过内河运输危险化学品，危险化学品包装物的材质、型式、强度以及包装方法应当符合水路运输危险化学品包装规范的要求。国务院交通运输主管部门对单船运输的危险化学品数量有限制性规定的，承运人应当按照规定安排运输数量。

第五十九条 用于危险化学品运输作业的内河码头、泊位应当符合国家有关安全规范，与饮用水取水口保持国家规定的距离。有关管理单位应当制定码头、泊位危险化学品事故应急预案，并为码头、泊位配备充足、有效的应急救援器材和设备。

用于危险化学品运输作业的内河码头、泊位，经交通运输主管部门按照国家有关规定验收合格后方可投入使用。

第六十条 船舶载运危险化学品进出内河港口，应当将危险化学品的名称、危险特性、包装以及进出港时间等事项，事先报告海事管理机构。海事管理机构接到报告后，应当在国务院交通运输主管部门规定的时间内作出是否同意的决定，通知报告人，同时通报港口行政管理部门。定船舶、定航线、定货种的船舶可以定期报告。

在内河港口内进行危险化学品的装卸、过驳作业，应当将危险化学品的名称、危险特性、包装和作业的时间、地点等事项报告港口行政管理部门。港口行政管理部门接到报告后，应当在国务院交通运输主管部门规定的时间内作出是否同意的决定，通知报告人，同时通报海事管理机构。

载运危险化学品的船舶在内河航行，通过过船建筑物的，应当提前向交通运输主管部门申报，并接受交通运输主管部门的管理。

第六十一条 载运危险化学品的船舶在内河航行、装卸或者停泊，应当悬挂专用的警示标志，按照规定显示专用信号。

载运危险化学品的船舶在内河航行，按照国务院交通运输主管部门的规定需要引航的，应当申请引航。

第六十二条 载运危险化学品的船舶在内河航行，应当

[5-24 案例]：某危险化学品生产企业，已经取得危险化学品安全生产许可证、危险化学品生产许可证。该企业原料、产品是通过其所办的一家机电产品经营公司购买和销售的，这家经营公司从一家合法的危险化学品经营公司买进原料。

该企业有一原材料危险化学品库房，因所储存的危险化学品的量已经超过临界量，构成重大危险源。为此，该企业选调了一个工作认真、踏实、责任心很强的员工管理该库。该员工确实没有辜负企业的期望，一个人负责原材料出入库房，没有出现任何差错。该库房危险化学品的数量、储存地点以及管理人员的情况，已经报当地安全生产监督管理部门备案。

为提高经济效益，该企业扩建一条危险化学品产品生产线，原料、产品均是危险化学品。前期工作准备好后，向县级安全生产监督管理部门提出申请，提交了下列文件：(1) 可行性研究报告；(2) 原料、中间产品、最终产品或者储存的危险化学品的燃点、自燃点、闪点、

遵守法律、行政法规和国家其他有关饮用水水源保护的规定。内河航道发展规划应当与依法经批准的饮用水水源保护区划定方案相协调。

第六十三条 托运危险化学品的，托运人应当向承运人说明所托运的危险化学品的种类、数量、危险特性以及发生危险情况的应急处置措施，并按照国家有关规定对所托运的危险化学品妥善包装，在外包装上设置相应的标志。

运输危险化学品需要添加抑制剂或者稳定剂的，托运人应当添加，并将有关情况告知承运人。

第六十四条 托运人不得在托运的普通货物中夹带危险化学品，不得将危险化学品匿报或者谎报为普通货物托运。

任何单位和个人不得交寄危险化学品或者在邮件、快件内夹带危险化学品，不得将危险化学品匿报或者谎报为普通物品交寄。邮政企业、快递企业不得收寄危险化学品。

对涉嫌违反本条第一款、第二款规定的，交通运输主管部门、邮政管理部门可以依法开拆查验。

第六十五条 通过铁路、航空运输危险化学品的安全管理，依照有关铁路、航空运输的法律、行政法规、规章的规定执行。

第六章 危险化学品登记与事故应急救援

第六十六条 国家实行危险化学品登记制度，为危险化学品安全管理以及危险化学品事故预防和应急救援提供技术、信息支持。

第六十七条 危险化学品生产企业、进口企业，应当向国务院安全生产监督管理部门负责危险化学品登记的机构(以下简称危险化学品登记机构)办理危险化学品登记。

危险化学品登记包括下列内容：

(一) 分类和标签信息；

(二) 物理、化学性质；

(三) 主要用途；

(四) 危险特性；

(五) 储存、使用、运输的安全要求；

(六) 出现危险情况的应急处置措施。

对同一企业生产、进口的同一品种的危险化学品，不进行重复登记。危险化学品生产企业、进口企业发现其生产、进口的危险化学品有新的危险特性的，应当及时向危险化学品登记机构办理登记内容变更手续。

爆炸极限、毒性等理化性能指标；(3)包装、储存、运输的技术要求；(4)安全评价报告；(5)事故应急救援措施。县安全生产监督管理部门及时组织有关专家进行审查，经审查符合条件，县级安全生产监督管理部门很快就颁发了批准书，项目顺利实施。半年后生产线建成，按程序经过相关部门“三同时”验收后投产。为满足用户需要，产品采用简易包装袋，附印上质量指标。用户需要少量的产品时，该企业用小货车送货上门。产品供不应求，取得了很好的经济效益。

分析不合格的因素有哪些。

[5-25 问题讨论]：危险化学品登记需要登记哪些内容？

[5-26 头脑风暴]：(多选题)全面安全管理的“四全”是什么？

A. 全时段　　B. 全员

C. 全面　　D. 全过程

E. 全天候

危险化学品登记的具体办法由国务院安全生产监督管理部门制定。

第六十八条 危险化学品登记机构应当定期向工业和信息化、环境保护、公安、卫生、交通运输、铁路、质量监督检验检疫等部门提供危险化学品登记的有关信息和资料。

第六十九条 县级以上地方人民政府安全生产监督管理部门应当会同工业和信息化、环境保护、公安、卫生、交通运输、铁路、质量监督检验检疫等部门，根据本地区实际情况，制定危险化学品事故应急预案，报本级人民政府批准。

第七十条 危险化学品单位应当制定本单位危险化学品事故应急预案，配备应急救援人员和必要的应急救援器材、设备，并定期组织应急救援演练。

危险化学品单位应当将其危险化学品事故应急预案报所在地设区的市级人民政府安全生产监督管理部门备案。

第七十一条 发生危险化学品事故，事故单位主要负责人应当立即按照本单位危险化学品应急预案组织救援，并向当地安全生产监督管理部门和环境保护、公安、卫生主管部门报告；道路运输、水路运输过程中发生危险化学品事故的，驾驶人员、船员或者押运人员还应当向事故发生地交通运输主管部门报告。

第七十二条 发生危险化学品事故，有关地方人民政府应当立即组织安全生产监督管理、环境保护、公安、卫生、交通运输等有关部门，按照本地区危险化学品事故应急预案组织实施救援，不得拖延、推诿。

有关地方人民政府及其有关部门应当按照下列规定，采取必要的应急处置措施，减少事故损失，防止事故蔓延、扩大。

（一）立即组织营救和救治受害人员，疏散、撤离或者采取其他措施保护危害区域内的其他人员；

（二）迅速控制危害源，测定危险化学品的性质、事故的危害区域及危害程度；

（三）针对事故对人体、动植物、土壤、水源、大气造成的现实危害和可能产生的危害，迅速采取封闭、隔离、洗消等措施；

（四）对危险化学品事故造成的环境污染和生态破坏状况进行监测、评估，并采取相应的环境污染治理和生态修复措施。

第七十三条 有关危险化学品单位应当为危险化学品事

[5-27 头脑风暴]：（多选题）现代安全管理方法中，安全生产“五要素”指什么？

A. 安全文化　B. 安全法制
C. 安全思想　D. 安全责任
E. 安全科技　F. 安全投入

故应急救援提供技术指导和必要的协助。

第七十四条 危险化学品事故造成环境污染的，由设区的市级以上人民政府环境保护主管部门统一发布有关信息。

第七章 法律责任

第七十五条 生产、经营、使用国家禁止生产、经营、使用的危险化学品的，由安全生产监督管理部门责令停止生产、经营、使用活动，处20万元以上50万元以下的罚款，有违法所得的，没收违法所得；构成犯罪的，依法追究刑事责任。

有前款规定行为的，安全生产监督管理部门还应当责令其对所生产、经营、使用的危险化学品进行无害化处理。

违反国家关于危险化学品使用的限制性规定使用危险化学品的，依照本条第一款的规定处理。

第七十六条 未经安全条件审查，新建、改建、扩建生产、储存危险化学品的建设项目的，由安全生产监督管理部门责令停止建设，限期改正；逾期不改正的，处50万元以上100万元以下的罚款；构成犯罪的，依法追究刑事责任。

未经安全条件审查，新建、改建、扩建储存、装卸危险化学品的港口建设项目的，由港口行政管理部门依照前款规定予以处罚。

第七十七条 未依法取得危险化学品安全生产许可证从事危险化学品生产，或者未依法取得工业产品生产许可证从事危险化学品及其包装物、容器生产的，分别依照《安全生产许可证条例》、《中华人民共和国工业产品生产许可证管理条例》的规定处罚。

违反本条例规定，化工企业未取得危险化学品安全使用许可证，使用危险化学品从事生产的，由安全生产监督管理部门责令限期改正，处10万元以上20万元以下的罚款；逾期不改正的，责令停产整顿。

违反本条例规定，未取得危险化学品经营许可证从事危险化学品经营的，由安全生产监督管理部门责令停止经营活动，没收违法经营的危险化学品以及违法所得，并处10万元以上20万元以下的罚款；构成犯罪的，依法追究刑事责任。

第七十八条 有下列情形之一的，由安全生产监督管理部门责令改正，可以处5万元以下的罚款；拒不改正的，处5万元以上10万元以下的罚款；情节严重的，责令停产停业整顿：

[5-28 头脑风暴]：（多选题）哪些人员应当接受消防安全专门培训（　　）。

A. 单位的消防安全责任人、消防安全管理人

B. 专兼职消防管理人员

C. 消防控制室的值班、操作人员

D. 运输易燃易爆物品的人员

（一）生产、储存危险化学品的单位未对其铺设的危险化学品管道设置明显的标志，或者未对危险化学品管道定期检查、检测的；

（二）进行可能危及危险化学品管道安全的施工作业，施工单位未按照规定书面通知管道所属单位，或者未与管道所属单位共同制定应急预案、采取相应的安全防护措施，或者管道所属单位未指派专门人员到现场进行管道安全保护指导的；

（三）危险化学品生产企业未提供化学品安全技术说明书，或者未在包装(包括外包装件)上粘贴、拴挂化学品安全标签的；

（四）危险化学品生产企业提供的化学品安全技术说明书与其生产的危险化学品不相符，或者在包装(包括外包装件)粘贴、拴挂的化学品安全标签与包装内危险化学品不相符，或者化学品安全技术说明书、化学品安全标签所载明的内容不符合国家标准要求的；

（五）危险化学品生产企业发现其生产的危险化学品有新的危险特性不立即公告，或者不及时修订其化学品安全技术说明书和化学品安全标签的；

（六）危险化学品经营企业经营没有化学品安全技术说明书和化学品安全标签的危险化学品的；

（七）危险化学品包装物、容器的材质以及包装的型式、规格、方法和单件质量(重量)与所包装的危险化学品的性质和用途不相适应的；

（八）生产、储存危险化学品的单位未在作业场所和安全设施、设备上设置明显的安全警示标志，或者未在作业场所设置通信、报警装置的；

（九）危险化学品专用仓库未设专人负责管理，或者对储存的剧毒化学品以及储存数量构成重大危险源的其他危险化学品未实行双人收发、双人保管制度的；

（十）储存危险化学品的单位未建立危险化学品出入库核查、登记制度的；

（十一）危险化学品专用仓库未设置明显标志的；

（十二）危险化学品生产企业、进口企业不办理危险化学品登记，或者发现其生产、进口的危险化学品有新的危险特性不办理危险化学品登记内容变更手续的。

从事危险化学品仓储经营的港口经营人有前款规定情形的，由港口行政管理部门依照前款规定予以处罚。储存剧毒

[5-29 课堂练习]：(单选题)班组应根据生产性质、工种、作业环境等生产实际情况，按规定和需要配备足够的、(　　)的安全工器具和劳动防护用品，并按有关规定进行管理、使用、检查和维修，不合格的要及时报修或更换。

A. 合格　　　B. 精致

C. 适合

化学品、易制爆危险化学品的专用仓库未按照国家有关规定设置相应的技术防范设施的，由公安机关依照前款规定予以处罚。

生产、储存剧毒化学品、易制爆危险化学品的单位未设置治安保卫机构、配备专职治安保卫人员的，依照《企业事业单位内部治安保卫条例》的规定处罚。

第七十九条 危险化学品包装物、容器生产企业销售未经检验或者经检验不合格的危险化学品包装物、容器的，由质量监督检验检疫部门责令改正，处10万元以上20万元以下的罚款，有违法所得的，没收违法所得；拒不改正的，责令停产停业整顿；构成犯罪的，依法追究刑事责任。

将未经检验合格的运输危险化学品的船舶及其配载的容器投入使用的，由海事管理机构依照前款规定予以处罚。

第八十条 生产、储存、使用危险化学品的单位有下列情形之一的，由安全生产监督管理部门责令改正，处5万元以上10万元以下的罚款；拒不改正的，责令停产停业整顿直至由原发证机关吊销其相关许可证件，并由工商行政管理部门责令其办理经营范围变更登记或者吊销其营业执照；有关责任人员构成犯罪的，依法追究刑事责任：

（一）对重复使用的危险化学品包装物、容器，在重复使用前不进行检查的；

（二）未根据其生产、储存的危险化学品的种类和危险特性，在作业场所设置相关安全设施、设备，或者未按照国家标准、行业标准或者国家有关规定对安全设施、设备进行经常性维护、保养的；

（三）未依照本条例规定对其安全生产条件定期进行安全评价的；

（四）未将危险化学品储存在专用仓库内，或者未将剧毒化学品以及储存数量构成重大危险源的其他危险化学品在专用仓库内单独存放的；

（五）危险化学品的储存方式、方法或者储存数量不符合国家标准或者国家有关规定的；

（六）危险化学品专用仓库不符合国家标准、行业标准的要求的；

（七）未对危险化学品专用仓库的安全设施、设备定期进行检测、检验的。

从事危险化学品仓储经营的港口经营人有前款规定情形的，由港口行政管理部门依照前款规定予以处罚。

[5-30 课堂练习]：（单选题）国家对危险化学品经营销售实行（　　）制度。

A. 备案　　B. 登记

C. 审批　　D. 许可

第八十一条 有下列情形之一的，由公安机关责令改正，可以处1万元以下的罚款；拒不改正的，处1万元以上5万元以下的罚款：

（一）生产、储存、使用剧毒化学品、易制爆危险化学品的单位不如实记录生产、储存、使用的剧毒化学品、易制爆危险化学品的数量、流向的；

（二）生产、储存、使用剧毒化学品、易制爆危险化学品的单位发现剧毒化学品、易制爆危险化学品丢失或者被盗，不立即向公安机关报告的；

（三）储存剧毒化学品的单位未将剧毒化学品的储存数量、储存地点以及管理人员的情况报所在地县级人民政府公安机关备案的；

（四）危险化学品生产企业、经营企业不如实记录剧毒化学品、易制爆危险化学品购买单位的名称、地址、经办人的姓名、身份证号码以及所购买的剧毒化学品、易制爆危险化学品的品种、数量、用途，或者保存销售记录和相关材料的时间少于1年的；

（五）剧毒化学品、易制爆危险化学品的销售企业、购买单位未在规定的时限内将所销售、购买的剧毒化学品、易制爆危险化学品的品种、数量以及流向信息报所在地县级人民政府公安机关备案的；

（六）使用剧毒化学品、易制爆危险化学品的单位依照本条例规定转让其购买的剧毒化学品、易制爆危险化学品，未将有关情况向所在地县级人民政府公安机关报告的。

生产、储存危险化学品的企业或者使用危险化学品从事生产的企业未按照本条例规定将安全评价报告以及整改方案的落实情况报安全生产监督管理部门或者港口行政管理部门备案，或者储存危险化学品的单位未将其剧毒化学品以及储存数量构成重大危险源的其他危险化学品的储存数量、储存地点以及管理人员的情况报安全生产监督管理部门或者港口行政管理部门备案的，分别由安全生产监督管理部门或者港口行政管理部门依照前款规定予以处罚。

生产实施重点环境管理的危险化学品的企业或者使用实施重点环境管理的危险化学品从事生产的企业未按照规定将相关信息向环境保护主管部门报告的，由环境保护主管部门依照本条第一款的规定予以处罚。

第八十二条 生产、储存、使用危险化学品的单位转产、停产、停业或者解散，未采取有效措施及时、妥善处置其危险化学品生产装置、储存设施以及库存的危险化学品，或者丢弃危险化学品的，由安全生产监督管理部门责令改正，处5万元以上10万元以下的罚款；构成犯罪的，依法追究刑事责任。

生产、储存、使用危险化学品的单位转产、停产、停业或者解散，未依照本条例规定将其危险化学品生产装置、储存设施以及库存危险化学品的处置方案报有关部门备案的，分别由有关部门责令改正，可以处1万元以下的罚款；拒不改正的，处1万元以上5万元以下的罚款。

第八十三条 危险化学品经营企业向未经许可违法从事危险化学品生产、经营活动的企业采购危险化学品的，由工商行政管理部门责令改正，处10万元以上20万元以下的罚款；拒不改正的，责令停业整顿直至由原发证机关吊销其危险化学品经营许可证，并由工商行政管理部门责令其办理经营范围变更登记或者吊销其营业执照。

第八十四条 危险化学品生产企业、经营企业有下列情形之一的，由安全生产监督管理部门责令改正，没收违法所得，并处10万元以上20万元以下的罚款；拒不改正的，责令停产停业整顿直至吊销其危险化学品安全生产许可证、危险化学品经营许可证，并由工商行政管理部门责令其办理经营范围变更登记或者吊销其营业执照：

（一）向不具有本条例第三十八条第一款、第二款规定的相关许可证件或者证明文件的单位销售剧毒化学品、易制爆危险化学品的；

（二）不按照剧毒化学品购买许可证载明的品种、数量销售剧毒化学品的；

（三）向个人销售剧毒化学品（属于剧毒化学品的农药除外）、易制爆危险化学品的。

不具有本条例第三十八条第一款、第二款规定的相关许可证件或者证明文件的单位购买剧毒化学品、易制爆危险化学品，或者个人购买剧毒化学品（属于剧毒化学品的农药除外）、易制爆危险化学品的，由公安机关没收所购买的剧毒化学品、易制爆危险化学品，可以并处5000元以下的罚款。

使用剧毒化学品、易制爆危险化学品的单位出借或者向不具有本条例第三十八条第一款、第二款规定的相关许可证件的单位转让其购买的剧毒化学品、易制爆危险化学品，或者向个人转让其购买的剧毒化学品（属于剧毒化学品的农药除外）、易制爆危险化学品的，由公安机关责令改正，处10万

[5-31课堂练习]：（单选题）重复使用的危险化学品包装物、容器，使用前的检查记录应当至少保存（　　）年。

A. 1　　B. 2
C. 3　　D. 4

元以上 20 万元以下的罚款；拒不改正的，责令停产停业整顿。

第八十五条 未依法取得危险货物道路运输许可、危险货物水路运输许可，从事危险化学品道路运输、水路运输的，分别依照有关道路运输、水路运输的法律、行政法规的规定处罚。

第八十六条 有下列情形之一的，由交通运输主管部门责令改正，处 5 万元以上 10 万元以下的罚款；拒不改正的，责令停产停业整顿；构成犯罪的，依法追究刑事责任：

（一）危险化学品道路运输企业、水路运输企业的驾驶人员、船员、装卸管理人员、押运人员、申报人员、集装箱装箱现场检查员未取得从业资格上岗作业的；

（二）运输危险化学品，未根据危险化学品的危险特性采取相应的安全防护措施，或者未配备必要的防护用品和应急救援器材的；

（三）使用未依法取得危险货物适装证书的船舶，通过内河运输危险化学品的；

（四）通过内河运输危险化学品的承运人违反国务院交通运输主管部门对单船运输的危险化学品数量的限制性规定运输危险化学品的；

（五）用于危险化学品运输作业的内河码头、泊位不符合国家有关安全规范，或者未与饮用水取水口保持国家规定的安全距离，或者未经交通运输主管部门验收合格投入使用的；

（六）托运人不向承运人说明所托运的危险化学品的种类、数量、危险特性以及发生危险情况的应急处置措施，或者未按照国家有关规定对所托运的危险化学品妥善包装并在外包装上设置相应标志的；

（七）运输危险化学品需要添加抑制剂或者稳定剂，托运人未添加或者未将有关情况告知承运人的。

第八十七条 有下列情形之一的，由交通运输主管部门责令改正，处 10 万元以上 20 万元以下的罚款，有违法所得的，没收违法所得；拒不改正的，责令停产停业整顿；构成犯罪的，依法追究刑事责任：

（一）委托未依法取得危险货物道路运输许可、危险货物水路运输许可的企业承运危险化学品的；

（二）通过内河封闭水域运输剧毒化学品以及国家规定禁止通过内河运输的其他危险化学品的；

（三）通过内河运输国家规定禁止通过内河运输的剧毒化

[5-32 课堂练习]：（单选题）生产经营单位的安全生产管理机构是专门负责（　　）的内设机构，其工作人员是安全生产管理（　　）人员。

A. 安全生产管理　专职或兼职

B. 安全生产管理　专业

C. 安全生产教育培训　专职

D. 安全生产监督管理　专职

学品以及其他危险化学品的；

（四）在托运的普通货物中夹带危险化学品，或者将危险化学品谎报或者匿报为普通货物托运的。

在邮件、快件内夹带危险化学品，或者将危险化学品谎报为普通物品交寄的，依法给予治安管理处罚；构成犯罪的，依法追究刑事责任。

邮政企业、快递企业收寄危险化学品的，依照《中华人民共和国邮政法》的规定处罚。

第八十八条 有下列情形之一的，由公安机关责令改正，处5万元以上10万元以下的罚款；构成违反治安管理行为的，依法给予治安管理处罚；构成犯罪的，依法追究刑事责任：

（一）超过运输车辆的核定载质量装载危险化学品的；

（二）使用安全技术条件不符合国家标准要求的车辆运输危险化学品的；

（三）运输危险化学品的车辆未经公安机关批准进入危险化学品运输车辆限制通行的区域的；

（四）未取得剧毒化学品道路运输通行证，通过道路运输剧毒化学品的。

第八十九条 有下列情形之一的，由公安机关责令改正，处1万元以上5万元以下的罚款；构成违反治安管理行为的，依法给予治安管理处罚：

（一）危险化学品运输车辆未悬挂或者喷涂警示标志，或者悬挂或者喷涂的警示标志不符合国家标准要求的；

（二）通过道路运输危险化学品，不配备押运人员的；

（三）运输剧毒化学品或者易制爆危险化学品途中需要较长时间停车，驾驶人员、押运人员不向当地公安机关报告的；

（四）剧毒化学品、易制爆危险化学品在道路运输途中丢失、被盗、被抢或者发生流散、泄露等情况，驾驶人员、押运人员不采取必要的警示措施和安全措施，或者不向当地公安机关报告的。

第九十条 对发生交通事故负有全部责任或者主要责任的危险化学品道路运输企业，由公安机关责令消除安全隐患，未消除安全隐患的危险化学品运输车辆，禁止上道路行驶。

第九十一条 有下列情形之一的，由交通运输主管部门责令改正，可以处1万元以下的罚款；拒不改正的，处1万元以上5万元以下的罚款：

（一）危险化学品道路运输企业、水路运输企业未配备专职安全管理人员的；

[5-33 课堂练习]：（判断题）危险物品的生产、经营、储存单位应当设置安全生产管理机构或者配备兼职安全生产管理人员。（　　）

（二）用于危险化学品运输作业的内河码头、泊位的管理单位未制定码头、泊位危险化学品事故应急救援预案，或者未为码头、泊位配备充足、有效的应急救援器材和设备的。

第九十二条 有下列情形之一的，依照《中华人民共和国内河交通安全管理条例》的规定处罚：

（一）通过内河运输危险化学品的水路运输企业未制定运输船舶危险化学品事故应急救援预案，或者未为运输船舶配备充足、有效的应急救援器材和设备的；

（二）通过内河运输危险化学品的船舶的所有人或者经营人未取得船舶污染损害责任保险证书或者财务担保证明的；

（三）船舶载运危险化学品进出内河港口，未将有关事项事先报告海事管理机构并经其同意的；

（四）载运危险化学品的船舶在内河航行、装卸或者停泊，未悬挂专用的警示标志，或者未按照规定显示专用信号，或者未按照规定申请引航的。

未向港口行政管理部门报告并经其同意，在港口内进行危险化学品的装卸、过驳作业的，依照《中华人民共和国港口法》的规定处罚。

第九十三条 伪造、变造或者出租、出借、转让危险化学品安全生产许可证、工业产品生产许可证，或者使用伪造、变造的危险化学品安全生产许可证、工业产品生产许可证的，分别依照《安全生产许可证条例》《中华人民共和国工业产品生产许可证管理条例》的规定处罚。

伪造、变造或者出租、出借、转让本条例规定的其他许可证，或者使用伪造、变造的本条例规定的其他许可证的，分别由相关许可证的颁发管理机关处 10 万元以上 20 万元以下的罚款，有违法所得的，没收违法所得；构成违反治安管理行为的，依法给予治安管理处罚；构成犯罪的，依法追究刑事责任。

第九十四条 危险化学品单位发生危险化学品事故，其主要负责人不立即组织救援或者不立即向有关部门报告的，依照《生产安全事故报告和调查处理条例》的规定处罚。

危险化学品单位发生危险化学品事故，造成他人人身伤害或者财产损失的，依法承担赔偿责任。

第九十五条 发生危险化学品事故，有关地方人民政府及其有关部门不立即组织实施救援，或者不采取必要的应急处置措施减少事故损失，防止事故蔓延、扩大的，对直接负责的主管人员和其他直接责任人员依法给予处分；构成犯罪

[5－34 拓展练习]：（单选题）氯气泄漏时，抢修人员必须穿戴防毒面具和防护服，进入现场首先要(　　)。

A. 加强通风　B. 切断气源

C. 切断电源　D. 防止明火

的，依法追究刑事责任。

第九十六条 负有危险化学品安全监督管理职责的部门的工作人员，在危险化学品安全监督管理工作中滥用职权、玩忽职守、徇私舞弊，构成犯罪的，依法追究刑事责任；尚不构成犯罪的，依法给予处分。

第八章 附则

第九十七条 监控化学品、属于危险化学品的药品和农药的安全管理，依照本条例的规定执行；法律、行政法规另有规定的，依照其规定。

[**5-35 问题讨论**]：哪些行业不适用《危险化学品安全管理条例》？

民用爆炸物品、烟花爆竹、放射性物品、核能物质以及用于国防科研生产的危险化学品的安全管理，不适用本条例。

法律、行政法规对燃气的安全管理另有规定的，依照其规定。

危险化学品容器属于特种设备的，其安全管理依照有关特种设备安全的法律、行政法规的规定执行。

第九十八条 危险化学品的进出口管理，依照有关对外贸易的法律、行政法规、规章的规定执行；进口的危险化学品的储存、使用、经营、运输的安全管理，依照本条例的规定执行。

危险化学品环境管理登记和新化学物质环境管理登记，依照有关环境保护的法律、行政法规、规章的规定执行。危险化学品环境管理登记，按照国家有关规定收取费用。

[**5-36 课堂练习**]：公众发现、捡拾的无主危险化学品，由(　　)接收。

第九十九条 公众发现、捡拾的无主危险化学品，由公安机关接收。公安机关接收或者有关部门依法没收的危险化学品，需要进行无害化处理的，交由环境保护主管部门组织其认定的专业单位进行处理，或者交由有关危险化学品生产企业进行处理。处理所需费用由国家财政负担。

第一百条 化学品的危险特性尚未确定的，由国务院安全生产监督管理部门、国务院环境保护主管部门、国务院卫生主管部门分别负责组织对该化学品的物理危险性、环境危害性、毒理特性进行鉴定。根据鉴定结果，需要调整危险化学品目录的，依照本条例第三条第二款的规定办理。

第一百零一条 本条例施行前已经使用危险化学品从事生产的化工企业，依照本条例规定需要取得危险化学品安全使用许可证的，应当在国务院安全生产监督管理部门规定的期限内，申请取得危险化学品安全使用许可证。

第一百零二条 本条例自 2011 年 12 月 1 日起施行。

习题与练习

一、填空题

1. 为了加强危险化学品的安全管理，________________________，保障人民群众生命财产安全，保护环境，制定危险化学品安全管理条例。

2. 生产、储存、使用、经营、运输危险化学品的单位(以下统称危险化学品单位)的_______________对本单位的危险化学品安全管理工作全面负责。

3. ______________________________以及国务院其他有关部门依据各自职责，负责危险化学品生产、储存的行业规划和布局。

4. 进行可能危及危险化学品管道安全的施工作业，施工单位应当在开工的________书面通知管道所属单位，并与管道所属单位共同制定应急预案，采取相应的安全防护措施。管道所属单位应当指派专门人员到现场进行管道安全保护指导。

5. 生产、储存危险化学品的单位，应当在其作业场所和安全设施、设备上设置明显的_______________志。

6. 生产、储存危险化学品的企业，应当委托具备国家规定的资质条件的机构，对本企业的安全生产条件________进行一次安全评价，提出安全评价报告。安全评价报告的内容应当包括___________________________。

7. 发现剧毒化学品、易制爆危险化学品丢失或者被盗的，应当立即向当地__________。

8. 禁止向________销售剧毒化学品(属于剧毒化学品的农药除外)和易制爆危险化学品。

9. 危险化学品道路运输企业、水路运输企业应当配备_________________________。

10. 危险化学品运输车辆应当悬挂或者喷涂符合国家标准要求的_______________。

11. ________通过内河封闭水域运输剧毒化学品以及国家规定禁止通过内河运输的其他危险化学品。

12. _______________________安全生产监督管理部门应当会同工业和信息化、环境保护、公安、卫生、交通运输、铁路、质量监督检验检疫等部门，根据本地区实际情况，制定危险化学品事故应急预案，报本级人民政府批准。

13. 民用爆炸物品、烟花爆竹、____________、核能物质以及用于国防科研生产的危险化学品的安全管理，不适用危险化学品安全管理条例。

14. 公众发现、捡拾的无主危险化学品，由________。

15. 危险化学品安全管理条例自________________________起施行。

二、选择题

1. 在国务院领导下，国务院安全生产委员会负责全面统筹协调安全生产工作，其中锅炉压力容器等四类特种设备的安全监督检查，由(　　)负责。

A. 工业和信息化部　　　　B. 国家市场监督管理总局

C. 机械工业部　　　　　　D. 国家应急管理部

2. 2011 年国务院修订公布的《危险化学品安全管理条例》规定，生产、储存危险化学品的企业，应当委托具备国家规定的资质条件的机构，对本企业的安全生产条件每(　　)年进行一次安全评价，提出安全评价报告。

A. 3　　B. 2　　C. 1　　D. 4

3. 2011 年国务院修订公布的《危险化学品安全管理条例》规定，禁止通过内河运输的剧毒化学品及其他危险化学品的范围，由国务院交通运输主管部门会同国务院环境保护主管部门、工业和信息化主管部门以及(　　)规定并公布。

A. 公安部门　　B. 工商行政主管部门

C. 安全生产监督管理部门　　D. 质量监督检验检疫主管部门

4. 依据《危险化学品安全管理条例》的规定，下列关于剧毒化学品运输管理的说法，正确的是(　　)。

A. 可以通过内河封闭水域运输剧毒化学品

B. 禁止通过内河运输剧毒化学品

C. 安全监管部门负责审批剧毒化学品道路运输通行证

D. 海事管理机构负责确定剧毒化学品船舶运输的安全运输条件

5. 2011 年国务院修订公布的《危险化学品安全管理条例》所称危险化学品是指具有毒害、腐蚀、爆炸、燃烧、助燃等性质，对(　　)具有危害的剧毒化学品和其他化学品。

A. 人体、环境、产品　　B. 设施、场所、产品

C. 人体、设施、环境　　D. 人体、设施、设备

6. 依据《危险化学品安全管理条例》的规定，下列关于危险化学品安全使用许可的说法，正确的是(　　)。

A. 危险化学品生产企业使用危险化学品不需要取得安全使用许可证

B. 化工企业危险化学品使用量达到规定的数量均需取得安全使用许可证

C. 危险化学品安全使用许可证应当向所在地省级安全监管部门申请办理

D. 安全监管部门自收到申请之日起 60 日内作出是否批准安全使用许可的决定

7. 生产经营单位对(　　)应当登记建档，定期检测、评估、监控，并制定应急预案，告知从业人员和相关人员应当采取的紧急措施。

A. 事故频发场所　　B. 重大事故隐患　　C. 重大危险源　　D. 一般危险源

三、简答题

1. 负有危险化学品安全监督管理职责的部门依法进行监督检查，可以采取哪些措施？

2. 危险化学品登记包括哪些内容？

3. 从事危险化学品的企业应当具备的条件有哪些？

扫码获取更多学习资料

模块六　中华人民共和国环境保护法

☞ **知识目标**

1. 熟悉《中华人民共和国环境保护法》的基本内容；
2. 熟悉环境保护的监督管理职责；
3. 熟悉改善和保护环境的方法措施；
4. 熟悉防止污染的方法、社会责任和义务。

☞ **能力目标**

培养环境保护的社会责任，并能身体力行。

6.1　《环境保护法》立法的目的和意义

6.1.1　《环境保护法》立法的宗旨

《环境保护法》立法宗旨遵循了“两个基本”，即：保护环境是国家的基本国策；保护优先、预防为主、综合治理、公众参与、损害担责是基本原则。

《环境保护法》立法宗旨强调了两个关系：污染防治与生态保护并重；经济发展与环境保护关系调整。《环境保护法》的修订为“使经济社会发展与环境保护工作相协调”，二者的关系仍为协调关系，但二者的顺序作出了重大调整，改变了环境保护在二者关系中的次要地位，体现了发展理念的重要变化。

6.1.2　《环境保护法》立法的目的

根据环境保护法第一条的规定，环境保护法的立法目的包括三个方面的任务，一是合理地利用环境与资源，防治环境污染和生态破坏；二是维护清洁适宜的生活环境，保障人民身体健康；三是协调环境保护与发展经济的关系，促进社会主义现代化建设的发展。

保护和改善生活环境与生态环境，防治污染和其他公害是环境保护法的直接目的；保障人民身体健康是环境保护法的根本任务，也是环境保护立法的出发点和归宿；促进经济增长是因为环境保护与经济发展有相互制约和相互依存的关系。这三项立法目的之间有着内在联系。首先，社会生产水平决定人们的物质生活水平，并进而决定人们对环境质量的需求；同时，随着经济的发展和社会物质的丰富，人们会在要求提高物质文化生活水平的同时，要求进一步建设清洁、安静、优美、舒适的环境。因此，把发展经济同环境保护、维护人民身体健康三者联系起来作为环境保护法的立法目的，是社会主义社会发展与经济建设的客观规律的反映。

6.1.3 《环境保护法》立法的意义

中华人民共和国环境保护法是为保护和改善环境，防治污染和其他公害，保障公众健康，推进生态文明建设，促进经济社会可持续发展制定的国家法律。

(一)《环境保护法》的意义

《环境保护法》关系到国家建设、民族复兴、人民健康和生命安全以及子孙后代幸福的大事，具有全局性、战略性的地位和意义：

(1) 环境保护法是落实科学发展观的重要举措；

(2) 环境保护法是全面建设小康社会的内在要求；

(3) 环境保护法是坚持执政为民、提高执政能力的实际行动；

(4) 环境保护法是构建社会主义和谐的有力保证；

(5) 加强环境保护顺应了世界发展趋势。

(二) 环境保护的基本内容

1. 保护自然环境

为了防止自然环境的恶化，对青山、绿水、蓝天、大海进行保护。这里就涉及不能私采滥伐、不能乱排乱放、不能过度放牧、不能过度开荒、不能过度开发自然资源、不能破坏自然界的生态平衡等。

2. 保护地球生物

包括物种的保全，植物植被的养护，动物的回归，维护生物多样性，转基因的合理、慎用，濒临灭绝生物的特殊保护，灭绝物种的恢复，栖息地的扩大，人类与生物的和谐共处，不欺负其他物种等。

3. 保护人类环境

使环境更适合人类工作和劳动的需要。这就涉及人们的衣、食、住、行、玩的方方面面，都要符合科学、卫生、健康、绿色的要求。这个层面属于微观的，既要靠公民的自觉行动，又要依靠政府的政策法规作保证，依靠社区的组织教育来引导，要工农兵学商各行各业齐抓共管，才能解决。

(三) 环境保护法规定的环境

根据《环境保护法》第二条，本法所称环境，是指影响人类生存和发展的各种天然的和经过人工改造的自然因素的总体，包括大气、水、海洋、土地、矿藏、森林、草原、湿地、野生生物、自然遗迹、人文遗迹、自然保护区、风景名胜区、城市和乡村等。

人生活在自然环境中，所以自然环境是人类生存的基本条件，是发展生产、繁荣经济的物质源泉。如果没有地球这个广阔的自然环境，人类是不可能生存和繁衍的。

6.1.4 《环境保护法》实施的重大意义

经过修订，《环境保护法》立法宗旨更进一步体现了环境保护理念的更新，即：生态文明和可持续发展理念。生态文明是人类为保护和建设美好生态环境所取得的成果，是人类文明的新阶段。党和国家将生态文明建设放在突出地位，提出了必须树立尊重自然、顺应自然、保护自然的生态文明理念。可持续发展是一种先进的经济社会发展理念，涉及人口、资源、环境、经济、社会诸多内容，环境是其中非常重要的一个方面，良好的环境是可持续发展的基础。

6.2 “绿水青山就是金山银山”的绿色环保发展理念

“绿水青山就是金山银山”理念是习近平生态文明思想的标志性观点和代表性论断，是习近平生态文明思想的重要组成部分，为实现生态环境高水平保护和经济高质量发展，提供了理论依据和实践路径，具有鲜明的时代意义。

6.2.1 “绿水青山就是金山银山”是协调推进“四个全面”战略布局的纲领

2017 年，“绿水青山就是金山银山”写入党的十九大报告和新修订的《中国共产党章程》，为实现发展和保护协同共进、全面建成小康社会、建设社会主义现代化国家提供了思想指引。2020 年，在统筹疫情防控和经济社会发展面临巨大挑战的特殊形势下，习近平总书记一以贯之高度重视生态环境保护，多次强调要牢固树立“绿水青山就是金山银山”理念，推动污染防治攻坚战取得决定性成就，生态环境质量持续改善，给人民群众带来的获得感、幸福感和安全感显著增强，厚植了全面建成小康社会的绿色底色和成色。党的十九届五中全会明确“四个全面”战略布局的第一全面，“全面建成小康社会”调整为“全面建设社会主义现代化国家”，并提出建设人与自然和谐共生的现代化，为协调推进新的“四个全面”战略布局赋能。必须始终坚持“绿水青山就是金山银山”理念，推动绿色发展，促进经济社会发展全面绿色转型，实现“生态文明建设实现新进步”的目标。

6.2.2 “绿水青山就是金山银山”是统筹高质量发展与高水平保护的根本路径

习近平总书记指出，绿水青山既是自然财富，又是经济财富；人不负青山，青山定不负人。“绿水青山就是金山银山”理念深刻揭示了生态环境保护与经济社会发展之间的辩证统一关系，体现了我们党对经济规律、社会规律和自然规律认识的升华。一方面，发展是解决我国一切问题的基础和关键，生态环境问题是在发展中产生，也必然在发展中解决，通过建立以产业生态化和生态产业化为主体的生态经济体系，可以实现生态环境的经济价值。另一方面，良好生态环境是经济社会可持续发展的基础，也是推进现代化建设的内在要求，通过构建生态文明体系，推动传统产业高端化、智能化、绿色化，加快补齐生态环保等领域短板，提供优质生态产品，可以促进经济高质量发展。必须坚持在发展中保护、在保护中发展，坚定不移走生态优先、绿色发展之路，实现人与自然和谐共生的现代化。

6.2.3 “绿水青山就是金山银山”是满足人民日益增长的优美生态环境需要的科学理念

良好的生态环境是全体人民共享的公共产品，最普惠的民生福祉。中国特色社会主义进入新时代，我国社会主要矛盾已经转化为人民日益增长的美好生活需要和不平衡不充分的发展之间的矛盾，人民对优美生态环境的需要已成为这一主要矛盾的重要方面。中央经济工作会议要求注重需求侧管理，持续改善生态环境质量是其中一个重要方面。进入“十四五”时期，随着生活水平的不断提升，人民群众对绿水青山、优质生态产品的需求更加迫切。“绿水青山就是金山银山”理念阐明了“绿水青山”和“金山银山”具有同等重要的地位，体现了中国共产党以人民为中心的发展思想。必须坚持生态惠民、生态利民、生态为民，提供更多优质生态产品，让人民群众在天蓝、地绿、水清的生态环境中生产生活。

6.2.4 “绿水青山就是金山银山”是共谋全球生态文明建设的中国智慧

2020 年，习近平主席先后出席第七十五届联合国大会一般性辩论和气候雄心峰会，作出关于碳达峰和碳中和愿景的重大宣示，进一步宣布中国国家自主贡献最新举措，为全球气候治理提振雄心并提供新思路，展现了中国重信守诺负责任的大国形象。“绿水青山就是金山银山”理念，凝结着对发展人类文明、建设清洁美丽世界的深刻思考，在全球大国治国理政实践中独树一帜，彰显了中国特色、战略眼光和世界价值，彰显了习近平生态文明思想的世界意义。必须秉持人类命运共同体理念，坚决维护多边主义，建设性参与全球环境治理，不断提升作为全球生态文明建设重要参与者、贡献者、引领者的地位和作用。

6.2.5 “绿水青山就是金山银山”理念引领我国生态环境保护取得历史性成就

党的十八大以来，各地区各部门深入贯彻习近平生态文明思想，全面落实“绿水青山就是金山银山”理念，协同推动高水平保护和高质量发展，为“十四五”时期生态文明建设实现新进步奠定了坚实基础。

（一）推动经济高质量发展

积极推动产业结构调整，培育壮大新兴产业、改造提升传统产业、淘汰落后产能，全面整治“散乱污”企业及集群。能源结构持续优化，清洁能源占能源消费的比重达 23.4%，煤炭消费占比下降至 57.7%。交通运输结构调整取得积极进展，京津冀地区煤炭运输集疏港实现“公转铁”，截至 2020 年 11 月，京津冀铁路货运量同比增长 26.2%。全国累计淘汰黄标车、老旧车 2400 多万辆。实现超低排放的煤电机组累计约 9 亿千瓦时，占总装机容量的 87%；全国共 229 家企业 6.2 亿吨左右粗钢产能已完成或正在实施超低排放改造。能源、水、矿产资源等利用效率全面提升。

（二）持续加大污染治理力度

深入实施大气、水、土壤污染防治三大行动计划，污染防治工作和投入力度不断加大。2020 年 1~11 月，全国 337 个地级及以上城市优良天数比例平均为 87.9%（“十三五”目标为 84.5%）；PM2.5 未达标地级及以上城市平均浓度为 34$\mu g/m^3$，较 2015 年累计下降 32.0%（“十三五”目标是累计下降 18%）；全国地表水Ⅰ－Ⅲ类水质断面比例为 82.0%（“十三五”目标为大于 70%），同比提高 5.6 个百分点；劣Ⅴ类断面比例为 0.7%（“十三五”目标为低于 5%），同比下降 2.1 个百分点。“十三五”生态环境目标任务圆满完成。

（三）扎实开展生态保护修复

初步划定生态保护红线并推动评估和勘界定标。推动构建以国家公园为主体的自然保护地体系，组织开展“绿盾”自然保护地强化监督，积极推进大规模国土绿化行动，稳步推进25个山水林田湖草生态保护修复试点工程建设，扎实推动生物多样性保护重大工程。先后组织命名4批262个国家生态文明建设示范市县和87个“绿水青山就是金山银山”实践创新基地，有效带动了区域生态环境质量显著改善和绿色高质量发展。

（四）积极参与全球环境治理

积极履行国际生态环境领域相关公约，推进绿色“一带一路”建设。成功举办2019年世界环境日全球主场活动；率先发布《中国落实2030年可持续发展议程国别方案》；积极筹备《生物多样性公约》第15次缔约方大会，推动各缔约国共同制定“2020年后全球生物多样性框架”。联合国环境署发布《绿水青山就是金山银山：中国生态文明战略与行动》报告，首次以联合国政府间组织视角向世界介绍生态文明理念与实践。

6.2.6 准确把握“绿水青山就是金山银山”理念的实践要求

2021年是“十四五”开局之年，是我国现代化建设进程中具有特殊重要性的一年，对生态文明建设实现新进步至关重要。我们要以习近平生态文明思想为指导，立足新发展阶段，贯彻新发展理念，构建新发展格局，切实把“绿水青山就是金山银山”理念落实到具体行动中，以高水平保护倒逼高质量发展。

（一）加快推动绿色低碳发展

坚持把应对气候变化工作摆在更加突出位置，坚定不移把降碳作为促进经济社会全面绿色转型的总抓手，抓紧制定2030年前二氧化碳排放达峰行动方案，支持有条件的地方率先达峰，加快建设碳排放权交易市场。贯彻新发展理念，发挥生态环境保护倒逼、引导、优化和促进作用，助力构建以国内大循环为主体、国内国际双循环相互促进的新发展格局。发展绿色金融，支持绿色技术创新，促进绿色生产、绿色流通、绿色消费。大力发展节能环保产业，推进重点行业和重要领域绿色化改造，加快形成绿色生产生活方式。

（二）强化系统观念在生态环境保护工作中的科学运用

坚持山水林田湖草是生命共同体，统筹考虑自然生态各要素，从系统工程和全局角度推进生态环境系统治理、协同治理、源头治理。统筹生态安全、生物安全和环境安全，加强核安全监管，坚决守住自然生态安全边界。深入打好污染防治攻坚战，强化多污染物协同控制，加强臭氧和细颗粒物协同控制，实现减污降碳协同效应。推进区域协同治理，实施好长江十年禁渔，推动黄河流域生态保护和高质量发展。整合优化污染治理和生态保护，提升生态系统质量和稳定性，维护生态平衡和生态服务功能。

（三）积极推广以实现保护者受益为根本的“生态补偿”形式

以夯实绿水青山根基为重点的“绿色银行”型；以探索靠山吃山、靠水吃水新路径为主导的“山歌水经”型；以“生态+”多业态融合为主体的“复合业态”型；以打造生态品牌提质增效为主导的“品牌引领”型；以推动生态产品交易为牵引的“市场驱动”型等六种转化路径模式，为全国“金山银山”实践提供经验借鉴和参考样本。

（四）建立以实现生态产品价值为导向的政策机制

积极开展生态产品价值实现机制试点，探索建立政府主导、企业和社会各界参与、市场化运作、可持续的生态产品价值实现机制。培育新型生态产业化经营主体，建立区域之间、企业之间的碳排放权、用能权、用水权、排污权等市场交易体系，推进“绿水青山”从生态资源到生态资产的转化。完善市场化、多元化生态补偿，持续深入推进生态环境损害赔偿制度改革，让保护修复生态环境获得合理回报，让破坏生态环境付出相应代价。

（五）持续完善生态环境法治保障

认真贯彻落实习近平法治思想和习近平生态文明思想，坚持依法治污，用最严格制度最严密法治保护生态环境。积极推进长江保护、生物多样性保护等重点领域法律法规制度修订，开展生态环境领域法典化研究，加强生态环境法律制度衔接协调。完善中央生态环境保护制度，深入开展中央生态环境保护督察。

6.3 《环境保护法》的主要内容和框架

修订的《环境保护法》，内容全面，制度进一步完善。本法律全文共七章 70 条。

第一章　总则，共 12 条。

1. 明确了《环境保护法》制定的目的

为保护和改善环境，防治污染和其他公害，保障公众健康，推进生态文明建设，促进经济社会可持续发展。

2. 定义了环境的范畴

本法所称环境，是指影响人类生存和发展的各种天然的和经过人工改造的自然因素的总体，包括大气、水、海洋、土地、矿藏、森林、草原、湿地、野生生物、自然遗迹、人文遗迹、自然保护区、风景名胜区、城市和乡村等。

3. 明确了本法适用的范围

本法适用于中华人民共和国领域和中华人民共和国管辖的其他海域。

4. 制定了环境保护的方针

环境保护坚持“保护优先、预防为主、综合治理、公众参与、损害担责”的原则。

5. 确定保护环境是国家的基本国策

国家采取有利于节约和循环利用资源、保护和改善环境、促进人与自然和谐的经济、技术政策和措施，使经济社会发展与环境保护相协调，并制定了一系列相应的政策措施。

6. 规定每年 6 月 5 日为环境日。

第二章　监督管理，共 15 条。核心要义是：规定了国务院有关部门，省、自治区、直辖市人民政府组织，县级以上人民政府所负有的监督管理职责，应该具备的监督管理方法。企业事业单位和其他生产经营者所负有的环境保护义务。

第三章　保护和改善环境，共 12 条。核心要义是：(1)国家建立、健全环境与健康监测、调查和风险评估制度；从政策、资金、技术等方面支持对大气、水体(包括海洋、江河湖泊)、土壤、生态脆弱区域的环境保护和环境改善。(2)地方各级人民政府应当根据环境保护目标和治理任务，采取有效措施，改善环境质量并且达标。未达到国家环境质量标准的重点区域、流域的有关地方人民政府，应当制定限期达标规划，并采取措施按期达标。

第四章　防治污染和其他公害，共 13 条。核心要义体现了“保护优先、预防为主、综合治理”的方针和“三同时”原则、“违法必究”原则、“事后恢复”原则等。

(1) 国家促进清洁生产和资源循环利用。国务院有关部门和地方各级人民政府应当采取措施，推广清洁能源的生产和使用。企业应当优先使用清洁能源，采用资源利用率高、污染物排放量少的工艺、设备以及废弃物综合利用技术和污染物无害化处理技术，减少污染物的产生。

(2) 建设项目中防治污染的设施，应当与主体工程同时设计、同时施工、同时投产使用。防治污染的设施应当符合经批准的环境影响评价文件的要求，不得擅自拆除或者闲置。

(3) 企、事业单位和其他生产经营者，应当采取措施，防治在生产建设或者其他活动中产生的废气、废水、废渣、医疗废物、粉尘、恶臭气体、放射性物质以及噪声、振动、光辐射、电磁辐射等对环境的污染和危害。

(4) 对农村地区畜禽养殖，化肥、农药的使用，地膜等废弃物的处理也作出了相关的规定。

(5) 国家鼓励投保环境污染责任保险。

第五章　信息公开和公众参与，共 6 条。核心要义体现了对环境问题的处理方法。

(1) 国务院环境保护主管部门统一发布国家环境质量、重点污染源监测信息及其他重大环境信息。

(2) 省级以上人民政府环境保护主管部门定期发布环境状况公报。

(3) 县级以上人民政府环境保护主管部门和其他负有环境保护监督管理职责的部门，应当依法公开环境质量、环境监测、突发环境事件以及环境行政许可、行政处罚、排污费的征收和使用情况等信息。并将企业事业单位和其他生产经营者的环境违法信息记入社会诚信档案，及时向社会公布违法者名单。

(4) 重点排污单位应当如实向社会公开其主要污染物的名称、排放方式、排放浓度和总量、超标排放情况，以及防治污染设施的建设和运行情况，接受社会监督。

(5) 公民、法人和其他组织发现任何单位和个人有污染环境和破坏生态行为的，有权向环境保护主管部门或者其他负有环境保护监督管理职责的部门举报。

第六章　法律责任，共 11 条。主要内容是：

(1) 对企、事业单位和其他生产经营者出现了破坏环境的行为和实际后果时应该负有的法律责任，并按规定进行处罚。

(2) 地方各级人民政府、县级以上人民政府环境保护主管部门和其他负有环境保护监督管理职责的部门对重大环境事故负有责任的，对直接负责的主管人员和其他直接责任人员给予记过、记大过或者降级处分；造成严重后果的，给予撤职或者开除处分，其主要负责人应当引咎辞职，直至追究刑事责任。

第七章　附则，共 1 条。明确了本法自 2015 年 1 月 1 日起施行。

6.4 《环境保护法》主要亮点及特点

6.4.1 主要亮点

(1) 提高了企业违法成本，对于没有环评、暗管排污、伪造瞒报排污数据、不配合监管等违法主体可立即拘留。

(2) 加大了对违法企业查处力度，行政拘留、引咎辞职、区域限批等强制处罚手段纳入了环保法。

(3) 增加公益诉讼的主体，明确了公众依法享有获取环境信息、参与和监督环境保护的权利。

(4) 环境监察机构应有的行政强制权，首次明确了环保监察部门的法律地位。

(5) 第 39 条，体现了重视环境对人体健康的影响。

(6) 赋予了公众更加现实可操作的权利，首次提出对举报人进行保护，保护举报人的合法权益。

(7) 对重点生态功能区划定保护红线，首次将生态保护红线纳入立法。

(8) 对雾霾等大气污染治理作出针对性规定，提高大气污染处罚标准。

(9) 过去的环保法只有项目环评，此次新增的环评，更为明确地规范了政府和企业的责任。

(10) 强调了公民作为个体参与于环境保护的义务，首次提出公民应当选择低碳、节俭的生活方式。

6.4.2 特点

1. 新环保法将环境保护作为基本国策，突出政府的监管职能

一是环境保护已经从一个基本法转变为基本国策，将环保问题提升到了一个前所未有的高度，明确了环境保护的战略地位。

二是明确了环境保护坚持保护优先、预防为主、综合治理、公众参与、损害担责的基本原则。

三是每年 6 月 5 日为环境日(将联合国大会确定的世界环境日写入新法)。

四是国务院有关部门和省、自治区、直辖市人民政府组织制定经济、技术政策，应当充分考虑对环境的影响，听取有关方面和专家的意见。

2. 新环保法突出公众参与力度

地方政府的监管与公众参与力度的加强，使各生产企业毫无回旋的余地。一旦发生废水、废气的不达标情况，周围群众立马就知情，再加上现在网络信息发酵、媒体的关注、政府的介入，使偷排、漏排无处遁形；甚至是不得已的事故排放的被处罚风险也是极高的，所以生产企业的“三度”排放应严格遵守《环保法》。

3. 惩罚力度加大

新环保法被称为“史上最严的环保法”，新法规定，环境问题处罚无上限，且按天计算，对特别严重的，还处以刑事责任追究，加大了环境问题的违法成本。

6.5 典型案例分析

6.5.1 被告人董传桥等 19 人污染环境案

【基本案情】

2015 年 2 月，被告人董某桥将应由黄骅市津东化工有限公司处置的废碱液交由没有资

质的被告人刘某生处置。刘某生联系被告人刘某辉租用被告人李桂钟停车场场地，挖设隐蔽排污管道，连接到河北省蠡县城市下水管网，用于排放废碱液。2015 年 2~5 月，董某桥雇佣被告人石某国等，将 2816.84 吨废碱液排放至挖设的排污管道，并经案涉暗道流入蠡县城市下水管网。同时，从 2015 年 3 月起，被告人高某义等明知被告人娄某无废盐酸处置资质，将回收的废盐酸交由娄某处置。娄某又将废盐酸交由无资质的被告人张某等人处置。张某、段某松等人又联系李某钟，商定在其停车场内经案涉暗道排放废盐酸。2015 年 5 月 16、17 日，石某国等人经案涉暗道排放 100 余吨废碱液至城市下水管网。同月 18 日上午，张某等人将 30 余吨废盐酸排放至案涉暗道。下午 1 时许，停车场及周边下水道大量废水外溢，并产生大量硫化氢气体，致停车场西侧经营饭店的被害人李某被熏倒，经抢救无效死亡。经鉴定，本案废碱液与废盐酸结合反应产生硫化氢，并以气体形式逸出；李某符合硫化氢中毒死亡。

【裁判结果】

河北省蠡县人民法院一审认为，案涉废碱液、废盐酸均被列入《国家危险废物名录》，属危险废物。被告人董某桥等违反国家规定，非法处置、排放有毒物质，严重污染环境，其行为均已构成污染环境罪。董某桥等人非法排放废碱液，娄某等人非法排放废盐酸，均对李某硫化氢中毒死亡这一结果的发生起到了决定性的作用，应对李某的死亡结果承担刑事责任。根据各被告人的犯罪事实、情节和社会危害性，一审法院判决被告人董某桥等犯污染环境罪，判处有期徒刑二年至七年不等，并处罚金。河北省保定市中级人民法院二审对一审刑事判决部分予以维持。

【典型意义】

本案系污染环境致人死亡案件。危险废物具有腐蚀性、毒性、易燃性、反应性、感染性等危险特性，收集、贮存或处置不当，不仅严重威胁生态环境安全，更可能直接危及人体健康甚至生命。近年来，非法处置危险废物现象屡禁不绝，环境风险日益凸显。面对环境污染犯罪呈现的大幅增长态势，坚持最严格的环保司法制度、最严密的环保法治理念，加大对环境污染犯罪的惩治力度，服务保障打好打赢污染防治攻坚战，是人民法院审判工作的重要职责。本案中，被告人董某桥等挖设隐蔽排污管道，将废碱液排放至城市下水管网，被告人张某等利用同一暗道排放废盐酸，造成一人死亡的特别严重后果。人民法院全面贯彻宽严相济刑事政策，充分发挥环境资源刑事审判的惩治和教育功能，结合各被告人犯罪事实、情节和社会危害性，依法认定提供、运输、排放、倾倒、处置等环节各被告人的刑事责任，从重判处刑罚。本案的审理和判决对于斩断危险废物非法经营地下产业链条、震慑潜在的污染者具有典型意义。

6.5.2 东莞市沙田镇人民政府诉李永明固体废物污染责任纠纷案

【基本案情】

2016 年 3~5 月，李某明违反国家规定向沙田镇泥洲村倾倒了约 60 车 600 吨重金属超标的电镀废料，严重污染环境，其行为已构成污染环境罪。2016 年 7~9 月，东莞市沙田镇人民政府(以下简称沙田镇政府)先后两次委托检测机构对污染项目进行检测，二次检测确认重金属含量已符合环保要求，暂无需进行生态修复。

【裁判结果】

广东省东莞市第二人民法院一审认为，沙田镇政府为清理沙田镇泥洲村渡口边的固体废物支出检测费用 68350 元、专家评审费 13800 元、污泥处理费 2941000 元，以上合计 3023150 元。沙田镇政府系委托具有资质的公司或个人来处理对应事务，并提交了资质文件、合同以及付款单据予以证明。李某明倾倒的固体废物数量占沙田镇政府已处理的固体废物总量的 25.6%，故李某明按照比例应承担的损失数额为 773926.4 元。沙田镇政府为本案支出的法律服务费亦应由李某明承担。沙田镇政府对于侵权行为的发生及其损害结果均不存在过错。一审法院判决李某明向沙田镇政府赔偿电镀废料处理费、检测费、专家评审费 773926.4 元，法律服务费 39957 元。广东省东莞市中级人民法院二审判决李某明向沙田镇政府赔偿电镀废料处理费、检测费、专家评审费 773926.4 元。

【典型意义】

本案系固体废物污染责任纠纷。生态环境是人民群众健康生活的重要因素，也是需要刑事和民事法律共同保护的重要法益。生效刑事判决审理查明的事实，在无相反证据足以推翻的情况下，可以作为民事案件认定事实的根据。本案审理法院正确适用《中华人民共和国环境保护法》，在依法惩治污染环境罪的同时，对于沙田镇政府处理环境污染产生的损失依法予以支持，体现了“谁污染、谁治理”的原则，全面反映了污染环境犯罪成本，起到了很好的震慑作用。本案对于责任的划分，特别是对地方政府是否存在监管漏洞、处理环境污染是否及时的审查判断，也起到了一定的规范、指引作用。本案的审理和判决对于教育企业和个人依法生产、督促政府部门加强监管有着较好的推动和示范作用。

6.5.3 常州德科化学有限公司诉原江苏省环境保护厅、原中华人民共和国环境保护部（现为生态环境部）及光大某能源（常州）有限公司环境评价许可案

【基本案情】

光大某能源（常州）有限公司（以下简称光大公司）拟在江苏省常州市投资兴建生活垃圾焚烧发电 BOT 项目。2014 年，光大公司向原江苏省环境保护厅（以下简称江苏省环保厅）报送《环境影响报告书》《技术评估意见》《预审意见》等材料，申请环境评价许可。江苏省环保厅受理后，先后发布受理情况及拟审批公告，并经审查作出同意项目建设的《批复》。常州德科化学有限公司（以下简称德科公司）作为案涉项目附近经营范围为化妆品添加剂制造的已处于停产状态的企业，不服该《批复》，向原中华人民共和国环境保护部（以下简称环境保护部）申请行政复议。环境保护部受理后，向江苏省环保厅发送《行政复议答复通知书》《行政复议申请书》等材料，并向原江苏省常州市环境保护局发送《委托现场勘验函》。环境保护部在收到《行政复议答复书》《现场调查情况报告》后，作出维持《批复》的《行政复议决定书》。

【裁判结果】

江苏省南京市中级人民法院一审认为，德科公司位于案涉项目附近，其认为《批复》对生产经营有不利影响，有权提起行政诉讼，具有原告主体资格。案涉项目环评编制单位和技术评估单位均是具有甲级资质的独立法人，在《环境影响报告书》编制期间，充分保障了公众参与权。江苏省环保厅依据光大公司报送的《环境影响报告书》《技术评估意见》《预审

意见》等材料，进行公示、发布公告，并根据反馈情况经审查后作出《批复》，并不违反相关规定。环境保护部作出的案涉行政复议行为亦符合行政复议法及实施条例的规定。一审法院判决驳回德科公司的诉讼请求。江苏省高级人民法院二审认为，江苏省环保厅在审批《环境影响报告书》时已经履行了对项目选址、环境影响等问题的审查职责，故判决维持一审判决。最高人民法院再审审查认为，德科公司并非案涉项目厂界周围的环境敏感保护目标，且当时处于停产状态，没有证据证明德科公司与光大公司之间就案涉环境保护行政许可存在重大利益关系。案涉项目环评过程中保障了公众参与权，江苏省环保厅在作出环境评价许可过程中履行了对项目选址、污染物排放总量平衡等问题的审查职责，亦未侵犯德科公司的权利。江苏省环保厅的环境评价许可行政行为、环境保护部的行政复议行为均符合相关法律、法规的规定。最高人民法院裁定驳回德科公司的再审申请。

【典型意义】

本案所涉项目系生活垃圾焚烧发电项目，对社会整体有益，但也可能对周围生态环境造成一定影响。此类项目周边的居民或者企业往往会对项目可能造成的负面影响心存担忧，不希望项目建在其附近，由此形成“邻避”困境。随着我国城市化和工业化进程，“邻避”问题越来越多，“邻避”冲突逐渐呈现频发多发趋势。本案的审理对于如何依法破解“邻避”困境提供了解决路径，即对于此类具有公共利益性质的建设项目，建设单位应履行信息公开义务，政府行政主管部门应严格履行监管职责，充分保障公众参与权，尽可能防止或者减轻项目对周围生态环境的影响；当地的公民、法人及其他组织则应依照法律规定行使公众参与权、维护自身合法环境权益。

6.5.4 中国生物多样性保护与绿色发展基金会诉秦皇岛方圆包装玻璃有限公司大气污染责任民事公益诉讼案

【基本案情】

2015 年 12 月~2016 年 4 月，秦皇岛方圆包装玻璃有限公司(以下简称方圆公司)因未取得排污许可证，玻璃窑炉超标排放二氧化硫、氮氧化物等大气污染物并拒不改正等行为，被秦皇岛市海港区环境保护局分四次罚款共计 1289 万元。2015 年 2 月，方圆公司签订总金额为 3617 万元的《玻璃窑炉脱硝脱硫除尘总承包合同》。2016 年中国生物多样性保护与绿色发展基金会(以下简称绿发会)提起本案诉讼后，方圆公司缴纳行政罚款共计 1281 万元，并加快了脱硝脱硫除尘改造提升进程，于 2016 年 6 月 15 日通过环保验收，于 2016 年 6 月 17 日、2017 年 6 月 17 日取得排污许可证。2016 年 12 月 2 日，方圆公司再次投入 1965 万元，增设脱硝脱硫除尘备用设备一套。环境保护部环境规划院环境风险与损害鉴定评估研究中心接受一审法院委托，按照虚拟治理成本法，将方圆公司自行政处罚认定损害发生之日至环保达标之日造成的环境损害数额评估为 154.96 万元。

【裁判结果】

河北省秦皇岛市中级人民法院一审认为，本案起诉后，方圆公司积极投入，加快治理污染设备的更新改造，诉讼过程中经环保验收已达标排放并取得排污许可证，其非法排放大气污染物的违法行为已经停止。环境保护部环境规划院环境风险与损害鉴定评估研究中心具备法定资质，评估依据已经双方当事人质证，按照虚拟治理成本法计算的环境损害数额包括修复被污染的大气环境的费用和因非法排放大气污染物给环境造成的损害两项内容，应予确认。方圆公司污染大气行为影响群众日常生活，造成了一定的精神损害，应承担赔礼道歉的民事责任。绿发会虽主张差旅费、律师费等费用，但未提交充分证据，考虑本案实际情况予以酌定。一审法院判决方圆公司赔偿损失 154.96 万元，分三期支付至秦皇岛市专项资金账户，用于该地区的环境修复；在全国性媒体上刊登致歉声明；向绿发会支付因本案支出的合理费用 3 万元。河北省高级人民法院二审维持一审判决。

【典型意义】

本案系京津冀地区受理的首例大气污染公益诉讼案。大气污染防治是污染防治三大攻坚战之一，京津冀及周边地区是蓝天保卫战的重点区域。本案审理法院正确适用《最高人民法院关于审理环境民事公益诉讼案件适用法律若干问题的解释》，结合绿发会的具体诉讼请求，对方圆公司非法排放大气污染物造成的环境损害进行了界定和评估，积极探索公益诉讼专项资金账户运作模式，确保环境损害赔偿金用于受损环境的修复。本案受理后，方圆公司积极缴纳行政罚款，主动升级改造环保设施，成为该地区首家实现大气污染治理环保设备"开二备一"的企业，实现了环境民事公益诉讼的预防和修复功能，同时还起到了推动企业积极承担生态环境保护社会责任以及采用绿色生产方式的作用，具有良好的社会导向。本案的审理和公开宣判对司法服务保障京津冀及周边地区环境治理和经济社会发展具有重要的示范效应，将对京津冀及周边地区大气污染防治和区域生态文明建设起到积极的促进作用。

6.6 《中华人民共和国环境保护法》原文及导读

中华人民共和国主席令第 9 号

（1989 年 12 月 26 日第七届全国人民代表大会常务委员会第十一次会议通过，2014 年 4 月 24 日第十二届全国人民代表大会常务委员会第八次会议修订，于 2015 年 1 月 1 日起执行）。

第一章　总则

第一条　为保护和改善环境，防治污染和其他公害，保障公众健康，推进生态文明建设，促进经济社会可持续发展，制定本法。

第二条　本法所称环境，是指影响人类生存和发展的各种天然的和经过人工改造的自然因素的总体，包括大气、水、海洋、土地、矿藏、森林、草原、湿地、野生生物、自然遗迹、人文遗迹、自然保护区、风景名胜区、城市和乡村等。

第三条　本法适用于中华人民共和国领域和中华人民共和国管辖的其他海域。

第四条　保护环境是国家的基本国策。

国家采取有利于节约和循环利用资源、保护和改善环境、促进人与自然和谐的经济、技术政策和措施，使经济社会发展与环境保护相协调。

第五条　环境保护坚持保护优先、预防为主、综合治理、公众参与、损害担责的原则。

第六条　一切单位和个人都有保护环境的义务。

地方各级人民政府应当对本行政区域的环境质量负责。

企业事业单位和其他生产经营者应当防止、减少环境污染和生态破坏，对所造成的损害依法承担责任。

公民应当增强环境保护意识，采取低碳、节俭的生活方式，自觉履行环境保护义务。

第七条　国家支持环境保护科学技术研究、开发和应用，鼓励环境保护产业发展，促进环境保护信息化建设，提高环境保护科学技术水平。

第八条　各级人民政府应当加大保护和改善环境、防治污染和其他公害的财政投入，提高财政资金的使用效益。

第九条　各级人民政府应当加强环境保护宣传和普及工作，鼓励基层群众性自治组织、社会组织、环境保护志愿者开展环境保护法律法规和环境保护知识的宣传，营造保护环境的良好风气。

教育行政部门、学校应当将环境保护知识纳入学校教育内容，培养学生的环境保护意识。

新闻媒体应当开展环境保护法律法规和环境保护知识的宣传，对环境违法行为进行舆论监督。

第十条　国务院环境保护主管部门，对全国环境保护工作实施统一监督管理；县级以上地方人民政府环境保护主管部门，对本行政区域环境保护工作实施统一监督管理。

县级以上人民政府有关部门和军队环境保护部门，依照有关法律的规定对资源保护和污染防治等环境保护工作实施监督管理。

第十一条　对保护和改善环境有显著成绩的单位和个人，由人民政府给予奖励。

第十二条　每年6月5日为环境日。

第二章　监督管理

第十三条　县级以上人民政府应当将环境保护工作纳入国民经济和社会发展规划。国务院环境保护主管部门会同有关部门，根据国民经济和社会发展规划编制国家环境保护规划，报国务院批准并公布实施。县级以上地方人民政府环境保护主管部门会同有关部门，根据国家环境保护规划的要求，编制本行政区域的环境保护规划，报同级人民政府批准并公布实施。环境保护规划的内容应当包括生态保护和污染防治的目标、任务、保障措施等，并与主体功能区规划、土地利用总体规划和城乡规划等相衔接。

第十四条　国务院有关部门和省、自治区、直辖市人民政府组织制定经济、技术政策，应当充分考虑对环境的影响，听取有关方面和专家的意见。

第十五条　国务院环境保护主管部门制定国家环境质量标准。省、自治区、直辖市人民政府对国家环境质量标准中未作规定的项目，可以制定地方环境质量标准；对国家环境质量标准中已作规定的项目，可以制定严于国家环境质量标准的地方环境质量标准。地方环境质量标准应当报国务院环境保护主管部门备案。国家鼓励开展环境基准研究。

第十六条　国务院环境保护主管部门根据国家环境质量标准和国家经济、技术条件，制定国家污染物排放标准。省、自治区、直辖市人民政府对国家污染物排放标准中未作规定的项目，可以制定地方污染物排放标准；对国家污染物排放标准中已作规定的项目，可以制定严于国家污染物排放标准的地方污染物排放标准。地方污染物排放标准应当报国务院环境保护主管部门备案。

第十七条　国家建立、健全环境监测制度。国务院环境保护主管部门制定监测规范，会同有关部门组织监测网络，统一规划国家环境质量监测站(点)的设置，建立监测数据共享机制，加强对环境监测的管理。有关行业、专业等各类环境质量监测站(点)的设置应当符合法律法规规定和监测规范的要求。监测机构应当使用符合国家标准的监测设备，遵守监测规范。监测机构及其负责人对监测数据的真实性和准确性负责。

第十八条　省级以上人民政府应当组织有关部门或者委托专业机构，对环境状况进行调查、评价，建立环境资源承载能力监测预警机制。

第十九条　编制有关开发利用规划，建设对环境有影响的项目，应当依法进行环境影响评价。未依法进行环境影响评价的开发利用规划，不得组织实施；未依法进行环境影响评价的建设项目，不得开工建设。

第二十条　国家建立跨行政区域的重点区域、流域环境污染和生态破坏联合防治协调机制，实行统一规划、统一标准、统一监测、统一的防治措施。前款规定以外的跨行政区域的环境污染和生态破坏的防治，由上级人民政府协调解决，或者由有关地方人民政府协商解决。

第二十一条　国家采取财政、税收、价格、政府采购等方面的政策和措施，鼓励和支持环境保护技术装备、资源综合利用和环境服务等环境保护产业的发展。

第二十二条　企业事业单位和其他生产经营者，在污染物排放符合法定要求的基础上，进一步减少污染物排放的，人民政府应当依法采取财政、税收、价格、政府采购等方面的政策和措施予以鼓励和支持。

第二十三条　企业事业单位和其他生产经营者，为改善环境，依照有关规定转产、搬迁、关闭的，人民政府应当予以支持。

第二十四条　县级以上人民政府环境保护主管部门及其委托的环境监察机构和其他负有环境保护监督管理职责的部门，有权对排放污染物的企业事业单位和其他生产经营者进行现场检查。被检查者应当如实反映情况，提供必要的资料。实施现场检查的部门、机构及其工作人员应当为被检查者保守商业秘密。

第二十五条　企业事业单位和其他生产经营者违反法律法规规定排放污染物，造成或者可能造成严重污染的，县级以上人民政府环境保护主管部门和其他负有环境保护监督管理职责的部门，可以查封、扣押造成污染物排放的设施、设备。

第二十六条　国家实行环境保护目标责任制和考核评价制度。县级以上人民政府应当将环境保护目标完成情况纳入对本级人民政府负有环境保护监督管理职责的部门及其负责人和下级人民政府及其负责人的考核内容，作为对其考核评价的重要依据。考核结果应当向社会公开。

第二十七条　县级以上人民政府应当每年向本级人民代表大会或者人民代表大会常务委员会报告环境状况和环境保护目标完成情况，对发生的重大环境事件应当及时向本级人民代表大会常务委员会报告，依法接受监督。

第三章　保护和改善环境

第二十八条　地方各级人民政府应当根据环境保护目标和治理任务，采取有效措施，改善环境质量。未达到国家环境质量标准的重点区域、流域的有关地方人民政府，应当制定限期达标规划，并采取措施按期达标。

第二十九条　国家在重点生态功能区、生态环境敏感区和脆弱区等区域划定生态保护红线，实行严格保护。各级人民政府对具有代表性的各种类型的自然生态系统区域，珍稀、濒危的野生动植物自然分布区域，重要的水源涵养区域，具有重大科学文化价值的地质构造、著名溶洞和化石分布区、冰川、火山、温泉等自然遗迹，以及人文遗迹、古树名木，应当采取措施予以保护，严禁破坏。

第三十条　开发利用自然资源，应当合理开发，保护生物多样性，保障生态安全，依法制定有关生态保护和恢复治理方案并予以实施。引进外来物种以及研究、开发和利用生物技术，应当采取措施，防止对生物多样性的破坏。

第三十一条　国家建立、健全生态保护补偿制度。国家加大对生态保护地区的财政转移支付力度。有关地方人民政府应当落实生态保护补偿资金，确保其用于生态保护补偿。国家指导受益地区和生态保护地区人民政府通过协商或者按照市场规则进行生态保护补偿。

第三十二条　国家加强对大气、水、土壤等的保护，建立和完善相应的调查、监测、评估和修复制度。

第三十三条　各级人民政府应当加强对农业环境的保护，促进农业环境保护新技术的使用，加强对农业污染源的监测预警，统筹有关部门采取措施，防治土壤污染和土地沙化、盐渍化、贫瘠化、石漠化、地面沉降以及防治植被破坏、水土流失、水体富营养化、水源枯竭、种源灭绝等生态失调现象，推广植物病虫害的综合防治。县级、乡级人民政府应当提高农村环境保护公共服务水平，推动农村环境综合整治。

第三十四条　国务院和沿海地方各级人民政府应当加强对海洋环境的保护。向海洋排放污染物、倾倒废弃物，进行海岸工程和海洋工程建设，应当符合法律法规规定和有关标准，防止和减少对海洋环境的污染损害。

第三十五条　城乡建设应当结合当地自然环境的特点，保护植被、水域和自然景观，加强城市园林、绿地和风景名胜区的建设与管理。

第三十六条　国家鼓励和引导公民、法人和其他组织使用有利于保护环境的产品和再生产品，减少废弃物的产生。国家机关和使用财政资金的其他组织应当优先采购和使用节能、节水、节材等有利于保护环境的产品、设备和设施。

第三十七条　地方各级人民政府应当采取措施，组织对生活废弃物的分类处置、回收利用。

第三十八条　公民应当遵守环境保护法律法规，配合实施环境保护措施，按照规定对生活废弃物进行分类放置，减少日常生活对环境造成的损害。

第三十九条　国家建立、健全环境与健康监测、调查和风险评估制度；鼓励和组织开展环境质量对公众健康影响的研究，采取措施预防和控制与环境污染有关的疾病。

第四章　防治污染和其他公害

第四十条　国家促进清洁生产和资源循环利用。国务院有关部门和地方各级人民政府应当采取措施，推广清洁能源的生产和使用。企业应当优先使用清洁能源，采用资源利用率高、污染物排放量少的工艺、设备以及废弃物综合利用技术和污染物无害化处理技术，减少污染物的产生。

第四十一条　建设项目中防治污染的设施，应当与主体工程同时设计、同时施工、同时投产使用。防治污染的设施应当符合经批准的环境影响评价文件的要求，不得擅自拆除或者闲置。

第四十二条　排放污染物的企业事业单位和其他生产经营者，应当采取措施，防治在生产建设或者其他活动中产生的废气、废水、废渣、医疗废物、粉尘、恶臭气体、放射性物质以及噪声、振动、光辐射、电磁辐射等对环境的污染和危害。排放污染物的企业事业单位，应当建立环境保护责任制度，明确单位负责人和相关人员的责任。重点排污单位应当按照国家有关规定和监测规范安装使用监测设备，保证监测设备正常运行，保存原始监测记录。严禁通过暗管、渗井、渗坑、灌注或者篡改、伪造监测数据，或者不正常运行防治污染设施等逃避监管的方式违法排放污染物。

第四十三条　排放污染物的企业事业单位和其他生产经营者，应当按照国家有关规定缴纳排污费。排污费应当全部专项用于环境污染防治，任何单位和个人不得截留、挤占或者挪作他用。依照法律规定征收环境保护税的，不再征收排污费。

第四十四条　国家实行重点污染物排放总量控制制度。重点污染物排放总量控制指标由国务院下达，省、自治区、直辖市人民政府分解落实。企业事业单位在执行国家和地方污染物排放标准的同时，应当遵守分解落实到本单位的重点污染物排放总量控制指标。对超过国家重点污染物排放总量控制指标或者未完成国家确定的环境质量目标的地区，省级以上人民政府环境保护主管部门应当暂停审批其新增重点污染物排放总量的建设项目环境影响评价文件。

第四十五条　国家依照法律规定实行排污许可管理制度。实行排污许可管理的企业事业单位和其他生产经营者应当按照排污许可证的要求排放污染物；未取得排污许可证的，不得排放污染物。

第四十六条　国家对严重污染环境的工艺、设备和产品实行淘汰制度。任何单位和个人不得生产、销售或者转移、使用严重污染环境的工艺、设备和产品。禁止引进不符合我国环境保护规定的技术、设备、材料和产品。

第四十七条　各级人民政府及其有关部门和企业事业单位，应当依照《中华人民共和国突发事件应对法》的规定，做好突发环境事件的风险控制、应急准备、应急处置和事后恢复等工作。县级以上人民政府应当建立环境污染公共监测预警机制，组织制定预警方案；环境受到污染，可能影响公众健康和环境安全时，依法及时公布预警信息，启动应急措施。企业事业单位应当按照国家有关规定制定突发环境事件应急预案，报环境保护主管部门和有关部门备案。在发生或者可能发生突发环境事件时，企业事业单位应当立即采取措施处理，及时通报可能受到危害的单位和居民，并向环境保护主管部门和有关部门报告。突发环境事件应急处置工作结束后，有关人民政府应当立即组织评估事件造成的环境影响和损失，并及时将评估结果向社会公布。

第四十八条　生产、储存、运输、销售、使用、处置化学物品和含有放射性物质的物品，应当遵守国家有关规定，防止污染环境。

第四十九条　各级人民政府及其农业等有关部门和机构应当指导农业生产经营者科学种植和养殖，科学合理施用农药、化肥等农业投入品，科学处置农用薄膜、农作物秸秆等农业废弃物，防止农业面源污染。禁止将不符合农用标准和环境保护标准的固体废物、废水施入农田。施用农药、化肥等农业投入品及进行灌溉，应当采取措施，防止重金属和其他有毒有害物质污染环境。畜禽养殖场、养殖小区、定点屠宰企业等的选址、建设和管理应当符合有关法律法规规定。从事畜禽养殖和屠宰的单位和个人应当采取措施，对畜禽粪便、尸体和污水等废弃物进行科学处置，防止污染环境。

县级人民政府负责组织农村生活废弃物的处置工作。

第五十条　各级人民政府应当在财政预算中安排资金，支持农村饮用水水源地保护、生活污水和其他废弃物处理、畜禽养殖和屠宰污染防治、土壤污染防治和农村工矿污染治理等环境保护工作。

第五十一条　各级人民政府应当统筹城乡建设污水处理设施及配套管网，固体废物的收集、运输和处置等环境卫生设施，危险废物集中处置设施、场所以及其他环境保护公共设施，并保障其正常运行。

第五十二条　国家鼓励投保环境污染责任保险。

第五章　信息公开和公众参与

第五十三条　公民、法人和其他组织依法享有获取环境信息、参与和监督环境保护的权利。各级人民政府环境保护主管部门和其他负有环境保护监督管理职责的部门，应当依法公开环境信息、完善公众参与程序，为公民、法人和其他组织参与和监督环境保护提供便利。

第五十四条　国务院环境保护主管部门统一发布国家环境质量、重点污染源监测信息及其他重大环境信息。省级以上人民政府环境保护主管部门定期发布环境状况公报。县级以上人民政府环境保护主管部门和其他负有环境保护监督管理职责的部门，应当依法公开环境质量、环境监测、突发环境事件以及环境行政许可、行政处罚、排污费的征收和使用情况等信息。县级以上地方人民政府环境保护主管部门和其他负有环境保护监督管理职责的部门，应当将企业事业单位和其他生产经营者的环境违法信息记入社会诚信档案，及时向社会公布违法者名单。

第五十五条　重点排污单位应当如实向社会公开其主要污染物的名称、排放方式、排放浓度和总量、超标排放情况，以及防治污染设施的建设和运行情况，接受社会监督。

第五十六条　对依法应当编制环境影响报告书的建设项目，建设单位应当在编制时向可能受影响的公众说明情况，充分征求意见。负责审批建设项目环境影响评价文件的部门在收到建设项目环境影响报告书后，除涉及国家秘密和商业秘密的事项外，应当全文公开；发现建设项目未充分征求公众意见的，应当责成建设单位征求公众意见。

第五十七条　公民、法人和其他组织发现任何单位和个人有污染环境和破坏生态行为的，有权向环境保护主管部门或者其他负有环境保护监督管理职责的部门举报。公民、法人和其他组织发现地方各级人民政府、县级以上人民政府环境保护主管部门和其他负有环境保护监督管理职责的部门不依法履行职责的，有权向其上级机关或者监察机关举报。接受举报的机关应当对举报人的相关信息予以保密，保护举报人的合法权益。

第五十八条 对污染环境、破坏生态，损害社会公共利益的行为，符合下列条件的社会组织可以向人民法院提起诉讼：

（一）依法在设区的市级以上人民政府民政部门登记；

（二）专门从事环境保护公益活动连续五年以上且无违法记录。

符合前款规定的社会组织向人民法院提起诉讼，人民法院应当依法受理。提起诉讼的社会组织不得通过诉讼牟取经济利益。

第六章 法律责任

第五十九条 企业事业单位和其他生产经营者违法排放污染物，受到罚款处罚，被责令改正，拒不改正的，依法作出处罚决定的行政机关可以自责令改正之日的次日起，按照原处罚数额按日连续处罚。前款规定的罚款处罚，依照有关法律法规按照防治污染设施的运行成本、违法行为造成的直接损失或者违法所得等因素确定的规定执行。地方性法规可以根据环境保护的实际需要，增加第一款规定的按日连续处罚的违法行为的种类。

第六十条 企业事业单位和其他生产经营者超过污染物排放标准或者超过重点污染物排放总量控制指标排放污染物的，县级以上人民政府环境保护主管部门可以责令其采取限制生产、停产整治等措施；情节严重的，报经有批准权的人民政府批准，责令停业、关闭。

第六十一条 建设单位未依法提交建设项目环境影响评价文件或者环境影响评价文件未经批准，擅自开工建设的，由负有环境保护监督管理职责的部门责令停止建设，处以罚款，并可以责令恢复原状。

第六十二条 违反本法规定，重点排污单位不公开或者不如实公开环境信息的，由县级以上地方人民政府环境保护主管部门责令公开，处以罚款，并予以公告。

第六十三条 企业事业单位和其他生产经营者有下列行为之一，尚不构成犯罪的，除依照有关法律法规规定予以处罚外，由县级以上人民政府环境保护主管部门或者其他有关部门将案件移送公安机关，对其直接负责的主管人员和其他直接责任人员，处十日以上十五日以下拘留；情节较轻的，处五日以上十日以下拘留：

（一）建设项目未依法进行环境影响评价，被责令停止建设，拒不执行的；

（二）违反法律规定，未取得排污许可证排放污染物，被责令停止排污，拒不执行的；

（三）通过暗管、渗井、渗坑、灌注或者篡改、伪造监测数据，或者不正常运行防治污染设施等逃避监管的方式违法排放污染物的；

（四）生产、使用国家明令禁止生产、使用的农药，被责令改正，拒不改正的。

第六十四条 因污染环境和破坏生态造成损害的，应当依照《中华人民共和国侵权责任法》的有关规定承担侵权责任。

第六十五条 环境影响评价机构、环境监测机构以及从事环境监测设备和防治污染设施维护、运营的机构，在有关环境服务活动中弄虚作假，对造成的环境污染和生态破坏负有责任的，除依照有关法律法规规定予以处罚外，还应当与造成环境污染和生态破坏的其他责任者承担连带责任。

第六十六条 提起环境损害赔偿诉讼的时效期间为三年，从当事人知道或者应当知道其受到损害时起计算。

第六十七条　上级人民政府及其环境保护主管部门应当加强对下级人民政府及其有关部门环境保护工作的监督。发现有关工作人员有违法行为，依法应当给予处分的，应当向其任免机关或者监察机关提出处分建议。依法应当给予行政处罚，而有关环境保护主管部门不给予行政处罚的，上级人民政府环境保护主管部门可以直接作出行政处罚的决定。

第六十八条　地方各级人民政府、县级以上人民政府环境保护主管部门和其他负有环境保护监督管理职责的部门有下列行为之一的，对直接负责的主管人员和其他直接责任人员给予记过、记大过或者降级处分；造成严重后果的，给予撤职或者开除处分，其主要负责人应当引咎辞职：

（一）不符合行政许可条件准予行政许可的；

（二）对环境违法行为进行包庇的；

（三）依法应当作出责令停业、关闭的决定而未作出的；

（四）对超标排放污染物、采用逃避监管的方式排放污染物、造成环境事故以及不落实生态保护措施造成生态破坏等行为，发现或者接到举报未及时查处的；

（五）违反本法规定，查封、扣押企业事业单位和其他生产经营者的设施、设备的；

（六）篡改、伪造或者指使篡改、伪造监测数据的；

（七）应当依法公开环境信息而未公开的；

（八）将征收的排污费截留、挤占或者挪作他用的；

（九）法律法规规定的其他违法行为。

第六十九条　违反本法规定，构成犯罪的，依法追究刑事责任。

第七章　附则

第七十条　本法自 2015 年 1 月 1 日起施行。

习题与练习

一、填空题

1. 为________和________环境，防治污染和其他公害，保障公众健康，推进________，促进经济社会可持续发展，制定本法。

2. 环境是指影响人类生存和发展的各种天然的和经过人工改造的自然因素的________。

3.《环境保护法》适用于中华人民共和国________和中华人民共和国管辖的其他________。

4. 保护环境是国家的________。

5. 环境保护坚持保护优先、________、________、公众参与、________的原则。

6. 公民应当增强环境保护意识，采取________、________的生活方式，自觉履行环境保护义务。

7. 各级人民政府应当加强________________和________________工作，鼓励基层群众性自治组织、社会组织、环境保护志愿者开展环境保护法律法规和环境保护知识的宣传，营造保护环境的良好风气。

8. 对保护和改善环境有显著成绩的单位和个人，由________________给予奖励。

9.《环境保护法》确定每年6月5日为________________。

10. 国务院环境保护主管部门会同有关部门，根据国民经济和社会发展规划编制国家________________规划，报国务院批准并公布实施。

11. 国家支持环境保护科学技术研究、开发和应用，鼓励环境保护产业发展，促进____________________，提高环境保护科学技术水平。地方各级人民政府应当对本行政区域的负责。

12. 地方环境质量标准应当报国务院环境保护主管部门____________________。

13. 国家鼓励开展____________________研究。

14. 新修订的《环境保护法》于____________________________施行。

15. 2022年世界环境日中国主题为____________________________。

16. 新修订的《环境保护法》共________章________条。

17. 国务院环境保护主管部门根据国家环境质量标准和国家经济、技术条件，制定国家________________标准。

18. 国务院环境保护主管部门制定监测规范，会同有关部门组织监测网络，统一规划国家环境质量监测站(点)的设置，建立监测数据____________________，加强对环境监测的管理。

19. 监测机构及其负责人对监测数据的真实性和准确性____________________。

20. 省级以上人民政府应当组织有关部门或者委托专业机构，对环境状况进行____________________、____________________，建立环境资源承载能力监测预警机制。

21.《环境保护法》规定，未依法进行环境影响评价的开发利用规划，不得____________。

22.《环境保护法》规定，未依法进行环境影响评价的建设项目，不得______________。

23. 进入生产单位实施现场检查的部门、机构及其工作人员应当为被检查者保守____________________________。

24. 国家建立跨行政区域的重点区域、流域环境污染和生态破坏联合防治协调机制，实行统一________、统一________、统一________、统一的防治措施。

25. 生产经营者在污染物排放符合法定要求的基础上，进一步减少污染物排放的，人民政府应当依法采取财政、税收、价格、政府采购等方面的政策和措施予以____________和____________。

26. 企业事业单位和其他生产经营者，为改善环境，依照有关规定转产、搬迁、关闭的，人民政府应当予以________________。

27. 企业事业单位和其他生产经营者违反法律法规规定排放污染物，造成或者可能造成严重污染的，县级以上人民政府环境保护主管部门和其他负有环境保护监督管理职责的部门，可以________________、造成污染物排放的设施、设备。

28. 国家实行环境保护目标____________________和考核____________________。

29. ____________________以上人民政府应当每年向本级人民代表大会或者人民代表大会常务委员会报告环境状况和环境保护目标完成情况。

30. 地方各级人民政府应当根据环境保护目标和治理任务，采取有效措施，改善________________。

31. 国家在重点生态功能区、生态环境敏感区和脆弱区等区域划定________________，实行严格保护。

32. 开发利用自然资源，应当合理开发，保护生物________________，保障生态安全，依法制定有关生态保护和恢复治理方案并予以实施。

33. 县级、乡级人民政府应当提高农村环境保护公共服务水平，推动农村环境________________。

34. 国家加强对________________、________________、土壤等的保护，建立和完善相应的调查、监测、评估和修复制度。

35. 向海洋排放________________、倾倒________________，进行海岸工程和海洋工程建设，应当符合法律法规规定和有关标准，防止和减少对海洋环境的污染损害。

36. 国家鼓励和引导公民、法人和其他组织使用有利于保护环境的产品和再生产品，减少________________的产生。

37. 地方各级人民政府应当采取措施，组织对生活废弃物的________________、回收利用。

38. ________________应当遵守环境保护法律法规，配合实施环境保护措施，按照规定对生活废弃物进行分类放置，减少日常生活对环境造成的损害。

39. 国家建立、健全环境与健康监测、调查和风险评估制度；鼓励和组织开展环境质量对公众健康影响的研究，采取措施预防和控制与环境污染有关的________________。

40. 国家促进________________和资源循环利用。

41. 企业应当优先使用清洁能源，采用________________、________________的工艺、设备以及废弃物综合利用技术和污染物无害化处理技术，减少污染物的产生。

42. 排放污染物的企业事业单位，应当建立________________责任制度，明确单位负责人和相关人员的责任。

43. ________________应当按照国家有关规定和监测规范安装使用监测设备，保证监测设备正常运行，保存原始监测记录。

44. 严禁通过________________、________________、渗坑、灌注或者篡改、伪造________________，或者不正常运行防治污设施等逃避监管的方式违法排放污染物。

45. 建设项目中防治污染的设施，应当与主体工程同时________、同时________、同时________。防治污染的设施应当符合经批准的环境影响评价文件的要求，不得擅自拆除或者闲置。

46. 排放污染物的企业事业单位和其他生产经营者，应当按照国家有关规定缴纳________。

47. 国家实行重点污染物排放________控制制度。

48. 企事业单位或其他生产经营者未取得________________的，不得排放污染物。

49. 国家对严重污染环境的工艺、设备和产品实行________________。

50. 任何单位和个人不得生产、销售或者转移、使用严重污染环境的____________、____________和____________________。

51. 企业事业单位应当按照国家有关规定制定____________________应急预案，报环境保护主管部门和有关部门备案。

52. ____________、____________、运输、销售、____________________、处置化学物品和含有放射性物质的物品，应当遵守国家有关规定，防止污染环境。

53. 企业事业单位和其他生产经营者超过污染物排放标准或者超过重点污染物排放总量控制指标排放污染物的，县级以上人民政府环境保护主管部门可以责令其采取____________________、____________________等措施。

54. 建设单位未依法提交建设项目环境影响评价文件或者环境影响评价文件未经批准，擅自开工建设的，由负有环境保护监督管理职责的部门责令停止建设，处以罚款，并可以责令____________________。

55. 违反法律规定，未取得排污许可证排放污染物，被责令停止排污，拒不执行的，由县级以上人民政府环境保护主管部门或者其他有关部门将案件移送公安机关，对其直接负责的主管人员和其他直接责任人员，处____________以上____________日以下拘留。

56. 提起环境损害赔偿诉讼的时效期间为____________，从当事人知道或者应当知道其受到损害时起计算。

57. 通过暗管、渗井、渗坑、灌注或者篡改、伪造监测数据，或者不正常运行防治污染设施等逃避监管的方式违法排放污染物的，由县级以上人民政府环境保护主管部门或者其他有关部门将案件移送公安机关，对其直接负责的主管人员和其他直接责任人员，处____________以上____________日以下拘留。

58. 接受举报的机关应当对举报人的相关信息予以____________，保护举报人的合法权益。

59. 专门从事环境保护公益活动连续五年以上且无违法记录的社会组织可以对污染环境、破坏生态，损害社会公共利益的行为向____________________提起诉讼。

60. ____________________应急处置工作结束后，有关人民政府应当立即组织评估事件造成的环境影响和损失，并及时将评估结果向社会公布。

二、选择题

1. 保护环境是国家的(　　)。

A. 基本国策　B. 政策　C. 法规　D. 方针

2.《环境保护法》规定每年的(　　)为环境日。

A. 6月5日　B. 7月10日　C. 11月9日　D. 10月1日

3. 企业事业单位和其他生产经营者违法排放污染物，受到罚款处罚，被责令改正，拒不改正的，依法作出处罚决定的行政机关可以自责令改正之日的次日起，按照原处罚数额按(　　)连续处罚。

A. 季度　B. 月　C. 日　D. 年

4. 编制有关开发利用规划，建设对环境有影响的项目，应当依法进行(　　)。

A. 环境监察　B. 环境影响评价　C. 环境检查　D. 安全验收评价

5. 公民应当增强环境保护意识，采取(　　)的生活方式，自觉履行环境保护义务。

A. 自给自足　　B. 节约低碳　　C. 奢华　　D. 铺张

6. 县级以上人民政府应当将(　　)工作纳入国民经济和社会发展规划。

A. 节约资源　　B. 环境保护　　C. 经济发展　　D. 改善环境

7.《环境保护法》第四十七规定，在发生或者可能发生突发环境事件时，企业事业单位应当立即采取措施处理，及时通报可能受到危害的单位和居民，并向(　　)和有关部门报告。

A. 地方政府　　B. 安全监督管理部门

C. 环境保护主管部门　　D. 公安机关

8. 新修订的《环境保护法》第五十六条规定，对依法应当编制环境影响报告书的建设项目，(　　)应当在编制时向公众说明情况，充分征求意见。

A. 审批单位　　B. 监督管理单位　　C. 行政主管单位　　D. 建设单位

9. 县级以上人民政府有关部门和(　　)环境保护部门，依照有关法律的规定对资源保护和污染防治等环境保护工作实施监督管理。

A. 当地　　B. 军队　　C. 相关　　D. 建设

10. 国务院有关部门和省、自治区、直辖市人民政府组织制定经济、技术政策，应当充分考虑对(　　)，听取有关方面和专家的意见。

A. 环境的影响　　B. 社会的影响　　C. 当地经济的影响　　D. 生活的影响

11. 国家建立、健全环境监测(　　)。

A. 制度　　B. 标准　　C. 规范　　D. 依据

12. 企业事业单位和其他生产经营者生产、使用国家明令禁止生产、使用的农药，被责令改正，拒不改正的由县级以上人民政府环境保护主管部门或者其他有关部门将案件移送(　　)。

A. 安全监督管理局　　B. 人民检察院

C. 人民法院　　D. 公安机关

13. 各级人民政府及其有关部门和企业事业单位，应当依照(　　)的规定，做好突发环境事件的风险控制、应急准备、应急处置和事后恢复等工作。

A.《突发事件应对法》　　B. 环境保护法

C. 安全生产法　　D. 消防法

14. 对超过国家重点污染物排放总量控制指标或者未完成国家确定的环境质量目标的地区，(　　)应当暂停审批其新增重点污染物排放总量的建设项目环境影响评价文件。

A. 省级以上人民政府环境保护主管部门

B. 市级以上人民政府环境保护主管部门

C. 县级以上人民政府环境保护主管部门

D. 各级人民政府环境保护主管部门

15.(　　)应当结合当地自然环境的特点，保护植被、水域和自然景观，加强城市园林、绿地和风景名胜区的建设与管理。

A. 城市建设　　B. 城乡建设　　C. 城乡规划　　D. 城市规划

16. (　　) 应当加强对农业环境的保护，促进农业环境保护新技术的使用。

A. 县级以上人民政府　　B. 各级人民政府

C. 市级以上人民政府　　D. 省级以上人民政府

17. 国家建立、健全生态保护(　　) 制度。

A. 补偿　　B. 奖励　　C. 许可　　D. 处罚

18. 未达到国家环境质量标准的重点区域、流域的有关地方人民政府，应当制定(　　) 规划，并采取措施按期达标。

A. 限期治理　　B. 限期达标　　C. 限期改正　　D. 限期治理

19. 对发生的重大环境事件应当及时向本级(　　) 报告，依法接受监督。

A. 安全监督管理部门　　B. 环保主管部门

C. 人民政府　　D. 人民代表大会常务委员会

20. 国家实行环境保护目标责任制和(　　) 制度。

A. 考核评价　　B. 验收评价　　C. 环境评价　　D. 评价

三、判断题

1. 大气、水、海洋、土地、矿藏、森林、草原、湿地、野生生物、自然遗迹、人文遗迹、自然保护区、风景名胜区、城市和乡村等均属于环境范畴。(　　)

2. 一切单位和个人都有保护环境的义务。(　　)

3. 企业事业单位应当防止、减少环境污染和生态破坏，对所造成的损害依法承担责任。(　　)

4. 教育行政部门、学校不得将环境保护知识纳入学校教育内容，培养学生的环境保护意识。(　　)

5. 新闻媒体应当开展环境保护法律法规和环境保护知识的宣传，对环境违法行为进行舆论监督。(　　)

6. 国务院环境保护主管部门，对全国环境保护工作实施分级监督管理。(　　)

7. 省级以上人民政府有关部门和军队环境保护部门，依照有关法律的规定对资源保护和污染防治等环境保护工作实施监督管理。(　　)

8. 环境保护规划的内容应当包括生态保护和污染防治的目标、任务、保障措施等。(　　)

9. 对国家污染物排放标准中已作规定的项目，不得严于国家污染物排放标准的地方污染物排放标准。(　　)

10. 有关行业、专业等各类环境质量监测站(点)的设置应当符合法律法规规定和监测规范的要求。(　　)

11. 环境保护主管部门应当使用符合国家标准的监测设备，遵守监测规范。(　　)

12. 县级以上人民政府环境保护主管部门及其委托的环境监察机构和其他负有环境保护监督管理职责的部门，有权对排放污染物的企业事业单位和其他生产经营者进行现场检查。(　　)

13. 国家鼓励和支持环境保护技术装备、环境服务等环境保护产业的发展。(　　)

14. 县级以上人民政府应当将环境保护目标完成情况纳入对本级人民政府负有环境保护

监督管理职责的部门及其负责人和下级人民政府及其负责人的考核内容，考核结果不得对外公开。(　　)

15. 省级人民政府应当加强对海洋环境的保护。(　　)

16. 国家机关和使用财政资金的其他组织应当优先采购和使用节能、节水、节材等有利于保护环境的产品、设备和设施。(　　)

17. 国务院有关部门和地方各级人民政府应当采取措施，推广清洁能源的生产和使用。(　　)

18. 国家依照法律规定实行排污监督管理制度。(　　)

19. 引进不符合我国环境保护规定的技术、设备、材料和产品必须经有关部门批准。(　　)

20. 国家鼓励投保环境污染责任保险。(　　)

模块七　中华人民共和国特种设备安全法

☞ **知识目标**

1. 熟悉特种设备的生产、经营、使用规范；
2. 熟悉特种设备的检验、检测的资质、方法和周期；
3. 熟悉特种设备的使用监管方法。

☞ **能力目标**

1. 培养特种设备安全使用、监督的能力；
2. 能组织特种设备事故的应急救援。

7.1 《特种设备安全法》立法的目的和意义

7.1.1 《特种设备安全法》立法的目的

《特种设备安全法》的立法目的是加强特种设备安全工作，预防特种设备事故，保障人身和财产安全，促进经济社会发展。

从特种设备的结构功能方面看，一般涉及机械、动力(电力或燃料系统)、仪器仪表、控制等多种专业特色，普通人较难全方位了解和掌握其结构特点、功能原理、安全控制。所以在特种设备的使用过程中已发生过许多安全事故，既伤害了自己，又伤害了他人，许多情况下还造成了环境损害、财产损失等社会问题。为了预防由于对特种设备设计不合理、使用不规范、违章操作等情况所造成的安全事故，保障特种设备使用人员自身安全和他人安全，保障人民和国家财产安全，促进经济社会健康、稳健、有序发展，特制定《特种设备安全法》对特种设备的设计、制造、安装、改造、修理各个环节进行法律约束和管理。

7.1.2 特种设备的立法管理范围

特种设备，是指对人身和财产安全有较大危险性的锅炉、压力容器(含气瓶)、压力管道、电梯、起重机械、客运索道、大型游乐设施、场(厂)内专用机动车辆，以及法律、行政法规规定适用本法的其他特种设备。特种设备的种类简表如表 7-1 所示。

表 7-1　特种设备种类简表

代码	种　类	项　目	内　　容
1000	锅炉	含义	指利用各种燃料、电或者其他能源，将所盛装的液体加热到一定的参数，并对外输出热能的设备，其范围规定为容积≥30L 的承压蒸汽锅炉；出口水压≥0.1MPa(表压)，且额定功率≥0.1MW 的承压热水锅炉；有机热载体锅炉
		类别	承压蒸汽锅炉、承压热水锅炉、有机热载体锅炉、锅炉部件、锅炉材料

续表

代码	种类	项目	内容
2000	压力容器	含义	指盛装气体或者液体，承载一定压力的密闭设备，其范围规定为最高工作压力≥0.1MPa(表压)，且压力与容积的乘积≥2.5MPa·L的气体、液化气体和最高工作温度≥标准沸点的液体的固定式容器和移动式容器；盛装公称工作压力≥0.2MPa(表压)，且压力与容积的乘积≥1.0MPa·L的气体、液化气体和标准沸点≤60℃液体的气瓶；氧舱等
		类别	固定式压力容器、移动式压力容器、气瓶、氧舱、压力容器部件、压力容器材料
8000	压力管道	含义	指利用一定的压力，用于输送气体或者液体的管状设备，其范围规定为最高工作压力≥0.1MPa(表压)的气体、液化气体、蒸汽介质或者可燃、易爆、有毒、有腐蚀性、最高工作温度≥标准沸点的液体介质，且公称直径>25mm的管道
		类别	长输(油气)管道、公用管道(燃气，热力)、工业管道(工艺，动力，制冷)
7000	压力管道元件	类别	压力管道管子；压力管道管件；阀门；法兰；补偿器；压力管道支承件；压力管道密封元件；压力管道特种元件；压力管道材料
3000	电梯	含义	指动力驱动，利用沿刚性导轨运行的箱体或者沿固定线路运行的梯级(踏步)，进行升降或者平行运送人、货物的机电设备。包括载人(货)电梯、自动扶梯、自动人行道等
		类别	乘客电梯、载货电梯、液压电梯、杂物电梯、自动扶梯、自动人行道、电梯部件
4000	起重机械	含义	指用于垂直升降或者垂直升降并水平移动重物的机电设备，其范围规定为额定起重量≥0.5t的升降机；额定起重量≥1t，且提升高度≥2m的起重机和承重形式固定的电动葫芦等
		类别	桥式起重机、门式起重机、塔式起重机、流动式起重机、铁路起重机、门座起重机、升降机、缆索起重机、桅杆起重机、旋臂式起重机、轻小型起重设备、机械式停车设备
9000	客运索道	含义	指动力驱动，利用柔性绳索牵引箱体等运载工具运送人员的机电设备，包括客运架空索道、客运缆车、客运拖牵索道等
		类别	客运架空索道、客运缆车、客运拖牵索道、客运索道部件
6000	大型游乐设施	含义	指用于经营目的，承载乘客游乐的设施，其范围规定为设计最大运行线速度≥2m/s，或者运行高度距地面≥2m的载人大型游乐设施
		类别	观览车类、滑行车类、架空游览车类、陀螺类、飞行塔类、转马类、自控飞机类、赛车类、小火车类、碰碰车类、电池车类、水上游乐设施、无动力游乐设施、游乐设施部件
5000	场(厂)内专用机动车辆	含义	指除道路交通、农用车辆以外仅在工厂厂区、旅游景区、游乐场所等特定区域使用的专用机动车辆
		类别	场(厂)内专用机动工业车辆；场(厂)内专用旅游观光车辆

续表

代码	种类	项目	内容
F000	安全附件及安全保护装置	含义	特种设备包括其附属的安全附件、安全保护装置和与安全保护装置相关的设施
		品种（不分类别）	安全阀、水位表、水位控制报警装置、压力控制报警装置、温度控制报警装置、燃烧连锁保护装置、液位计、爆破片、紧急切断阀、过流保护装置、快开门连锁保护装置、气瓶瓶阀、气瓶减压阀、液位限制阀、氧舱测氧仪、超压限制装置、测压调压装置、检漏装置、阴极保护装置、限速器、安全钳、缓冲器、电梯门锁装置、电梯轿厢上行超速保护装置、含有电子元件的电梯安全电路、电梯限速切断阀、电梯控制柜、曳引机、起重机械起重量限制器、起重机械起重力矩限制器、起重机械起升高度限制器、起重机械防坠安全器、起重机械制动器、游乐设施安全压杆
备注			特种设备包括其所用的材料、附属的安全附件、安全保护装置和与安全保护装置相关的设施

7.1.3 《特种设备安全法》立法意义

（一）坚持以人为本，立法为民的理念

本法确立了企业承担安全主体责任、政府履行安全监管职责和社会发挥监督作用三位一体的特种设备安全工作新模式。这是从特种设备安全事故血的教训中总结出来的。通过强化企业主体责任，加大对违法行为的处罚力度，督促生产、经营、使用单位及其负责人树立安全意识，切实承担保障特种设备安全的责任。

立法就是要解决实践中普遍存在的突出问题。本法是第一部对各类特种设备安全管理做统一、全面规范的法律。它的出台标志着我国特种设备安全工作向科学化、法制化方向迈进了一大步。

（二）确立和落实企业的主体安全责任

1. 生产环节

法律对特种设备的设计、制造、安装、改造、修理等活动规定了行政许可制度。

2. 经营环节

法律禁止销售、出租未取得许可生产、未经检验和检验不合格的特种设备或者国家明令淘汰和已经报废的特种设备。

3. 使用环节

法律要求所有特种设备必须向监管部门办理使用登记方可使用，使用单位要落实安全责任，对设备安全运行情况定期开展安全检查，进行经常性维护保养；一旦发现设备出现故障，应当立即停止运行，进行全面检查，消除事故隐患。

（三）细化条款，强化执行

本法进一步提高立法质量，切实增强法律的可执行性。这部法律从一审时的 65 条增至 2013 年的 101 条，补充细化了不少针对性强的条款。

法律明确要求特种设备的设计、制造、维护、保养必须由有资质的单位承担，承担维护保养的作业人员必须经过专业培训、取得作业人员资格；维护保养过程应当严格执行安全技术规范要求，并落实各个环节的防护措施，保证全过程安全。

（四）政府监管，依法尽责

政府部门对特种设备的监管，是根据法律条款所赋予的权利实施监管，依法督促产、销、用单位和检验、检测机构落实法律规定的各项义务和要求，一旦发现违法行为，坚决予以查处。法律规定，负责特种设备安全监督管理的部门应当对学校、幼儿园以及车站码头、商场公园等公众聚集场所的特种设备实施重点安全监督检查。特种设备监管部门应当定期向社会公布特种设备安全状况。同时，要求监管部门对依法办理使用登记的特种设备建立完整的监督管理档案和信息查询系统，便于公众查询。

（五）提高公众安全意识，增强自我保护能力

全国人大常委会的立法坚持以人为本，把保障人民生命财产安全放在第一位。然而法律的有效实施需要全社会共同努力，需要每个人自觉增强安全意识。公众可通过特种设备管理方的告知说明，或产品使用说明书等资料尽可能加强对特种设备在使用、乘坐、接触等方面的安全常数的掌握或安全自我监督，增强自我保护能力。

7.2 《特种设备安全法》主要内容和基本框架

《特种设备安全法》分为七章共 101 条。第十二届全国人大常委会提出了要进一步提高立法质量，并切实增强法律的可执行性。这部法律从一审时的 65 条增至本次的 101 条，补充细化了许多针对性强的条款。

1. 第一章　总则

本章共 12 条。主要内容是：

（1）本法的立法目的，适用范围。

（2）特种设备安全工作原则(安全第一、预防为主、节能环保、综合治理)。

（3）国家对特种设备的生产、经营、使用，实施分类的、全过程的安全监督管理。

（4）国务院特种设备安全监督管理部门和县级以上地方各级人民政府特种设备安全监督管理的部门监督管理职责。

（5）特种设备生产、经营、使用、检验、检测时应当遵守有关特种设备安全技术规范及相关标准以及建立、健全特种设备安全和节能责任制度，加强特种设备安全和节能管理。

（6）规定了单位和个人的知情权和举报权利。

2. 第二章　生产、经营、使用

本章共 37 条。

第一部分是一般规定，共 5 条，明确了特种设备生产、经营、使用单位和主要负责人所负有的主体负责。

第二部分是生产，共 9 条，确定国家按照分类监督管理的原则对特种设备生产实行许可制度，详细规定了特种设备安全技术规范要求的设计文件、产品质量合格证明、安装及使用维护保养说明、监督检验证明等相关技术资料和文件，并在特种设备显著位置设置产品铭牌、安全警示标志及其说明等。

第三部分是经营，共5条。

(1) 主要界定了特种设备销售单位销售的特种设备，应当符合安全技术规范及相关标准的要求，其设计文件、产品质量合格证明、安装及使用维护保养说明、监督检验证明等相关技术资料和文件应当齐全，并建立特种设备检查验收和销售记录制度。禁止销售未取得许可生产的特种设备，未经检验和检验不合格的特种设备，或者国家明令淘汰和已经报废的特种设备。

(2) 说明了进口和租赁特种设备的相关安全规定。

第四部分是使用，共18条。

(1) 特种设备使用单位应当使用“许可生产”并检验合格的特种设备，禁止使用国家明令淘汰和已经报废的特种设备。

(2) 规定了特种设备使用报备制度，和使用单位应当建立特种设备安全技术档案，维护保养和定期自行检查，并作出记录。

(3) 特种设备使用单位应当建立岗位责任、隐患治理、应急救援等安全管理制度，制定操作规程，保证特种设备安全运行。

(4) 规范逾期、失效特种设备的报废、注销制度。

3. 第三章　检验、检测

本章共7条，确定了特种设备监督、检验机构应依法具有相应的资质，进行合法检验，并对检验的结果负有法律责任。

4. 第四章　监督管理

本章共12条，明确规定负责特种设备安全监督管理的部门依照规定，对特种设备生产、经营、使用单位和检验、检测机构实施全方位、全过程的监督检查。依法具有取缔(许可)、报废(不合格)、处罚(违法行为)的权利。

5. 第五章　事故应急救援与调查处理

本章共5条，规定了：

(1) 国务院负责特种设备安全监督管理的部门应当依法组织制定特种设备重特大事故应急预案，报国务院批准后纳入国家突发事件应急预案体系。

(2) 县级以上地方各级人民政府及其负责特种设备安全监督管理的部门应当依法组织制定本行政区域内特种设备事故应急预案，建立或者纳入相应的应急处置与救援体系。

(3) 特种设备使用单位应当制定特种设备事故应急专项预案，并定期进行应急演练。

(4) 特种设备事故的报告、调查、处理制定。

6. 第六章　法律责任

本章共25条，是对责任主体单位及负责人，负有监管职责的机构，使用单位和个人等在特种设备设计、生产、经营、使用、检验等各种活动中出现的违法行为实施的处罚方式和规格。

7. 第七章　附则

本章共3条，说明了：

(1) 特种设备行政许可、检验的收费，依照法律、行政法规的规定执行。

（2）军事装备、核设施、航空航天器使用的特种设备安全的监督管理不适用本法。

（3）铁路机车、海上设施和船舶、矿山井下使用的特种设备以及民用机场专用设备安全的监督管理，房屋建筑工地、市政工程工地用起重机械和场(厂)内专用机动车辆的安装、使用的监督管理，由有关部门依照本法和其他有关法律的规定实施。

（4）本法自2014年1月1日起施行。

7.3 《特种设备安全法》的立法亮点

《特种设备安全法》几乎全盘吸纳了《特种设备安全监察条例》(以下称为条例)确定的制度，并在此基础上扩大了调整范围，创新了监管制度，加重了法律责任。在行政许可方面《特种设备安全法》规定，对定期检验、鉴定等技术性监管措施作了微调。

1.《特种设备安全法》强化了全社会安全立法的色彩

《条例》尽管也是为了保障特种设备安全，但更侧重于政府的行政监察，是一个典型的行政管理法。《特种设备安全法》进一步完善了特种设备安全制度，强调了“三位一体"的特种设备安全体制，即：企业是主体，政府是监管，社会是监督。几字之差，强化了社会安全法的色彩，淡化了行政管理法色彩。

2.《特种设备安全法》明确规定了分类的、全过程的、有重点的安全监督管理原则，扩大了调整范围

《特种设备安全法》第四条规定：“国家对特种设备的生产、经营、使用，实施分类的、全过程的安全监督管理。”

分类监管就是要针对特种设备不同的性能特点、危险程度对它实行不同的监管模式、手段和方法。与《条例》不同，《特种设备安全法》列举了八大类承压类和机械类设备，但又未将特种设备限定为这几类设备，也未明确规定设备的参数，这为质检总局从实际出发，科学地确定管理对象、管理方式，完善制度建设预留了空间。下一步，质检总局将以制定新的特种设备目录为契机，将风险较小的设备调整出特种设备监管的范围，将有限的监管资源用在风险较大的设备监管上，同时，将在大力推广特种设备使用单位分类监管和使用标准化管理的基础上，继续推进设备、地区、单位分类监管。

全过程监管从宏观方面看是指企业承担安全主体责任、政府履行安全监管职责和社会发挥监督作用多元共治的全面监督管理；从微观方面看，是对涉及安全的各个重要环节，实施监督管理。《条例》调整特种设备的生产(包括设计、制造、安装、改造、修理)、使用、检验检测、监督管理四个环节，《特种设备安全法》增加了经营环节，对特种设备销售、出租、进口都予以规范，使特种设备的监管形成更加完整的链条，并与产品质量法律制度进一步衔接。如：法律明确规定销售者要建立进货验收和销售记录制度，不得销售未经许可、检验或国家明令淘汰等不符合法定要求的特种设备；出租者也是如此，应当保证出租的特种设备的合法性、安全性。

有重点监督是要求负责特种设备安全监督管理的部门依照本法规定，对特种设备生产、经营、使用单位和检验、检测机构实施监督检查，对学校、幼儿园以及医院、车站、客运码头、商场、体育场馆、展览馆、公园等公众聚集场所的特种设备，实施重点安全监督检查。

3.《特种设备安全法》进一步明确了各方的责任，特别突出了生产者、经营者、使用者的主体责任

关于生产者、经营者、使用者的主体责任，特种设备具有高压、高温、高速、高空的特点，事关公众的安全。企业在设计、制造和日常的维修保养、安全检查的时候，稍有疏忽就会造成人们生命、财产的损失，如果生产者、经营者、使用者不真正负起责任来，监管部门凭借有限的行政资源，很难保障安全。因此，《特种设备安全法》对特种设备生产、制造、销售、使用等各个环节的责任，包括检验、人员培训、制定安全制度等都作了明确规定。如：对特种设备生产、经营、使用单位要求“遵守本法和其他有关法律、法规，建立、健全特种设备安全和节能责任制度，加强特种设备安全和节能管理，确保特种设备生产、经营、使用安全，符合节能要求。”“特种设备生产、经营、使用单位及其主要负责人对其生产、经营、使用的特种设备安全负责。”对生产单位，要求“保证特种设备生产符合安全技术规范及相关标准的要求，对其生产的特种设备的安全性能负责。不得生产不符合安全性能要求和能效指标以及国家明令淘汰的特种设备。”对销售单位要求“建立特种设备检查验收和销售记录制度，验明相关技术资料和文件，禁止销售未取得许可生产的特种设备，未经检验和检验不合格的特种设备，或者国家明令淘汰和已经报废的特种设备。”对使用单位要求建立岗位责任、隐患治理、应急救援等安全管理制度，制定操作规程，保证特种设备安全运行。对电梯制造、维修、保养单位的责任，特种设备操作人员、管理人员的责任，法律都作了尽可能细致的规定。

关于监管部门的责任。特种设备的安全监管部门是以质量技术监督部门为主，其他部门有相应职责。同时也突出了各级人民政府应加强对特种设备安全工作的领导协调管理。如要求“国务院和地方各级人民政府应当加强对特种设备安全工作的领导，督促各有关部门依法履行监督管理职责。县级以上地方各级人民政府应当建立协调机制，及时协调、解决特种设备安全监督管理中存在的问题。”

关于社会监督责任。法律新创设了特种设备行业协会加强行业自律的责任，即：“特种设备行业协会应当加强行业自律，推进行业诚信体系建设，提高特种设备安全管理水平。”同时，还规定“任何单位和个人有权向负责特种设备安全监督管理的部门和有关部门举报涉及特种设备安全的违法行为，接到举报的部门应当及时处理。”

4. 确立了特种设备的召回制度

缺陷产品召回是指已售出的产品，由于存在危及安全的同一性缺陷，生产者采取措施消除缺陷的活动。产品召回制度是舶来的制度，早在2004年，由国家质检总局会同发改委、商务部、海关总署等部委，以规章的形式，设立了缺陷汽车召回制度，后来又制定了儿童玩具、食品召回的规章。此后，2008年，《食品安全法》吸纳了食品召回制度；2012年国务院出台了《缺陷汽车产品召回管理条例》；2013年，《特种设备安全法》确立了特种设备产品召回制度。

《特种设备安全法》第二十六条规定：“国家建立缺陷特种设备召回制度。因生产原因造成特种设备存在危及安全的同一性缺陷的，特种设备生产单位应当立即停止生产，主动召回。国务院负责特种设备安全监督管理的部门发现特种设备存在应当召回而未召回的情形时，应当责令特种设备生产单位召回”。

这里，召回的前提是特种设备存在因为生产原因造成的危及安全的同一性缺陷(偶发性的、非安全问题不在召回之列)；召回的主体是生产单位；召回的方式有主动召回、责令召回。召回的程序、采取的措施等，还有待于部门规章做进一步明确。

5. 确立了特种设备的报废和安全评估制度

设备都有设计的安全使用年限，到期了就应该更换、大修甚至报废。《条例》规定了报废制度，即“特种设备存在严重事故隐患，无改造、维修价值，或者超过安全技术规范规定使用年限，特种设备使用单位应当及时予以报废，并应当向原登记的特种设备安全监督管理部门办理注销”。

《特种设备安全法》不仅强调达到报废条件的要立刻报废，而且要求报废应当“采取必要措施消除该特种设备的使用功能”，防止再次流入市场被人使用。对于报废条件以外的特种设备，规定了安全评估制度，即“报废条件以外的特种设备，达到设计使用年限可以继续使用的，应当按照安全技术规范的要求通过检验或者安全评估，并办理使用登记证书变更，方可继续使用。允许继续使用的，应当采取加强检验、检测和维护保养等措施，确保使用安全”。这是一种既保障安全，又兼顾现实可行性的制度设计。

6. 调整了行政许可制度和强制性检验、鉴定制度

《特种设备安全法》全面吸纳了《条例》关于特种设备生产、使用、检验检测各环节严格的行政许可制度和强制性检验、鉴定制度。

行政许可制度有：特种设备生产许可制度；特种设备新材料、新技术、新工艺技术评审制度；特种设备使用登记制度；移动式压力容器、气瓶充装许可制度；特种设备检验检测机构核准制度；特种设备检验检测人员资格制度；特种设备作业人员(含安全管理人员、检测人员和作业人员)资格制度。与《条例》不同之处在于，其一，《特种设备安全法》基本上都没有对行政许可实施主体作出明确授权，只是笼统地称“特种设备安全监督管理部门”，或者仅仅规定“特种设备安全管理人员、检测人员和作业人员应当按照国家有关规定取得相应资格”，“特种设备检验、检测机构的检验、检测人员应当经考核，取得检验、检测人员资格”；其二，《条例》中针对不同种类的特种设备实施的设计、制造、安装、改造、维修许可，被整合为一种行政许可，即特种设备生产许可。这些改变，可以将质检总局从大量微观许可事务中解脱出来，为将来深化行政审批制度改革，减少行政审批项目，下放行政审批权限扫清了法律障碍，预留了足够空间。

强制性检验、鉴定制度有：特种设备(锅炉、气瓶、氧舱、客运索道、大型游乐设施)设计文件鉴定；新产品、新部件、新材料型式试验；特种设备制造(锅炉、压力容器、压力管道元件)和安装、改造、重大修理(锅炉、压力容器、压力管道、电梯、起重机械、客运索道、大型游乐设施)监督检验；在用特种设备定期检验。与《条例》不同之处在于：取消了起重机械、大型游乐设施制造监检，但增加了压力管道安装、改造、重大修理监检；定期检验明确为安全性能检验，不再提能效测试。

7. 提升了特种设备安全技术规范的地位

《条例》首次在立法层面提到了安全技术规范。近些年来，质检总局陆续以规定格式制定了 100 多个 TSG，在特种设备安全监察中发挥了重要作用。有的安全技术规范，如《固定式压力容器安全技术监察规程》《移动式压力容器安全技术监察规程》《锅炉安全技术监察规

程》等，已经按照 WTO/TBT 的规定，向世界贸易组织通报，但是，其法律地位并不明朗。《特种设备安全法》肯定了这一实践，规定：“特种设备生产、经营、使用、检验、检测应当遵守有关特种设备安全技术规范及相关标准。特种设备安全技术规范由国务院负责特种设备安全监督管理的部门制定。”这一规定，在法律层面，将特种设备安全技术规范提升到了标准的地位，明确为特种设备生产、经营、使用、检验、检测应当遵循的最高技术准则，其制定者应当是国务院特种设备安全监督管理部门。今后，质检总局需要进一步安全技术规范的制修订程序，提高特种设备安全规范的质量，使特种设备安全工作能够科学地、有效地实施，争取在一个不长的时间内，形成中国的特种设备规范（TSG），以便能够走出国门，与世界的一些技术法规、规范并齐，更好地为特种设备安全和经济、贸易服务。

8. 进一步加大了对违法行为的处罚力度，调整了查封扣押的规定

安全质量问题累累发生，很重要的一个原因可能就是处罚的力度不够，违法成本低。所以这部法律在《条例》基础上，普遍加大了处罚力度。当然，处罚不是目的，而是为了提高预防的能力，产生警示的作用。因此，《特种设备安全法》在加大处罚力度的同时，对许多违法行为，规定了责令限期改正的处罚前程序。

《特种设备安全法》的查封、扣押范围增加了流入市场的达到报废条件或者已经报废的特种设备，同时删除了能耗严重超标的特种设备。个人的解读是将安全监察的重点更多地放在安全上。

9. 删除了特种设备定义和事故标准划分的规定

《条例》在附则中规定了特种设备定义参数，明确规定了特种设备安全事故标准。《特种设备安全法》则没有作具体规定。事故标准的确定上，也可以向《安全生产法》和《生产安全事故报告和调查处理条例》靠拢。

10. 在事故的责任赔偿中体现民事优先的原则

民事优先原则是指在发生事故后，责任单位的财产在同时支付处罚和民事赔偿，或者其他欠债，当财产不足以同时赔付的时候优先赔付老百姓、优先赔付消费者。此原则体现以人为本，对建设平安中国，保护老百姓的人身、财产安全是一个具有重大意义政策。

7.4 典型案例分析

【案例一】2021 年 1 月 3 日湖北随州市李庭树胶合板厂锅炉爆炸事故

（一）事故概况

2021 年 1 月 3 日上午 7 时 20 分，湖北省随州市随县均川镇，李庭树胶合板厂发生一起锅炉爆炸事故，造成 3 人死亡。

事故锅炉型号为 LSH0.5-0.4-Ⅱ。额定蒸发量为 0.5t/h。额定蒸气压力为 0.4MPa，额定蒸气温度为 151℃。该锅炉为河南某公司于 2021 年 1 月 21 日制造，于 2021 年 2 月私自安装，2 月 14 日开始使用，安装时未办理告知手续，未进行安装监检，未办理使用登记。事故发生时当班锅炉操作工未经培训，无特种设备作业操作证。

（二）事故原因分析

① 蒸汽出口阀和排污阀均处于关闭状态。安全阀阀瓣锈死，失去正常保护作用。锅炉

超压运行，导致炉胆失稳变形，拉开了炉门圈与锅壳连接焊缝。冲天管与锅壳封头搭接焊缝，锅炉结构发生破坏，导致爆炸事故发生。

② 锅炉使用单位未建立安全培训教育制度，对作业人员未进行专门的安全教育和岗前教育培训，锅炉操作人员无证上岗。

③ 事故锅炉属于非法安装，没有履行安装告知和报检手续，未经质监部门注册登记擅自投入使用，无管理制度，无操作规程，无运行记录。

（三）预防同类事故的措施

① 锅炉使用单位要严格按照锅炉法规和安全技术规范的要求建立锅炉安全管理制度和操作规程，锅炉安装必须请有合法资质的单位和人员进行，严格履行安装告知和报检手续，及时办理使用登记。

② 加强锅炉管理和操作人员的安全技术教育培训，提高管理、操作水平和应急处理能力，确保锅炉操作人员严格按照规程操作并持证上岗。

【案例二】2021 年 7 月 16 日广西桂林灵川古东景区“滑道”被抛出死亡事故

（一）事故概况

2021 年 7 月 16 日 19 时 10 分左右，广西壮族自治区桂林市灵川县大圩镇古东景区，桂林古东旅游有限公司滑道项目。工作人员白某和秦某分别上两台滑道车，白某在前、秦某在后（两车之间有一定距离），白某先开动滑道车下去，在距离站台约 60m 时，白某突然被后面的车撞了一下，发现后面是空车，他立即感觉秦某可能出事了，马上停车并通知在下站台等待他们的工作人员。最后，他们在距白某下车点约 240m 的弯道处发现秦某，当时秦某脉搏已比较弱，头部出血、竖躺在滑道护栏的走道上。秦某随即被送往最近的卫生院进行抢救，但终因颅脑损伤严重抢救无效死亡。

（二）事故原因分析

事发滑道为管轨滑道，滑道落差为 45m，最大坡度 9°，最小转弯半径 9m。据现场勘察，死者秦某被摔出滑道车的地点为弯道处，转弯半径为 9m，坡度为 7. 5°，距滑道下站约 300m 左右，事故现场的滑道护栏已被变形，走道的铁丝网上留有血迹。

白某为该滑道站的滑车员兼检修员，死者秦某为滑道站当日的安全检查人员，事发前白某为系好安全带后再下滑，但并没看到秦某是否系好安全带；而根据事发后对秦某当时乘坐滑车的检查结果，并未发现该滑车的安全带有任何破损，坚固螺钉也没有任何松动，车辆四周也没有任何异常和特殊痕迹。此次事故的直接原因是：秦某身为安全员却违反规定，乘滑车回下站时未系好安全带，导致在下滑途中通过最小弯道时，身体受离心力作用被抛出轨道、头部撞击滑道护栏导致颅脑严重损伤而死亡。

据了解，相关检查机构在 2021 年 6 月 17 日曾对事发设备进行过年度定期检验，发现了四个问题并要求运营单位 6 月 24 日前完成整改，其中一个问题是刹车片磨损严重，但直至事发时运营单位也未向检验机构提交整改情况回复。据此，不能排除秦某在进入弯道前是否有过刹车却无法正常减速的情况，这也可能是导致秦某被抛出弯道的另一个重要原因。

另据核实，秦某在事发前未取得过特种设备上岗作业证书，也属违规。

（三）预防同类事故的措施

① 运营使用单位应严格履行安全管理义务，建立健全相关安全管理制度，完善操作规

程，强化对作业人员、维护保养人员的基本安全技能培训，切实提高其安全意识教育，并严格做到持证上岗。

② 运营使用单位应按照相关法规的要求，完善企业组织机构，对相关安全管理人员进行全面的培训考核，杜绝违章指挥、违章冒险作业行为。

③ 运营单位应加强对设备的维护保养工作，必须保证正常维护所需的经费投入，杜绝设备带病运行状况的情况。

7.5 《中华人民共和国特种设备安全法》原文及导读

《中华人民共和国特种设备安全法》已由中华人民共和国第十二届全国人民代表大会常务委员会第三次会议于 2013 年 6 月 29 日通过，现予公布，自 2014 年 1 月 1 日起施行。

中华人民共和国主席　习近平

2013 年 6 月 29 日

目　录

第一章　总则
第二章　生产、经营、使用
　第一节　一般规定
　第二节　生产
　第三节　经营
　第四节　使用
第三章　检验、检测
第四章　监督管理
第五章　事故应急救援与调查处理
第六章　法律责任
第七章　附则

第一章　总　则

第一条　为了加强特种设备安全工作，预防特种设备事故，保障人身和财产安全，促进经济社会发展，制定本法。

[7-1 问题讨论]：制定《中华人民共和国特种设备安全法》的目的是什么？

第二条　特种设备的生产(包括设计、制造、安装、改造、修理)、经营、使用、检验、检测和特种设备安全的监督管理，适用本法。

本法所称特种设备，是指对人身和财产安全有较大危险性的锅炉、压力容器(含气瓶)、压力管道、电梯、起重机械、客运索道、大型游乐设施、场(厂)内专用机动车辆，以及法律、行政法规规定适用本法的其他特种设备。

国家对特种设备实行目录管理。特种设备目录由国务院负责特种设备安全监督管理的部门制定，报国务院批准后执行。

[7-2 问题讨论]：《中华人民共和国特种设备安全法》的适用范围是什么？

第三条 特种设备安全工作应当坚持安全第一、预防为主、节能环保、综合治理的原则。

第四条 国家对特种设备的生产、经营、使用，实施分类的、全过程的安全监督管理。

第五条 国务院负责特种设备安全监督管理的部门对全国特种设备安全实施监督管理。县级以上地方各级人民政府负责特种设备安全监督管理的部门对本行政区域内特种设备安全实施监督管理。

[**7-3 问题讨论**]：什么是特种设备？

第六条 国务院和地方各级人民政府应当加强对特种设备安全工作的领导，督促各有关部门依法履行监督管理职责。

县级以上地方各级人民政府应当建立协调机制，及时协调、解决特种设备安全监督管理中存在的问题。

第七条 特种设备生产、经营、使用单位应当遵守本法和其他有关法律、法规，建立、健全特种设备安全和节能责任制度，加强特种设备安全和节能管理，确保特种设备生产、经营、使用安全，符合节能要求。

第八条 特种设备生产、经营、使用、检验、检测应当遵守有关特种设备安全技术规范及相关标准。

特种设备安全技术规范由国务院负责特种设备安全监督管理的部门制定。

第九条 特种设备行业协会应当加强行业自律，推进行业诚信体系建设，提高特种设备安全管理水平。

第十条 国家支持有关特种设备安全的科学技术研究，鼓励先进技术和先进管理方法的推广应用，对做出突出贡献的单位和个人给予奖励。

第十一条 负责特种设备安全监督管理的部门应当加强特种设备安全宣传教育，普及特种设备安全知识，增强社会公众的特种设备安全意识。

第十二条 任何单位和个人有权向负责特种设备安全监督管理的部门和有关部门举报涉及特种设备安全的违法行为，接到举报的部门应当及时处理。

第二章　生产、经营、使用

第一节　一般规定

第十三条 特种设备生产、经营、使用单位及其主要负责人对其生产、经营、使用的特种设备安全负责。

特种设备生产、经营、使用单位应当按照国家有关规定配备特种设备安全管理人员、检测人员和作业人员，并对其进行必要的安全教育和技能培训。

第十四条 特种设备安全管理人员、检测人员和作业人员应当按照国家有关规定取得相应资格，方可从事相关工作。特种设备安全管理人员、检测人员和作业人员应当严格执行安全技术规范和管理制度，保证特种设备安全。

第十五条 特种设备生产、经营、使用单位对其生产、经营、使用的特种设备应当进行自行检测和维护保养，对国家规定实行检验的特种设备应当及时申报并接受检验。

第十六条 特种设备采用新材料、新技术、新工艺，与安全技术规范的要求不一致，或者安全技术规范未作要求、可能对安全性能有重大影响的，应当向国务院负责特种设备安全监督管理的部门申报，由国务院负责特种设备安全监督管理的部门及时委托安全技术咨询机构或者相关专业机构进行技术评审，评审结果经国务院负责特种设备安全监督管理的部门批准，方可投入生产、使用。

国务院负责特种设备安全监督管理的部门应当将允许使用的新材料、新技术、新工艺的有关技术要求，及时纳入安全技术规范。

第十七条 国家鼓励投保特种设备安全责任保险。

第二节 生　　产

第十八条 国家按照分类监督管理的原则对特种设备生产实行许可制度。特种设备生产单位应当具备下列条件，并经负责特种设备安全监督管理的部门许可，方可从事生产活动：

（一）有与生产相适应的专业技术人员；

（二）有与生产相适应的设备、设施和工作场所；

（三）有健全的质量保证、安全管理和岗位责任等制度。

[7-4 问题讨论]：特种设备生产单位应当具备什么条件，方可从事生产活动？

第十九条 特种设备生产单位应当保证特种设备生产符合安全技术规范及相关标准的要求，对其生产的特种设备的安全性能负责。不得生产不符合安全性能要求和能效指标以及国家明令淘汰的特种设备。

第二十条 锅炉、气瓶、氧舱、客运索道、大型游乐设施的设计文件，应当经负责特种设备安全监督管理的部门核准的检验机构鉴定，方可用于制造。

特种设备产品、部件或者试制的特种设备新产品、新部件以及特种设备采用的新材料，按照安全技术规范的要求需要通过型式试验进行安全性验证的，应当经负责特种设备安全监督管理的部门核准的检验机构进行型式试验。

第二十一条 特种设备出厂时，应当随附安全技术规范要求的设计文件、产品质量合格证明、安装及使用维护保养说明、监督检验证明等相关技术资料和文件，并在特种设备显著位置设置产品铭牌、安全警示标志及其说明。

第二十二条 电梯的安装、改造、修理，必须由电梯制造单位或者其委托的依照本法取得相应许可的单位进行。电梯制造单位委托其他单位进行电梯安装、改造、修理的，应当对其安装、改造、修理进行安全指导和监控，并按照安全技术规范的要求进行校验和调试。电梯制造单位对电梯安全性能负责。

第二十三条 特种设备安装、改造、修理的施工单位应当在施工前将拟进行的特种设备安装、改造、修理情况书面告知直辖市或者设区的市级人民政府负责特种设备安全监督管理的部门。

第二十四条 特种设备安装、改造、修理竣工后，安装、改造、修理的施工单位应当在验收后三十日内将相关技术资料和文件移交特种设备使用单位。特种设备使用单位应当将其存入该特种设备的安全技术档案。

第二十五条 锅炉、压力容器、压力管道元件等特种设备的制造过程和锅炉、压力容器、压力管道、电梯、起重机械、客运索道、大型游乐设施的安装、改造、重大修理过程，应当经特种设备检验机构按照安全技术规范的要求进行监督检验；未经监督检验或者监督检验不合格的，不得出厂或者交付使用。

[7-5 课堂练习]：国家建立(　　)特种设备召回制度。

第二十六条 国家建立缺陷特种设备召回制度。因生产原因造成特种设备存在危及安全的同一性缺陷的，特种设备生产单位应当立即停止生产，主动召回。

国务院负责特种设备安全监督管理的部门发现特种设备存在应当召回而未召回的情形时，应当责令特种设备生产单位召回。

第三节　经　　营

第二十七条 特种设备销售单位销售的特种设备，应当符合安全技术规范及相关标准的要求，其设计文件、产品质量合格证明、安装及使用维护保养说明、监督检验证明等相关技术资料和文件应当齐全。

特种设备销售单位应当建立特种设备检查验收和销售记录制度。

禁止销售未取得许可生产的特种设备，未经检验和检验不合格的特种设备，或者国家明令淘汰和已经报废的特种设备。

第二十八条 特种设备出租单位不得出租未取得许可生产的特种设备或者国家明令淘汰和已经报废的特种设备，以及未按照安全技术规范的要求进行维护保养和未经检验或者检验不合格的特种设备。

第二十九条 特种设备在出租期间的使用管理和维护保养义务由特种设备出租单位承担，法律另有规定或者当事人另有约定的除外。

第三十条 进口的特种设备应当符合我国安全技术规范的要求，并经检验合格；需要取得我国特种设备生产许可的，应当取得许可。

进口特种设备随附的技术资料和文件应当符合本法第二十一条的规定，其安装及使用维护保养说明、产品铭牌、安全警示标志及其说明应当采用中文。

特种设备的进出口检验，应当遵守有关进出口商品检验的法律、行政法规。

第三十一条 进口特种设备，应当向进口地负责特种设备安全监督管理的部门履行提前告知义务。

[**7-6 课堂练习**]：特种设备使用单位应当在特种设备投入使用前或者投入使用后(　　)，向负责特种设备安全监督管理的部门办理使用登记，取得使用登记证书。

第四节 使　　用

第三十二条 特种设备使用单位应当使用取得许可生产并经检验合格的特种设备。

禁止使用国家明令淘汰和已经报废的特种设备。

第三十三条 特种设备使用单位应当在特种设备投入使用前或者投入使用后三十日内，向负责特种设备安全监督管理的部门办理使用登记，取得使用登记证书。登记标志应当置于该特种设备的显著位置。

第三十四条 特种设备使用单位应当建立岗位责任、隐患治理、应急救援等安全管理制度，制定操作规程，保证特种设备安全运行。

第三十五条 特种设备使用单位应当建立特种设备安全技术档案。安全技术档案应当包括以下内容：

（一）特种设备的设计文件、产品质量合格证明、安装及使用维护保养说明、监督检验证明等相关技术资料和文件；

（二）特种设备的定期检验和定期自行检查记录；

（三）特种设备的日常使用状况记录；

（四）特种设备及其附属仪器仪表的维护保养记录；

（五）特种设备的运行故障和事故记录。

第三十六条 电梯、客运索道、大型游乐设施等为公众提供服务的特种设备的运营使用单位，应当对特种设备的使用安全负责，设置特种设备安全管理机构或者配备专职的特种设备安全管理人员；其他特种设备使用单位，应当根据情况设置特种设备安全管理机构或者配备专职、兼职的特种设备安全管理人员。

第三十七条 特种设备的使用应当具有规定的安全距离、安全防护措施。

与特种设备安全相关的建筑物、附属设施，应当符合有关法律、行政法规的规定。

第三十八条 特种设备属于共有的，共有人可以委托物业服务单位或者其他管理人管理特种设备，受托人履行本法规定的特种设备使用单位的义务，承担相应责任。共有人未委托的，由共有人或者实际管理人履行管理义务，承担相应责任。

第三十九条 特种设备使用单位应当对其使用的特种设备进行经常性维护保养和定期自行检查，并作出记录。

特种设备使用单位应当对其使用的特种设备的安全附件、安全保护装置进行定期校验、检修，并作出记录。

第四十条 特种设备使用单位应当按照安全技术规范的要求，在检验合格有效期届满前一个月向特种设备检验机构提出定期检验要求。

特种设备检验机构接到定期检验要求后，应当按照安全技术规范的要求及时进行安全性能检验。特种设备使用单位应当将定期检验标志置于该特种设备的显著位置。

未经定期检验或者检验不合格的特种设备，不得继续使用。

第四十一条 特种设备安全管理人员应当对特种设备使用状况进行经常性检查，发现问题应当立即处理；情况紧急时，可以决定停止使用特种设备并及时报告本单位有关负责人。

特种设备作业人员在作业过程中发现事故隐患或者其他不安全因素，应当立即向特种设备安全管理人员和单位有关负责人报告；特种设备运行不正常时，特种设备作业人员应当按照操作规程采取有效措施保证安全。

第四十二条 特种设备出现故障或者发生异常情况，特种设备使用单位应当对其进行全面检查，消除事故隐患，方可继续使用。

[7-7 课堂练习]：特种设备(　　)单位应当对其使用的特种设备进行经常性维护保养和定期自行检查，并作出记录。

[7-8 问题讨论]：人员密集场所的电梯使用单位，应该多长时间进行一次救援演练？

第四十三条 客运索道、大型游乐设施在每日投入使用前，其运营使用单位应当进行试运行和例行安全检查，并对安全附件和安全保护装置进行检查确认。

电梯、客运索道、大型游乐设施的运营使用单位应当将电梯、客运索道、大型游乐设施的安全使用说明、安全注意事项和警示标志置于易于为乘客注意的显著位置。

公众乘坐或者操作电梯、客运索道、大型游乐设施，应当遵守安全使用说明和安全注意事项的要求，服从有关工作人员的管理和指挥；遇有运行不正常时，应当按照安全指引，有序撤离。

第四十四条 锅炉使用单位应当按照安全技术规范的要求进行锅炉水(介)质处理，并接受特种设备检验机构的定期检验。

从事锅炉清洗，应当按照安全技术规范的要求进行，并接受特种设备检验机构的监督检验。

第四十五条 电梯的维护保养应当由电梯制造单位或者依照本法取得许可的安装、改造、修理单位进行。

电梯的维护保养单位应当在维护保养中严格执行安全技术规范的要求，保证其维护保养的电梯的安全性能，并负责落实现场安全防护措施，保证施工安全。

电梯的维护保养单位应当对其维护保养的电梯的安全性能负责；接到故障通知后，应当立即赶赴现场，并采取必要的应急救援措施。

第四十六条 电梯投入使用后，电梯制造单位应当对其制造的电梯的安全运行情况进行跟踪调查和了解，对电梯的维护保养单位或者使用单位在维护保养和安全运行方面存在的问题，提出改进建议，并提供必要的技术帮助；发现电梯存在严重事故隐患时，应当及时告知电梯使用单位，并向负责特种设备安全监督管理的部门报告。电梯制造单位对调查和了解的情况，应当作出记录。

第四十七条 特种设备进行改造、修理，按照规定需要变更使用登记的，应当办理变更登记，方可继续使用。

第四十八条 特种设备存在严重事故隐患，无改造、修理价值，或者达到安全技术规范规定的其他报废条件的，特种设备使用单位应当依法履行报废义务，采取必要措施消除该特种设备的使用功能，并向原登记的负责特种设备安全监督管理的部门办理使用登记证书注销手续。

前款规定报废条件以外的特种设备，达到设计使用年限

[7-9 问题讨论]：发现锅炉严重缺水时是否应急速向锅炉上水？

可以继续使用的，应当按照安全技术规范的要求通过检验或者安全评估，并办理使用登记证书变更，方可继续使用。允许继续使用的，应当采取加强检验、检测和维护保养等措施，确保使用安全。

第四十九条 移动式压力容器、气瓶充装单位，应当具备下列条件，并经负责特种设备安全监督管理的部门许可，方可从事充装活动：

（一）有与充装和管理相适应的管理人员和技术人员；

（二）有与充装和管理相适应的充装设备、检测手段、场地厂房、器具、安全设施；

（三）有健全的充装管理制度、责任制度、处理措施。

充装单位应当建立充装前后的检查、记录制度，禁止对不符合安全技术规范要求的移动式压力容器和气瓶进行充装。

气瓶充装单位应当向气体使用者提供符合安全技术规范要求的气瓶，对气体使用者进行气瓶安全使用指导，并按照安全技术规范的要求办理气瓶使用登记，及时申报定期检验。

第三章 检验、检测

第五十条 从事本法规定的监督检验、定期检验的特种设备检验机构，以及为特种设备生产、经营、使用提供检测服务的特种设备检测机构，应当具备下列条件，并经负责特种设备安全监督管理的部门核准，方可从事检验、检测工作：

（一）有与检验、检测工作相适应的检验、检测人员；

（二）有与检验、检测工作相适应的检验、检测仪器和设备；

（三）有健全的检验、检测管理制度和责任制度。

第五十一条 特种设备检验、检测机构的检验、检测人员应当经考核，取得检验、检测人员资格，方可从事检验、检测工作。

特种设备检验、检测机构的检验、检测人员不得同时在两个以上检验、检测机构中执业；变更执业机构的，应当依法办理变更手续。

第五十二条 特种设备检验、检测工作应当遵守法律、行政法规的规定，并按照安全技术规范的要求进行。

特种设备检验、检测机构及其检验、检测人员应当依法为特种设备生产、经营、使用单位提供安全、可靠、便捷、诚信的检验、检测服务。

第五十三条 特种设备检验、检测机构及其检验、检测人员应当客观、公正、及时地出具检验、检测报告，并对检验、检测结果和鉴定结论负责。

特种设备检验、检测机构及其检验、检测人员在检验、检测中发现特种设备存在严重事故隐患时，应当及时告知相关单位，并立即向负责特种设备安全监督管理的部门报告。

负责特种设备安全监督管理的部门应当组织对特种设备检验、检测机构的检验、检测结果和鉴定结论进行监督抽查，但应当防止重复抽查。监督抽查结果应当向社会公布。

第五十四条 特种设备生产、经营、使用单位应当按照安全技术规范的要求向特种设备检验、检测机构及其检验、检测人员提供特种设备相关资料和必要的检验、检测条件，并对资料的真实性负责。

第五十五条 特种设备检验、检测机构及其检验、检测人员对检验、检测过程中知悉的商业秘密，负有保密义务。

特种设备检验、检测机构及其检验、检测人员不得从事有关特种设备的生产、经营活动，不得推荐或者监制、监销特种设备。

第五十六条 特种设备检验机构及其检验人员利用检验工作故意刁难特种设备生产、经营、使用单位的，特种设备生产、经营、使用单位有权向负责特种设备安全监督管理的部门投诉，接到投诉的部门应当及时进行调查处理。

[7-10 拓展练习]：特种设备主要有哪几类？

第四章 监督管理

第五十七条 负责特种设备安全监督管理的部门依照本法规定，对特种设备生产、经营、使用单位和检验、检测机构实施监督检查。

负责特种设备安全监督管理的部门应当对学校、幼儿园以及医院、车站、客运码头、商场、体育场馆、展览馆、公园等公众聚集场所的特种设备，实施重点安全监督检查。

第五十八条 负责特种设备安全监督管理的部门实施本法规定的许可工作，应当依照本法和其他有关法律、行政法规规定的条件和程序以及安全技术规范的要求进行审查；不符合规定的，不得许可。

第五十九条 负责特种设备安全监督管理的部门在办理本法规定的许可时，其受理、审查、许可的程序必须公开，并应当自受理申请之日起三十日内，作出许可或者不予许可的决定；不予许可的，应当书面向申请人说明理由。

第六十条 负责特种设备安全监督管理的部门对依法办

理使用登记的特种设备应当建立完整的监督管理档案和信息查询系统；对达到报废条件的特种设备，应当及时督促特种设备使用单位依法履行报废义务。

第六十一条　负责特种设备安全监督管理的部门在依法履行监督检查职责时，可以行使下列职权：

（一）进入现场进行检查，向特种设备生产、经营、使用单位和检验、检测机构的主要负责人和其他有关人员调查、了解有关情况；

（二）根据举报或者取得的涉嫌违法证据，查阅、复制特种设备生产、经营、使用单位和检验、检测机构的有关合同、发票、账簿以及其他有关资料；

（三）对有证据表明不符合安全技术规范要求或者存在严重事故隐患的特种设备实施查封、扣押；

（四）对流入市场的达到报废条件或者已经报废的特种设备实施查封、扣押；

（五）对违反本法规定的行为作出行政处罚决定。

第六十二条　负责特种设备安全监督管理的部门在依法履行职责过程中，发现违反本法规定和安全技术规范要求的行为或者特种设备存在事故隐患时，应当以书面形式发出特种设备安全监察指令，责令有关单位及时采取措施予以改正或者消除事故隐患。紧急情况下要求有关单位采取紧急处置措施的，应当随后补发特种设备安全监察指令。

第六十三条　负责特种设备安全监督管理的部门在依法履行职责过程中，发现重大违法行为或者特种设备存在严重事故隐患时，应当责令有关单位立即停止违法行为、采取措施消除事故隐患，并及时向上级负责特种设备安全监督管理的部门报告。接到报告的负责特种设备安全监督管理的部门应当采取必要措施，及时予以处理。

对违法行为、严重事故隐患的处理需要当地人民政府和有关部门的支持、配合时，负责特种设备安全监督管理的部门应当报告当地人民政府，并通知其他有关部门。当地人民政府和其他有关部门应当采取必要措施，及时予以处理。

第六十四条　地方各级人民政府负责特种设备安全监督管理的部门不得要求已经依照本法规定在其他地方取得许可的特种设备生产单位重复取得许可，不得要求对已经依照本法规定在其他地方检验合格的特种设备重复进行检验。

第六十五条　负责特种设备安全监督管理的部门的安全监察人员应当熟悉相关法律、法规，具有相应的专业知识和

[7-11 课堂练习]：（　　）负责特种设备安全监督管理的部门对全国特种设备安全实施监督管理。

工作经验，取得特种设备安全行政执法证件。

特种设备安全监察人员应当忠于职守、坚持原则、秉公执法。

负责特种设备安全监督管理的部门实施安全监督检查时，应当有两名以上特种设备安全监察人员参加，并出示有效的特种设备安全行政执法证件。

第六十六条 负责特种设备安全监督管理的部门对特种设备生产、经营、使用单位和检验、检测机构实施监督检查，应当对每次监督检查的内容、发现的问题及处理情况作出记录，并由参加监督检查的特种设备安全监察人员和被检查单位的有关负责人签字后归档。被检查单位的有关负责人拒绝签字的，特种设备安全监察人员应当将情况记录在案。

[**7–12 问题讨论**]：特种设备发生特别重大事故，由哪些部门进行事故调查？

第六十七条 负责特种设备安全监督管理的部门及其工作人员不得推荐或者监制、监销特种设备；对履行职责过程中知悉的商业秘密负有保密义务。

第六十八条 国务院负责特种设备安全监督管理的部门和省、自治区、直辖市人民政府负责特种设备安全监督管理的部门应当定期向社会公布特种设备安全总体状况。

第五章　事故应急救援与调查处理

第六十九条 国务院负责特种设备安全监督管理的部门应当依法组织制定特种设备重特大事故应急预案，报国务院批准后纳入国家突发事件应急预案体系。

县级以上地方各级人民政府及其负责特种设备安全监督管理的部门应当依法组织制定本行政区域内特种设备事故应急预案，建立或者纳入相应的应急处置与救援体系。

特种设备使用单位应当制定特种设备事故应急专项预案，并定期进行应急演练。

第七十条 特种设备发生事故后，事故发生单位应当按照应急预案采取措施，组织抢救，防止事故扩大，减少人员伤亡和财产损失，保护事故现场和有关证据，并及时向事故发生地县级以上人民政府负责特种设备安全监督管理的部门和有关部门报告。

县级以上人民政府负责特种设备安全监督管理的部门接到事故报告，应当尽快核实情况，立即向本级人民政府报告，并按照规定逐级上报。必要时，负责特种设备安全监督管理的部门可以越级上报事故情况。对特别重大事故、重大事故，国务院负责特种设备安全监督管理的部门应当立即报告国务院并通报国务院安全生产监督管理部门等有关部门。

与事故相关的单位和人员不得迟报、谎报或者瞒报事故情况，不得隐匿、毁灭有关证据或者故意破坏事故现场。

第七十一条 事故发生地人民政府接到事故报告，应当依法启动应急预案，采取应急处置措施，组织应急救援。

第七十二条 特种设备发生特别重大事故，由国务院或者国务院授权有关部门组织事故调查组进行调查。

发生重大事故，由国务院负责特种设备安全监督管理的部门会同有关部门组织事故调查组进行调查。

发生较大事故，由省、自治区、直辖市人民政府负责特种设备安全监督管理的部门会同有关部门组织事故调查组进行调查。

发生一般事故，由设区的市级人民政府负责特种设备安全监督管理的部门会同有关部门组织事故调查组进行调查。

事故调查组应当依法、独立、公正开展调查，提出事故调查报告。

第七十三条 组织事故调查的部门应当将事故调查报告报本级人民政府，并报上一级人民政府负责特种设备安全监督管理的部门备案。有关部门和单位应当依照法律、行政法规的规定，追究事故责任单位和人员的责任。

事故责任单位应当依法落实整改措施，预防同类事故发生。事故造成损害的，事故责任单位应当依法承担赔偿责任。

第六章 法律责任

第七十四条 违反本法规定，未经许可从事特种设备生产活动的，责令停止生产，没收违法制造的特种设备，处十万元以上五十万元以下罚款；有违法所得的，没收违法所得；已经实施安装、改造、修理的，责令恢复原状或者责令限期由取得许可的单位重新安装、改造、修理。

第七十五条 违反本法规定，特种设备的设计文件未经鉴定，擅自用于制造的，责令改正，没收违法制造的特种设备，处五万元以上五十万元以下罚款。

第七十六条 违反本法规定，未进行型式试验的，责令限期改正；逾期未改正的，处三万元以上三十万元以下罚款。

第七十七条 违反本法规定，特种设备出厂时，未按照安全技术规范的要求随附相关技术资料和文件的，责令限期改正；逾期未改正的，责令停止制造、销售，处二万元以上二十万元以下罚款；有违法所得的，没收违法所得。

[7-13 拓展练习]：（单选题）根据本质安全的概念，（　　）是从本质安全角度出发而采取的安全措施。

A. 切割机械上设置的光控断电装置

B. 汽车上设置的安全气囊

C. 为探险人员配备的卫星定位仪

D. 煤矿工人佩戴的自救器

第七十八条 违反本法规定，特种设备安装、改造、修理的施工单位在施工前未书面告知负责特种设备安全监督管理的部门即行施工的，或者在验收后三十日内未将相关技术资料和文件移交特种设备使用单位的，责令限期改正；逾期未改正的，处一万元以上十万元以下罚款。

第七十九条 违反本法规定，特种设备的制造、安装、改造、重大修理以及锅炉清洗过程，未经监督检验的，责令限期改正；逾期未改正的，处五万元以上二十万元以下罚款；有违法所得的，没收违法所得；情节严重的，吊销生产许可证。

第八十条 违反本法规定，电梯制造单位有下列情形之一的，责令限期改正；逾期未改正的，处一万元以上十万元以下罚款：

（一）未按照安全技术规范的要求对电梯进行校验、调试的；

（二）对电梯的安全运行情况进行跟踪调查和了解时，发现存在严重事故隐患，未及时告知电梯使用单位并向负责特种设备安全监督管理的部门报告的。

第八十一条 违反本法规定，特种设备生产单位有下列行为之一的，责令限期改正；逾期未改正的，责令停止生产，处五万元以上五十万元以下罚款；情节严重的，吊销生产许可证：

（一）不再具备生产条件、生产许可证已经过期或者超出许可范围生产的；

（二）明知特种设备存在同一性缺陷，未立即停止生产并召回的。

违反本法规定，特种设备生产单位生产、销售、交付国家明令淘汰的特种设备的，责令停止生产、销售，没收违法生产、销售、交付的特种设备，处三万元以上三十万元以下罚款；有违法所得的，没收违法所得。

特种设备生产单位涂改、倒卖、出租、出借生产许可证的，责令停止生产，处五万元以上五十万元以下罚款；情节严重的，吊销生产许可证。

第八十二条 违反本法规定，特种设备经营单位有下列行为之一的，责令停止经营，没收违法经营的特种设备，处三万元以上三十万元以下罚款；有违法所得的，没收违法所得：

（一）销售、出租未取得许可生产，未经检验或者检验不合格的特种设备的；

（二）销售、出租国家明令淘汰、已经报废的特种设备，或者未按照安全技术规范的要求进行维护保养的特种设备的。

违反本法规定，特种设备销售单位未建立检查验收和销售记录制度，或者进口特种设备未履行提前告知义务的，责令改正，处一万元以上十万元以下罚款。

特种设备生产单位销售、交付未经检验或者检验不合格的特种设备的，依照本条第一款规定处罚；情节严重的，吊销生产许可证。

第八十三条 违反本法规定，特种设备使用单位有下列行为之一的，责令限期改正；逾期未改正的，责令停止使用有关特种设备，处一万元以上十万元以下罚款：

（一）使用特种设备未按照规定办理使用登记的；

（二）未建立特种设备安全技术档案或者安全技术档案不符合规定要求，或者未依法设置使用登记标志、定期检验标志的；

（三）未对其使用的特种设备进行经常性维护保养和定期自行检查，或者未对其使用的特种设备的安全附件、安全保护装置进行定期校验、检修，并作出记录的；

（四）未按照安全技术规范的要求及时申报并接受检验的；

（五）未按照安全技术规范的要求进行锅炉水（介）质处理的；

（六）未制定特种设备事故应急专项预案的。

第八十四条 违反本法规定，特种设备使用单位有下列行为之一的，责令停止使用有关特种设备，处三万元以上三十万元以下罚款：

（一）使用未取得许可生产，未经检验或者检验不合格的特种设备，或者国家明令淘汰、已经报废的特种设备的；

（二）特种设备出现故障或者发生异常情况，未对其进行全面检查、消除事故隐患，继续使用的；

（三）特种设备存在严重事故隐患，无改造、修理价值，或者达到安全技术规范规定的其他报废条件，未依法履行报废义务，并办理使用登记证书注销手续的。

第八十五条 违反本法规定，移动式压力容器、气瓶充装单位有下列行为之一的，责令改正，处二万元以上二十万元以下罚款；情节严重的，吊销充装许可证：

（一）未按照规定实施充装前后的检查、记录制度的；

（二）对不符合安全技术规范要求的移动式压力容器和气

[7-14 课堂练习]：电梯的维护保养单位未按照《特种设备安全法》规定以及安全技术规范的要求，进行电梯维护保养的，处（　　）罚款。

A. 一万元以上十万元以下

B. 两万元以上二十万元以下

C. 五万元以上五十万元以下

瓶进行充装的。

违反本法规定，未经许可，擅自从事移动式压力容器或者气瓶充装活动的，予以取缔，没收违法充装的气瓶，处十万元以上五十万元以下罚款；有违法所得的，没收违法所得。

第八十六条 违反本法规定，特种设备生产、经营、使用单位有下列情形之一的，责令限期改正；逾期未改正的，责令停止使用有关特种设备或者停产停业整顿，处一万元以上五万元以下罚款：

（一）未配备具有相应资格的特种设备安全管理人员、检测人员和作业人员的；

（二）使用未取得相应资格的人员从事特种设备安全管理、检测和作业的；

（三）未对特种设备安全管理人员、检测人员和作业人员进行安全教育和技能培训的。

第八十七条 违反本法规定，电梯、客运索道、大型游乐设施的运营使用单位有下列情形之一的，责令限期改正；逾期未改正的，责令停止使用有关特种设备或者停产停业整顿，处二万元以上十万元以下罚款：

（一）未设置特种设备安全管理机构或者配备专职的特种设备安全管理人员的；

（二）客运索道、大型游乐设施每日投入使用前，未进行试运行和例行安全检查，未对安全附件和安全保护装置进行检查确认的；

（三）未将电梯、客运索道、大型游乐设施的安全使用说明、安全注意事项和警示标志置于易于为乘客注意的显著位置的。

第八十八条 违反本法规定，未经许可，擅自从事电梯维护保养的，责令停止违法行为，处一万元以上十万元以下罚款；有违法所得的，没收违法所得。

电梯的维护保养单位未按照本法规定以及安全技术规范的要求，进行电梯维护保养的，依照前款规定处罚。

第八十九条 发生特种设备事故，有下列情形之一的，对单位处五万元以上二十万元以下罚款；对主要负责人处一万元以上五万元以下罚款；主要负责人属于国家工作人员的，并依法给予处分：

（一）发生特种设备事故时，不立即组织抢救或者在事故调查处理期间擅离职守或者逃匿的；

（二）对特种设备事故迟报、谎报或者瞒报的。

第九十条 发生事故，对负有责任的单位除要求其依法承担相应的赔偿等责任外，依照下列规定处以罚款：

（一）发生一般事故，处十万元以上二十万元以下罚款；

（二）发生较大事故，处二十万元以上五十万元以下罚款；

（三）发生重大事故，处五十万元以上二百万元以下罚款。

第九十一条 对事故发生负有责任的单位的主要负责人未依法履行职责或者负有领导责任的，依照下列规定处以罚款；属于国家工作人员的，并依法给予处分：

（一）发生一般事故，处上一年年收入百分之三十的罚款；

（二）发生较大事故，处上一年年收入百分之四十的罚款；

（三）发生重大事故，处上一年年收入百分之六十的罚款。

第九十二条 违反本法规定，特种设备安全管理人员、检测人员和作业人员不履行岗位职责，违反操作规程和有关安全规章制度，造成事故的，吊销相关人员的资格。

第九十三条 违反本法规定，特种设备检验、检测机构及其检验、检测人员有下列行为之一的，责令改正，对机构处五万元以上二十万元以下罚款，对直接负责的主管人员和其他直接责任人员处五千元以上五万元以下罚款；情节严重的，吊销机构资质和有关人员的资格：

（一）未经核准或者超出核准范围、使用未取得相应资格的人员从事检验、检测的；

（二）未按照安全技术规范的要求进行检验、检测的；

（三）出具虚假的检验、检测结果和鉴定结论或者检验、检测结果和鉴定结论严重失实的；

（四）发现特种设备存在严重事故隐患，未及时告知相关单位，并立即向负责特种设备安全监督管理的部门报告的；

（五）泄露检验、检测过程中知悉的商业秘密的；

（六）从事有关特种设备的生产、经营活动的；

（七）推荐或者监制、监销特种设备的；

（八）利用检验工作故意刁难相关单位的。

违反本法规定，特种设备检验、检测机构的检验、检测人员同时在两个以上检验、检测机构中执业的，处五千元以

[7-15 课堂练习]：发生事故，对负有责任的单位除要求其依法承担相应的赔偿等责任外，依照下列规定处以罚款：（　　）。

A. 发生一般事故，处十万元以上二十万元以下罚款

B. 发生较大事故，处二十万元以上五十万元以下罚款

C. 发生重大事故，处五十万元以上二百万元以下罚款

D. 发生特大事故，处二百万元以上五百万元以下罚款

上五万元以下罚款；情节严重的，吊销其资格。

第九十四条 违反本法规定，负责特种设备安全监督管理的部门及其工作人员有下列行为之一的，由上级机关责令改正；对直接负责的主管人员和其他直接责任人员，依法给予处分：

（一）未依照法律、行政法规规定的条件、程序实施许可的；

（二）发现未经许可擅自从事特种设备的生产、使用或者检验、检测活动不予取缔或者不依法予以处理的；

（三）发现特种设备生产单位不再具备本法规定的条件而不吊销其许可证，或者发现特种设备生产、经营、使用违法行为不予查处的；

（四）发现特种设备检验、检测机构不再具备本法规定的条件而不撤销其核准，或者对其出具虚假的检验、检测结果和鉴定结论或者检验、检测结果和鉴定结论严重失实的行为不予查处的；

（五）发现违反本法规定和安全技术规范要求的行为或者特种设备存在事故隐患，不立即处理的；

（六）发现重大违法行为或者特种设备存在严重事故隐患，未及时向上级负责特种设备安全监督管理的部门报告，或者接到报告的负责特种设备安全监督管理的部门不立即处理的；

（七）要求已经依照本法规定在其他地方取得许可的特种设备生产单位重复取得许可，或者要求对已经依照本法规定在其他地方检验合格的特种设备重复进行检验的；

（八）推荐或者监制、监销特种设备的；

（九）泄露履行职责过程中知悉的商业秘密的；

（十）接到特种设备事故报告未立即向本级人民政府报告，并按照规定上报的；

（十一）迟报、漏报、谎报或者瞒报事故的；

（十二）妨碍事故救援或者事故调查处理的；

（十三）其他滥用职权、玩忽职守、徇私舞弊的行为。

第九十五条 违反本法规定，特种设备生产、经营、使用单位或者检验、检测机构拒不接受负责特种设备安全监督管理的部门依法实施的监督检查的，责令限期改正；逾期未改正的，责令停产停业整顿，处二万元以上二十万元以下罚款。

特种设备生产、经营、使用单位擅自动用、调换、转移、

[7-16 问题讨论]：哪些行业的特种设备不适用《中华人民共和国特种设备安全法》？

损毁被查封、扣押的特种设备或者其主要部件的，责令改正，处五万元以上二十万元以下罚款；情节严重的，吊销生产许可证，注销特种设备使用登记证书。

第九十六条 违反本法规定，被依法吊销许可证的，自吊销许可证之日起三年内，负责特种设备安全监督管理的部门不予受理其新的许可申请。

第九十七条 违反本法规定，造成人身、财产损害的，依法承担民事责任。

违反本法规定，应当承担民事赔偿责任和缴纳罚款、罚金，其财产不足以同时支付时，先承担民事赔偿责任。

第九十八条 违反本法规定，构成违反治安管理行为的，依法给予治安管理处罚；构成犯罪的，依法追究刑事责任。

第七章 附 则

第九十九条 特种设备行政许可、检验的收费，依照法律、行政法规的规定执行。

第一百条 军事装备、核设施、航空航天器使用的特种设备安全的监督管理不适用本法。

铁路机车、海上设施和船舶、矿山井下使用的特种设备以及民用机场专用设备安全的监督管理，房屋建筑工地、市政工程工地用起重机械和场(厂)内专用机动车辆的安装、使用的监督管理，由有关部门依照本法和其他有关法律的规定实施。

第一百零一条 本法自 2014 年 1 月 1 日起施行。

习题与练习

一、填空题

1. 为了加强特种设备安全工作，预防____________，保障人身和财产安全，促进经济社会发展，制定《中华人民共和国特种设备安全法》。

2. 特种设备安全工作应当坚持安全第一、预防为主、________________、综合治理的原则。

3. 国家对特种设备的生产、经营、使用，实施分类的、________________的安全监督管理。

4. 特种设备安全技术规范由国务院负责特种设备______________________________制定。

5. 特种设备出厂时，应当随附安全技术规范要求的设计文件、产品质量合格证明、安装及使用维护保养说明、监督检验证明等相关技术资料和文件，并在特种设备显著位置设置____________________及其说明。

6. 国家建立缺陷特种设备__________。

7. 禁止销售未取得许可生产的特种设备、未经检验和检验不合格的特种设备，或者国家明令____________的特种设备。

8. 特种设备使用单位应当在特种设备投入使用前或者投入使用后三十日内，向负责特种设备安全监督管理的部门办理使用登记，取得使用登记证书。

9. 特种设备的使用应当具有规定的安全距离、____________________。

10. 客运索道、大型游乐设施在_______投入使用前，其运营使用单位应当进行试运行和例行安全检查，并对安全附件和安全保护装置进行检查确认。

11. 中华人民共和国特种设备安全法自________________起施行。

二、选择题

1. 下列设备中，不属于《特种设备安全监察条例》安全监察对象的是(　　)。

A. 化工厂的压力容器　　B. 商场的电梯

C. 海上平台的起重机　　D. 电厂的锅炉

2. 依据《特种设备安全监察条例》，下列关于特种设备使用的表述，正确的是(　　)。

A. 特种设备在投入使用前或者投入使用后 15 日内，特种设备使用单位应当向直辖市或者设区的市的特种设备安全监督管理部门登记

B. 特种设备使用单位对在用特种设备应当至少每月进行一次自行检查，并作出记录

C. 电梯应当至少每 30 日进行一次清洁、润滑、调整和检查

D. 客运索道、大型游乐设施的运营使用单位在客运索道、大型游乐设施每周投入使用前，应当进行试运行和例行安全检查，并对安全装置进行检查确认

3. 根据《特种设备安全监察条例》，电梯使用单位未按规定对电梯进行定期检验和维护的，特种设备安全监管部门可对使用单位进行处罚，处罚的种类不包括以下哪种(　　)。

A. 责令限期改正　　B. 责令停止使用

C. 责令停产停业整顿　　D. 处 2 万元以上 5 万元以下罚款

三、简答题

1. 什么是特种设备？

2. 特种设备作业人员在作业过程中发现不安全因素应如何处理？

扫码获取更多学习资料

模块八　企业安全文化与责任关怀

☞ **知识目标**

1. 熟悉企业文化与企业安全文化的定义、作业；
2. 掌握 HSE 管理体系的核心要素；
3. 掌握责任关怀的核心要素。

☞ **能力目标**

1. 能利用企业安全文化约束人们在生产过程中的不规范行为；
2. 能利用 HSE 管理体系的要素约束自己的安全行为，进一步模拟学习组织安全生产；
3. 能利用责任关怀的理念帮助企业建设行业合规的化工企业。

8.1　企业文化

8.1.1　企业文化的内涵

1. 定义

企业文化主要是指企业在发展之初为了保证自身的生存及发展能够寻求良好的解决方式，树立了一整套被企业内部人员所承认且共同享有的信念与认知。文化本身就是一种力量的存在，象征了文明的进程，体现出企业的特色，更加印证了企业文明与思想的形成过程，这有助于体现企业发展的核心理念与经营管理方向，同时也存在着自身特色的内部行为与经营活动。

2. 特点

企业在市场经济发展的背景下，需要迎合时代的进步不断变化方式及方法来经营管理。与此同时，企业文化和企业的发展进程相互协同前进，代表了特定时期的经验积累与表现。在不同的发展阶段，企业会被刻上不同的文化烙印，跟随时间的推移，完成了沉淀与积累的过程，从而成为企业的历史文化，代表了企业的发展历程。企业文化的目标同样是追求高效率的经营过程与综合效益，企业文化的加强能够影响内部人员的思想。企业文化也具有鲜明的个性色彩。每一个企业的发展都有不同的背景，因此他们的企业文化也各不相同，但是都代表了企业发展历程中逐渐形成的思想集合，每一个企业的发展过程都涵盖了所有内部人员的奋斗史，同时各自经历了不同的成长过程才形成独树一帜的企业文化。

3. 企业文化在企业管理中的作用

1）引导企业管理方向

企业文化为企业经营管理指明了方向，也为企业经营管理策略的制定奠定了基础。一方面，企业文化中包含了企业的重要价值观念，而企业的经营管理战略都应以这些价值观念为基础，即企业文化发挥着价值导向作用。换而言之，企业管理应当是企业文化内涵的外在表现，任何脱离企业文化的经营管理策略都会因与企业价值观念不符而难以取得成效。

2）形成员工道德约束

企业文化本身即是企业在长期经营过程中形成的、全员达成共识的一种行为准则和道德规范，是员工潜意识中达成的默契。正是由于企业文化对员工思想、行为、心理的暗示作用，使其成为有别于企业章程、制度这类硬性约束的一种“软约束”。具体而言，企业文化的核心价值观念，以及其中蕴含的道德规范直接影响到员工的群体行为，并为符合企业发展的行为规范指明了方向。企业文化对员工的约束作用主要体现为道德约束，其通过群体行为的压力来规范员工行为，提高员工的自觉性和自我约束。同样，员工在企业文化的指引和约束下，能够意识到哪些行为有利于企业发展，哪些行为有损企业长期利益，从而形成员工对企业的责任感和归属感。

3）促进创新能力提高

企业文化具有企业创新活力的推动作用。企业创新，包括技术创新，管理创新，机制创新，经营创新，是企业生存和发展的必经之路。卓越的企业文化，在于能够激励员工的创新精神，而且这种创新不是一次两次的创新而是持续不断的创新，企业文化的创新必然会带来员工价值理念的创新，而这价值理念的创新又会持续推动企业制度的创新和经营战略的创新。建立优秀的企业文化不但是企业管理创新的必由之路也是完善和建立现代企业制度的重要途径，而且还是建立企业核心能力的基础，是实现企业核心能力可持续发展的动力源泉。通过企业文化提高团队精神，鼓励企业创新，进而构筑和提升企业的核心能力。

4）加强员工精神激励

企业文化能体现出企业内部的文化氛围和工作环境。优秀的企业文化能够把员工凝聚起来，营造出团结互助、携手共赢的良好氛围，从而激励员工不断学习、不断创新、不断共进，尽可能地提高企业员工的积极性、主动性以及创造性，为所有员工潜能的最大限度发挥提供了平台。需要指出的是，企业文化往往通过借助模范人物、优秀员工及其先进事迹来加以宣扬。这不仅能够发挥表率作用，形成企业相互学习、相互促进的氛围，还有助于激励员工开拓创新、争创先进，从而进一步提高员工工作的主观能动性。

5）提高企业凝聚力和向心力

企业文化能够以其特有的方式将员工紧密联系以来。首先，企业文化有利于增强企业成员的同质性。即共同目标与共同利益的一致性，促使全体成员把实现企业的目标作为自己应尽的职责，形成协调一致的群体行为。其次，企业文化有利于信息沟通。由于价值观的一致性，企业成员之间就会有更多的共同语言和较强的默契能力。这既能形成较好的合作关系，同时又有利于减少摩擦，建立良好的人际关系，使成员之间相互吸引，感情融洽，满足个人的社会心理需求，提高对企业的归属感和向心力。

6）塑造企业品牌形象

企业文化不仅对内体现着企业的经营管理理念，也对外向社会公众展示着企业的经营管理特色。因而，优秀的企业文化作为企业强大的无形资产，有助于树立良好的企业形象，扩大企业的对外影响力，充分发挥企业品牌效应。一方面，企业文化以品牌为载体，体现其市场价值。现今企业竞争更多地表现为品牌竞争，而品牌正是企业文化的外在表现。并且，消费者在消费的过程中也开始关注产品背后的企业文化、企业社会责任等其他因素；另一方面，企业文化有助于塑造企业外在形象，并透过企业形象来综合体现企业文化，即企业文化具有对外辐射作用。优秀的企业文化能够为企业获得较好的社会公众印象、消费者的信任、顾客的忠实，通过塑造成功的企业形象为企业长远发展创造有利条件。

8.1.2 企业文化的形式层次

企业文化通常分为四层，第一层是表层的物质文化，第二层是幔层的行为文化，第三层是中层的制度文化，第四层是核心层的精神文化。

1. 企业文化的物质层

企业文化的物质层也叫企业的物质文化，它是由企业创始人和员工共同创造的产品、企业形象、服务理念等各种物质的可观设施和内容，是一种以物质形态为主要表现形式的表层企业文化。

企业生产的产品和提供的服务是企业生产经营的成果，它是企业物质文化的首要内容。其次是企业创造的生产环境、企业建筑、企业广告、产品包装与设计等，它们都是企业物质文化的主要内容。

2. 企业文化的行为层

企业文化的行为层又称为企业的行为文化。如果说企业物质文化是企业文化的最外层，那么企业行为文化可称为企业文化的幔层，或称第二层，即浅层的行为文化。

企业行为文化是指企业员工在生产活动、学习娱乐中产生的活动文化。它包括企业经营、教育宣传、人际关系活动、文娱体育活动中产生的文化现象。它是企业经营作风、精神面貌、人际关系的动态体现，也是企业精神、企业价值观的折射。

3. 企业文化的制度层

企业文化的制度层又叫企业的制度文化，主要包括企业领导体制、企业组织机构和企业管理制度三个方面。企业领导体制的产生、发展、变化，是企业生产发展的必然结果，领导体制特别是领导人的管理理念和管理风格对企业文化的影响极大。企业组织结构，包括正式组织结构和非正式组织，是企业文化的载体。企业管理制度是企业在进行生产经营管理时所制定的、起规范保证作用的各项规定或条例，需要特别指出的是，具有强制约束力的制度在企业文化特别是行为文化的形成过程中发挥着十分关键的作用。

4. 企业文化的精神层

企业精神文化，是指企业在生产经营过程中，受一定的社会文化背景、意识形态影响而长期形成的一种精神成果和文化观念。它包括企业精神、企业经营哲学、企业道德、企业价值观念、企业风貌等内容，是企业意识形态的总和。企业文化的精神层又叫企业精神文化，相对于企业物质文化和行为文化来说，企业精神文化是一种更深层次的文化现象，在整个企业文化系统中，它处于核心的地位。它是企业物质文化、行为文化的升华，是企业的上层建筑。

8.2 企业安全文化

安全文化是企业文化的重要表现形式和组成部分，是企业在实现其宗旨，履行其使命过程中，在长期管理活动和生产实践活动中，积累形成的全员性的安全价值观或安全理念，是员工职业行为中所体现的安全性特征，以及由此构成的安全理念对企业生产秩序、发展环境、社会、自然所造成影响的总和。

建设好企业的安全文化，并不断将其推动和发展，就不能仅停留在对安全文化理念的空洞宣教上，也不能仅着眼于局部的、个别的文化形式。企业安全文化建设问题应该是一个系统工程的问题，企业安全文化涉及企业的人、物、环境等各个方面，与全企业的理念、价值观、氛围、行为模式等深层次的人文内容密切相关。

8.2.1 企业安全文化在企业文化四个层面的表现

1. 安全文化在企业文化物质层面的体现

企业产品的生产方面，从原料的选用、产品的生产过程和产品的使用安全以及提供的服务处处充满着阳光的、安全的理念，产品充满正面的形象和光环，代表了企业的正面形象。

例如某食品生产企业，在食品生产过程中原料的选材方面其质量是优良的、安全可靠的，每批次的原料都是可以追根溯源的。在生产环节上，严格遵守企业和职工的职业道德规范，严格执行操作工艺、生产条件、卫生标准、添加剂标准。生产过程及设备都是本质安全化的，没有对任何人造成伤害。这样生产出来的食品其品质自然是规范的和高质量的。在企业的生产环境、企业建筑是符合洁净厂房的行业标准、卫生、通排风、安全、环境保护等方面都是达标的。产品包装与设计方面要美观大方，注重实用性，防范过度包装造成资源浪费或对环境造成二次污染等。企业广告应注重实效，重在宣传企业对产品的良好品质的铸造，对食品文化的传承，对消费大众的高度尊重与负责，切忌过分夸大和凭空臆想出一些虚妄的错误概念，在无谓的环节给企业形象添加了虚假的成分，这是得不偿失的。

安全文化在工作环节的体现为：

（1）员工应有良好的工作环境和条件，不要求员工超负荷工作，否则会造成他们对安全问题的注意力和警惕性降低。

（2）要恰当地配置各种资源。在企业大修期间往往还会包括人员和技能在内的更多的资源。

（3）要保持工作场所的整洁度。否则会造成员工情绪低落。

2. 安全文化在企业行为文化层面的体现

企业安全文化的行为形态就是安全文化在企业每一个员工的各种肢体动作行为和大脑思考行为中表现出来的状态(形态)。在企业经营、教育宣传、人际关系活动、文娱体育活动中始终贯彻安全的理念。

安全文化在行为层面上的特性体现为：

(1) 最高管理层支持安全的行为必须在同事和员工中显而易见，体现出他们的示范作用能推动安全事业。

(2) 经理们必须具备足够的安全知识，以便与员工讨论安全问题时能充满信心。

(3) 各类人员都要习惯性应用自我评价的方法，对工作结果进行批判性检查，依此推动安全绩效的改进。对潜在的缺陷能及时发现和得到很好的解决。

(4) 要牢牢树立安全持续改进的观念，这类似于开展"自我批评"。一个强有力的自我评价过程能激励员工追求安全绩效方面的不断改进。

(5) 要处理好与管理当局等外部组织的关系，要相互尊重和坦诚交流，这有助于增加双方的信任。

(6) 要配置足够数量且称职的员工，避免因工作过于繁杂、无序而增加员工额外的风险。

(7) 要求企业经理们与员工的关系是开放式的和相互尊重的，建立相互交流和相互尊重的和谐氛围。

如杜邦**十大安全理念**就完美阐释了这种行为。

(1) 所有的安全事故是可以预防的。从企业高层到低层，都要有这样的信念，采取一切可能的方法防止、控制事故的发生。

(2) 各级管理层对各自的安全直接负责。因为安全包括公司各个层面、每个角落、每位员工点点滴滴的事，只有公司高层管理层对所辖区的范围安全负责，下属对各自范围安全负责，车间主任对车间的安全负责，生产组长对辖区的范围安全负责，再到小组长对员工的安全负责，涉及到每个层面、每个角落安全都有人负责，公司的安全才会真正有人负责。安全管理部门不管有多强，人员都是有限的，不可能深入到每个角落，每个地方，24小时监督，所有安全必须是从高层到各级管理层到每位员工自身的责任，安全部门从技术上提供强有力的支持。企业由员工组成，只有每位员工对自己负责，每个员工、组长对安全负责，安全才有人负责，最后总裁才有信心说我对企业安全负责，否则，总裁、高级管理层对底下安全哪里出问题都不知道。这就是直接负责制，是员工对各自领域安全负责，是相当重要的一个理念。

(3) 所有的安全操作隐患是可以控制的。在生产安全过程中所有的隐患都要有计划，有投入、有计划地治理、控制。

(4) 安全是被雇佣的条件。在员工与杜邦的合同中明确写着，只要违反操作规程，随时可以被解雇。每位员工参与工作的第一天就意识到这家公司是讲安全的，从法律上讲只要违反公司安全规定就可以被解雇，这使得安全与人事管理结合起来。

(5) 员工必须接受严格的安全培训。让员工安全，要求员工安全操作，就要进行严格的安全培训，要想尽可能的办法，对所有操作进行培训。要求安全部门与生产部门合作，知道这个部门要进行哪些培训。

(6) 各级主管必须进行安全检查。这个检查是正面的、鼓励性的，以收集数据、了解信息，然后发现问题，解决问题为主的。如发现一名员工的不安全行为，不是批评，先分析好的方面在哪里，然后通过交谈，了解这名员工为什么会这样做，还要分析领导有什么责任。这样做的目的是拉近距离，让员工谈出内心的想法，为什么会有这样的不安全动作，知道真正的原因在哪里，是这个员工不按操作规程做，安全意识不够强，还是上级管理不够，重视不够。这样，拉近管理层与员工的距离，鼓励员工通过各种途径把对安全的想法反映到高层管理层来，只有知道了底下的不安全行为、因素，才能对整个企业的安全提出规划、整改。如果不了解这些信息，抓安全是没有针对性的，不知道抓什么。当然安全部门也要抓安全，重点是检查下属、同级管理员有没有抓安全，效果如何，对这些人员的管理做出评估，让高层管理人员知道这个人在这个岗位对安全的重视程度怎么样，为管理提供信息。这是两个不同层次的检查。

(7) 发现安全隐患必须及时更正。在安全检查中会发现许多隐患，要分析隐患发生的原因是什么，哪些是可以当场解决的，哪些是需要不同层次管理人员解决的，哪些是需要投入力量来解决的。重要的是把发现的隐患及时加以整理、分类，知道这个部门的安全隐患主要有哪些，解决需要多长时间，不解决会造成多大的风险，哪些是立即加以解决的，哪些是需要加以投入的。安全管理真正落到实处，这是发现隐患必须整改的真正含义。

(8) 工作外的安全与工作内的安全同样重要。从这个角度，杜邦提出八小时外的预案，对员工的教育就变成了 7 天 24 小时的要求，想方设法要求员工积极参与，进行各种安全教育。旅游如何注意安全，运动如何注意安全，用燃气如何注意安全等。

(9) 良好的安全就是一门好的生意。这是一种战略思想，如何看待安全投入，如果把安全投入放在对业务发展投入同样重要的位置考虑，就不会说是成本，而是生意。这不仅是理论上的一个概念，实际上也是很重要的。抓好安全是帮助企业发展，创建良好的环境和生产条件，实现企业的发展目标。否则，企业可能每时每刻都在高风险下运作。

(10) 员工的直接参与是关键。没有员工的参与，安全是空想，因为安全是每名员工的事，没有员工的参与，公司的安全就不能落到实处。

3. 安全文化在企业制度文化层面的体现

企业安全文化的制度形态就是安全文化在企业所规定的各种规章制度上表现出的状态(形态)。

安全文化在制度层面上的特性体现为：

(1) 所有人员都要遵守规章制度和程序，违反规章制度和程序是表明安全文化薄弱的信号。

(2) 组织机构中职务描述应准确、清晰，责任和分工一定要明确。

(3) 要鼓励员工以团队的方式进行工作，对工作满意程度较高的团队和员工实行奖励制度，激发所有员工的上进心。

(4) 要编制高质量的安全操作规程和文件，让员工易于理解和使用。

(5) 要贯彻系统安全优先的原则，其中一个特别重要的方面是风险评价和风险控制的运用。

(6) 要教育员工对工作过程和对工作时间的关注，不要只顾眼前过程而忽略了对他人和未来工作的影响。

4. 安全文化在企业精神文化层面的体现

精神文化即信奉价值。信奉价值就是人们喜欢的、认为事物应该处于的状态。具体体现为：

（1）企业最高管理层对安全的承诺。最高级别的经理们必须以他们的行为、对待安全的态度、在资源配置方面的精神来证明他们对安全的承诺。否则，将会严重阻碍安全文化的正常发展。

（2）最高管理者应明确企业安全享有最高优先权，当安全与生产矛盾时，工作应暂时停止，以便对这些安全问题进行评价和解决。员工们不应该在有风险情况下去取得某个生产目标。

（3）要有纵深防御保护措施，以便在一种保护措施失效下也能达成安全目标。

（4）安全管理组织要使员工坚信，安全的本质即在于设备状况运行良好、安全设施投用、安全措施得力有效，员工的安全行为不缺失，而不是试图掩盖相关错误。管理层应使员工不担心因暴露错误受到惩罚。

（5）每一位员工都要树立安全人人有责的观点。在企业内要形成"安全第一"的安全文化思想。

（6）管理者对待员工应是值得信任的态度，并有意识去鼓励员工发挥他们的潜力，实行较为宽松的管理模式，让员工承担较大的工作责任也有助于建立积极向上的安全精神文化。

8.2.2 安全文化在安全管理方面的作用

安全文化就是人们生活过程中，在企业的生产及经营活动中，为保护人的健康，爱惜人的生命，实现人的价值的文化。它的功能可以概括成为一句话，就是将人们塑造成具有现代安全观的人，将企业的决策层、管理层及全体员工塑造成具有现代安全观的安全生产力。安全文化的具体作用可以归纳为以下三个方面：

1. 规范人的安全行为

使每一位员工都能意识到安全的重要性，对安全的责任及应有的态度，从而能自觉地规范自己的安全行为，也能自觉地帮助他人规范安全行为。

2. 组织及协调安全管理机制

安全管理与其他的专业性管理不同，它们不像设计管理、物项管理、设备管理等局限于对企业的某一方面或某一部分人的管理，而是对企业的一切方面，一切人员的管理，它还承担着对安全生产协调一致的运作，不能出现梗阻。要想做到这一点，只有安全文化能使之具有共同的安全行为准则。

3. 为使企业生产进入安全高效的良好状态

实践证明，单纯靠改善生产设施、设备并不能保证企业安全高效有序地运行，还必须有高水平的管理和高素质的员工，不论是提高安全管理水平，还是提高职工的安全素质，安全文化都是最根本的基础。

就安全文化本质而言，安全文化表现为一整套科学而严密的规章制度加上全体员工遵章守纪的自觉性和良好的工作习惯，从而在整个企业内形成人人自觉关注安全的氛围。企业良好的安全业绩在很大程度上取决于企业的安全文化层次。而安全文化水平的高低，则在很大程度上取决于领导层和管理层，取决于他们对安全的认识和重视程度，取决于他们在安全立法和执法过程中的力度。同时，安全文化水平的高低，也直接取决于企业每一位员工，取决于他们对安全要求的理解，取决于他们执行安全规定的严肃性，取决于他们一丝不苟的良好工作习惯，也取决于他们时时处处寻求一切机会来改善安全水平。

我们全体员工，包括领导干部和管理层人员，既各自承担着一份安全责任，又要联手创造对安全的贡献，这就是我们所要求的安全文化水平。

8.3 HSE和责任关怀的安全文化

8.3.1 HSE管理体系

HSE是Health(健康)、Safety(安全)、Environment(环境)的英文缩略语，HSE管理体系的形成和发展是石油天然气勘探开发工作多年经验积累的成果。20世纪70到80年代，人们开始注意和反思社会经济的发展对社会进步的全面影响，进一步发展为对社会福利、人权和环境等问题的关注。20世纪90年代，一些跨国公司和大型现代化联合企业，开始建立职业健康安全与环保管理制度，作为企业自律约束的行为准则，到20世纪90年代中期，引入了第三方认证原则。1989年，壳牌石油公司颁发了职业健康管理导则(OHUG)，并发布了健康、安全和环境(HSE)方针指南。1991年，在荷兰海牙召开了第一届油气勘探开发的健康、安全、环保国际会议，HSE这一完整的概念逐步为大家所接受。中国1995年派代表参加了国际标准化组织ISO/OHS特别工作组工作；1999年10月，国家经贸委颁发了《职业安全卫生管理体系试行标准》；2001年12月，国家经贸委颁发了《职业安全卫生管理体系指导意见》和《职业安全健康管理体系审核规范》。中国石油天然气总公司于1997年颁布了石油天然气行业标准(SY/T 6276—1997)《石油天然气工业健康、安全与环境管理体系》。HSE管理体系是一种事前通过识别与评价，确定在活动中可能存在的危害及后果的严重性，从而采取有效的防范手段、控制措施和应急预案来防止事故的发生或把风险降到最低程度，以减少人员伤害、财产损失和环境污染的有效管理方法。

它是国际石油行业通行的一套用于油气勘探开发和施工行业的健康、安全与环境管理的管理体系。也是当前国际石油、石油化工大公司普遍认可的管理模式，具有系统化、科学化、规范化、制度化等特点。

HSE管理体系，同时还参照执行ISO-9000质量管理体系，ISO-14000环境管理体系，OHSAS 18001职业健康安全管理体系，GB/T 28001职业健康安全管理体系规范。

8.3.2 HSE管理体系的一般要素

1. 领导承诺、方针目标和责任

公司最高领导自上而下地承诺，并建立HSE保障体系；制订企业的方针目标并管理，建立企业HSE管理体系的指导思想；企业建立组织机构，明确不同部门、不同岗位、不同工种的责任。

2. 组织机构、职责、资源和文件管理

企业建立HSE管理机构，明确职责、权限和隶属关系；合理配置人力、财力和物力资源广泛开展培训，提高全员的意识和技能；为保证 HSE 管理体系正常运转，要形成完整的、适宜的、有效的文件控制。

3. 风险评价和隐患治理

明确评价对象，建立评价方法和程序，确定危害和事故的影响因素，选择判别标准，做好记录，建立详细目标和量化指标；进行生产过程中存在的隐患评估和治理。

4. 承包商和供应商的安全、健康与环境体系管理要求

由于化工生产涉及化工设计、建设、原料供应、设备维修、产品检验、产品经销、仓储、运输等多个环节，在这些环节中，必然和多家供应商或承包商存在诸多商业往来。化工企业在 HSE 方面有更高的要求。所以化工企业对承包商和供应商的安全、健康与环境体系管理要求更高、更严格。

与承包商和供应商的安全、健康与环境体系管理要求对其市场准入条件、合作合同签订、安全培训教育、日常监管、持续改进等一系列合作建立法律协约，并严格执行。

5. 装置(设施)的设计和建设

根据相关的 HSE 要求，新建、改建、扩建装置(设施)时，要按照“三同时”的原则，采用国际、国家、石油、化工行业标准进行设计、设备采购、安装和试车，以确保装置(设施)在运行寿命期间良好的运行状态。

6. HSE 管理体系的运行和维修

实施 HSE 管理的最终目的是控制风险，避免事故的发生。为了确保 HSE 管理体系的有效运行，必须使全体员工都能了解风险、识别风险、对风险进行评估，从而达到控制风险的目的。提别要强化基层员工的技能培训和行为训练，强化作业场所的 HSE 管理。

7. 变更管理和应急管理

变更管理是指对人员、工作过程、工作程序、技术、设施等永久性或暂时性的变化进行有控制的管理，申请变更的部门负责组织危险、危害、环境因素识别以及风险评价及削弱风险措施的制定，提出验证和检测计划，按统一的要求填写《变更申请书》，逐级上报主管部门审批、批准、变更实施、变更验收和形成文件，存档管理。

应急管理是指对生产、储运和服务进行全面、系统、细致的分析和多重研究，识别可能发生的突发事件和紧急情况，制定可靠的预防措施和应急预案。

企业应对应急管理实行分级管理，建立自上而下的应急管理网络，各基层单位制定的应急预案应保证在作业场所发生紧急情况时，能够提供必要的信息、内部交流和协助以保护全体人员的安全健康。应急预案制定后，须经主管部门和领导的审查批准，并报上级应急中心备案。加强应急预案的演练、效果评估和修改，建立应急启动和响应机制。

8. HSE 管理体系的检查和监督

依据国家、地方政府的相关 HSE 法律、法规、标准，由 HSE 管理者代表负责部署、协调、组织企业、分厂进行 HSE 检查和监督工作，协助组建检查组，编制检查计划，组织定期或不定期的检查监督。检查、监督的范围包括：对相关法律、法规的遵循程度；员工的 HSE 培训、意识、能力；企业 HSE 管理制度、规定的有效执行情况以及 HSE 设施的完整性和有效运行情况；生产、施工现场 HSE 管理情况；隐患综合排查、治理情况；三废处理和

环境治理情况等。

9. 事故处理和预防

对事故处理要以法律和规范为准绳，准确定性事故性质，处理事故坚持“四不放过”原则。

事故预防坚持以下原则：

① 实施安全生产标准化现场，标准化岗位，标准化班组的“三标”管理，这是预防事故，实现安全生产，确保质量要求的一项根本性措施；

② 坚持正确使用劳动防护用品，如安全帽、安全带、绝缘手套、胶鞋、防护眼镜、防静电服等。劳动防护用品是操作者用在发生意外情况时，防护自身安全的用具，切不可麻痹大意，随意不穿戴。

③ 设置和使用安全装置，安全装置包括：防护装置、保险装置、信号报警装置、危险牌示和识别标志等种类。

④ 加强设备检查与维修，及早发现设备故障，确保设备正常运转，排除隐患，预防事故，保证安全生产。

⑤ 工作场所的布置与整洁，包括设备的安置，工具的摆放，原材料的堆放，以及场地的清洁等，都要做到合理布局，这样做可以使工作有条有理，操作有顺序，避免慌乱，从而预防事故的发生。

⑥ 实施 HSE 体系管理，搞好生产作业场所的风险评价，认真落实风险消减措施。

10. HSE 管理体系的审核、评审和持续改进

审核的内容包括：HSE 管理体系与有关法规的符合性，有效性，要素和活动是否被有效实施等。具体表现在以下几个方面：

① HSE 管理文件与实际活动的适宜性，充分性和有效性，方针、目标及管理措施的实施情况，有无改进的必要；

② 针对事故、重复事故和其他单位事故的分析，来改进 HSE 管理体系；

③ HSE 管理资源是否充分及得以提供支持；

④ 关键过程或装置的风险控制情况，以及应急预案的有效性；

⑤ HSE 承诺的实现程度。

对管理评审提出的整改措施意见，由 HSE 管理者和组织进行跟踪管理、督促、评审和持续改进。从而实现 HSE 管理系统的逐步完善。

8.3.3 HSE 管理措施-“两书一表”策略

为了促使 HSE 管理体系从上到下的规范运作，中石油(CNPC)创建了 HSE 管理体系的基层组织运行模式——HSE“两书一表”。“两书”指《HSE 作业指导书》《HSE 作业计划书》；“一表”指《HSE 现场检查表》。

《HSE 作业指导书》用来描述常规的管理制度、操作规程、工艺纪律、岗位职责、检查规范及应急程序等，是相对静态的文件。它是根据设备、人员和各项常规作业的 HSE 风险情况全部施工作业实施 HSE 风险管理的基本指南。

《HSE 作业计划书》是针对变化的情况，由基层组织结合具体施工作业的情况和所处环

境等特定的条件，为满足新项目作业的 HSE 管理体系要求，以及业主、承包商、相关方等对项目风险管理的特殊要求，在进入现场或从事作业前所编制的 HSE 具体作业文件。

《HSE 作业指导书》与《HSE 作业计划书》的区别见表 8-1。

表 8-1 《HSE 作业指导书》与《HSE 作业计划书》的比较

项　目	HSE 作业指导书	HSE 作业计划书
编写的组织	由公司或分公司组织，经管理层审核批准后发布实施	由项目部或基层队、站组织编写和评审
应用范围	公司或分公司内所有常规作业活动	项目部或基层队站具体的作业活动
风险管理的内容	涵盖所有基层岗位和作业活动，包括管理制度、操作规程、工艺纪律、岗位职责、检查规范及应急程序等	对指导书没有的涉及风险识别。简单、具体、实用，不包括指导书中已有的内容，对指导书进行补充
文件变化程度	相对固定、静态。一般变动不大	变化、动态、阶段性文件
修改周期	随内部审核和管理评审进行修订，一般在半年左右修改一次	随项目或作业活动变化而修改或制订新的计划书
文件大小	文件多、厚，一般都装订成册，甚至有分册	文件简单、薄，单行材料(可简单成一张纸)
支持性	接受计划书和检查表支持	是指导书支持文件
应急要求	一般程序规定	具体的应急计划或预案

《HSE 现场检查表》是在现场施工过程中实施检查的工具，涵盖《指导书》和《计划书》的主要检查要求和检查内容，该表由公司或分公司组织，针对指导书和计划书要求分级编写，是指导书和计划书的支持文件。指导书和计划书要求的检查内容发生变化时，检查表随之修订和变化，操作性强，简单直观，检查表应存档保管。

8.3.4 HSE 安全管理与传统安全管理的区别

HSE 安全管理与传统安全管理的区别见表 8-2。

表 8-2 HSE 安全管理与传统安全管理的比较

比较对象	传统安全管理	HSE 管理体系
目标	实现“四个杜绝，三个不超，一个确保”，下达伤亡控制和考核指标	零伤害、零损失、零污染
目的	考核业绩，以伤亡指标考核为主	建立科学、规范、系统和持续改进的自我约束管理体系
出发点观念	重经验，事后处理、亡羊补牢	发现隐患和不符合，事先控制
约束	外部约束，被动、强制性要求	内部自律、主动、自愿
核心思想	重惩罚，严格监督和管理	重激励、风险管理、事先预防
动态变化	阶段性、静态性、周期性	日常、动态、循环性和持续改进
管理性质	统一，固定，比较封闭的模式，经验、传统，自成体系，难与国际惯例接轨	文件化、程序化、标准化管理，易于与国际惯例接轨

续表

比较对象	传统安全管理	HSE 管理体系
文件	直线传达、命令，以红头文件规定为主，规章制度	管理手册、程序文件、作业文件，管理方案和基层组织“两书一表”
管理的侧重点	重视事故管理、责任追究，主要查违章、违纪等不安全行为，较难涉及管理和体系上的原因	科学分析，通过风险分析和危害识别，实现事先预防、持续改进
外界关系	上级管理部门的行政约束	第三方认证，向社会公布业绩

传统安全管理虽有诸多缺陷，但都是从事故教训换来的安全生产经验积累，是 HSE 管理体系值得利用、借鉴的宝贵财富。要注意把传统安全管理的规章制度、操作规程、工艺纪律、岗位职责以及检查表、作业许可票(证)等进行认真归纳总结，取其精华，吸纳到 HSE 管理体系。

8.4 “责任关怀”(Responsible Care)的安全理念

8.4.1 “责任关怀”的产生及在我国的发展

“责任关怀”的理念 1985 年起源于加拿大，最初仅是区域性化工公司自发参与的一项动议，后来加拿大化学品生产商协会(CCPA)要求其所有成员公司都必须参加，是国外化工公司自发实行化学品安全、健康和环境保护管理的一个创举。1989 年以后，该制度被美国化学品制造商协会(CMA)接受，发展成“责任关怀”制度的指导原则和实务规范并大力推广。1991 年被国际化学品制造商协会(ICCA)接受。目前，全球有 60 多个国家或经济体承诺实施“责任关怀”，超过 150 家跨国公司签署《责任关怀全球宪章》。

“责任关怀”是一种对健康、对安全、对环境的责任；是一种对员工、对消费者、对社会的关怀；是工业界和化工公司应当对社区公众作出或展现对化学品安全、健康和环境管理的承诺，并持续努力和加以改善。希望通过在所有工厂贯彻落实该制度以及与社区公众的沟通来消除公众对化工生产的安全性和危害的疑虑。“责任关怀”已成为国外化工公司加强化学品安全、员工健康监护和环境保护管理的重要手段。

据中国化工报社发布的责任关怀报告称，我国石油和化学工业自 2002 年开始推行责任关怀以来，经过 20 年的坚持与努力，取得了显著进展。特别是自“十三五”以来，石油和化工行业深入推进责任关怀工作，加快高质量发展，责任关怀理念被行业普遍接受，承诺实施责任关怀的企业越来越多。截至 2020 年底，共有 8 家中央企业、13 家专业协会及分支机构、4 家化工园区、617 家企事业单位签署了责任关怀承诺书，8 家化工园区、3 家专业和地方协会自发成立了责任关怀工作组织。

在中国石油和化学工业联合会等相关单位的引领推动下，行业开展责任关怀实施效果评估，制订中国责任关怀实施评估准则，建立“1+6+X”的责任关怀标准体系，为今后责任关怀工作的开展提供了技术保障。

2021 年，越来越多的石化企业把责任关怀理念贯彻到企业方针目标和发展战略中，融入企业综合管理中，企业自律性和社会责任意识进一步提高，在践行责任关怀的同时，也为企业、园区带来了良好的经济效益和社会效益。

万华化学建立了包含15个核心要素、78个子要素在内的责任关怀管理体系，围绕管控风险、落实制度、提升能力3方面，全方位管控万华六大HSE核心业务，并持续改善绩效。

在园区方面，截至2021年5月，南京江北新材料科技园有68家企业实施了责任关怀，与68家社区或学校结对，通过三方协商的方式，积极沟通责任关怀。天津南港工业区自2011年启动责任关怀以来，已连续10年向社会公开发布年度报告。

2021年6月22日，中国责任关怀促进大会在南京召开，会上发布了《2020年度中国石油和化工行业责任关怀报告》。提出"十四五"期间行业要着力提升本质安全水平，持续完善责任关怀体系，推进发展方式的绿色低碳转型。

2021年12月7日，在中国石油和化工行业安全高峰论坛上，石化联合会发布了《中国石油和化工行业HSE自律倡议书》，引导行业企业加强自律，推动全行业自觉提升HSE管理和技术水平。

当前我国石油和化学工业已全面进入发展新时代，可持续发展、绿色发展、高质量发展已成为行业发展必由之路，更需要全行业持续开展责任关怀工作，以及政府部门、行业协会、媒体等推广责任关怀理念。石油和化工行业要制订完善中国责任关怀标准体系，培育责任关怀复合型人才，着力提升行业本质安全水平，持续完善责任关怀体系，推进发展方式的绿色低碳转型。

8.4.2 "责任关怀"的十项指导原则

(1) 承认并对公众对化学品和化工厂的运营的关注作出回应；

(2) 开发和生产可以安全制造、运输、使用和处置的化学品；

(3) 在对所有新老产品和生产工艺进行策划时，优先考虑它们对健康、安全和环境造成的影响；

(4) 迅速及时向政府官员、员工、客户和公众报告与化工产品有关的健康或环境危害信息并推荐防护措施；

(5) 向客户提供安全使用、运输和处置化工产品的建议；

(6) 以保护环境及员工与公众健康和安全的方式运营自己的工厂和生产装置；

(7) 开展和支持研究化工产品、生产工艺或废物对健康、安全和环境的影响以扩展知识；

(8) 与其他人合作解决过去处理处置危险物质产生的问题；

(9) 参与政府和其他部门制定责任法律法规和标准，保护公众、工作场所和环境；

(10) 通过分享经验和向生产、储运、使用和处置化学品的其他人提供帮助，促进"责任关怀"制度实施。

8.4.3 "责任关怀"的六项执行准则

(1) 公众意识和应急反应准则，内容包括开展与员工和社区代表对话，讨论目前和计划中的与安全、健康和环境行为相关的生产场地的活动所需要采取的策略；

(2) 污染预防准则，实施持续减少工厂向大气、水和陆地释放全部污染物的策略，以及实行遵守环境法规、政策、地下水保护、风险管理和合同审查等；

(3) 销售准则，通过政策、信息交流和资源配置，保证和维持化学品安全销售计划能够保护公众安全、健康和环境，开展风险管理、守法检查和培训、安全储运和应急反应及公众准备活动；

(4) 工艺安全准则，保证和维持工艺安全最佳状态，明确领导管理层、风险评估与传递以及守法和执行的责任；

(5) 员工健康与安全准则，通过判定和评价危害，防止不安全行为或条件，改善员工健康以及就健康与安全开展交流和对话来保护与促进工作岗位员工和来访者的健康和安全；

(6) 产品监管准则，使安全、健康和环境保护成为化工产品的设计、制造、上市销售、使用、回收利用和处置的一个重要组成部分。

8.5 成功的中国企业文化案例——万华化学的可持续发展策略

8.5.1 根植中国土壤，借鉴和吸收国际先进安全文化

1. 万华加入联合国全球契约

2019 年 8 月 30 日，万华化学正式加入联合国全球契约，万华化学郑重承诺支持联合国全球契约十项基本原则，这是万华向全社会展示可持续发展理念和企业社会责任的重要举措。万华化学承诺将联合国全球契约和相关原则的要求融入公司战略、文化和日常运营中，在公司内部落实十项基本原则的要求，并积极参与联合国可持续发展合作项目。

作为全球性化工公司，万华将承担起作为世界公民的责任，积极为全球可持续发展事业贡献自己的力量，一步一个脚印，将联合国全球契约十项基本原则落实到企业的管理中；以保护人类和地球为目标，与全世界伙伴公司一起，致力于提升世界人权和劳工权益，守护我们自然环境的同时，维护一个干净透明、无腐败的商业生态系统。

联合国全球契约十项原则

人权：

原则 1 企业应该尊重和维护国际公认的各项人权。

原则 2 绝不参与任何漠视与践踏人权的行为。

劳工标准：

原则 3 企业应该维护结社自由，并承认劳资集体谈判的权利。

原则 4 彻底消除各种形式的强迫劳动。

原则 5 有效废除童工制。

原则 6 杜绝任何在用工与行业方面的歧视行为。

环境保护：

原则 7 企业应对环境挑战未雨绸缪。

原则 8 主动增加对环保所承担的责任。

原则 9 鼓励无害环境技术的发展与推广。

反腐败：

原则 10　企业应反对各种形式的贪污，包括勒索和行贿受贿。

2. 万华加入“携手可持续发展 TfS”(Together For Sustainability)倡议

2019 年 2 月 21 日，万华与 TfS 举行了入会签字仪式，标志着万华正式成为 TfS 倡议的第 23 位、亚太区唯一入会的企业。万华作为首个加入 TfS 倡议的中国企业以及中国新一代企业的代表，将坚持走可持续发展之路，凸显强化企业履行社会责任的决心和推动全球可持续性供应链的能力，带动更多供应商推动可持续发展，为中国供应链可持续发展的各项活动注入新的活力，最终为提升中国化学工业的可持续发展实践，改进全球化工行业供应链可持续性发展贡献力量。

“携手可持续发展”(TfS)倡议由巴斯夫，拜尔，赢创，汉高，朗盛，索尔维的全球采购总监于 2011 年创建，它制定并实施了一项全球计划，以评估，审计和改进化工行业供应链各环节中的可持续性。目前在全球有 23 家成员公司并计划在全球范围内继续推广。TfS 计划致力于为其成员公司及其供应商实现互惠互利。这项倡议可以持续改进社会和环境条件，为所有的利益相关方包括员工，邻里，当地社区和整个社会带来益处。TfS 包括在线评估和现场审核流程，TfS 成员可以把这些流程整合入各自的可持续采购活动中。

3. 万华化学荣获 EcoVadis 银牌认证勋章

EcoVadis 是全球知名的社会责任评价权威机构，助力企业评估其全球供应商的经济、环境和社会绩效表现。通过 EcoVadis 的认证，意味着在全球范围获得了“社会责任管理通行证”。EcoVadis 评估准则涵盖 110 个国家、150 种采购范围、21 种 CSR 指标等，主要从公司总体情况、环境、劳工与人权、商业道德、可持续采购五个方面，对企业履行社会责任情况进行全面评估。

2018 年 9 月 21 日，经欧盟 EcoVadis 审核认证，万华化学在其全球性企业社会责任(CSR)评估中获得 60 分的佳绩，荣获银牌认证勋章(银牌：45~64 分)。该得分在 EcoVadis 评估的全球所有 22000 多家企业中位列前 7%。

4. 万华加入全球责任关怀宪章

“责任关怀”是化工企业自愿发起的一项全球运动，旨在共同改善化学品在其整个生命周期内的安全管理，同时为提高生活质量、促进可持续发展做出更大的贡献。万华化学作为《责任关怀全球宪章》的签署方，将致力于：

(1) 构建良好的企业文化：通过全球责任关怀项目为化学品的安全管理提供支持；

(2) 加强化学品管理体系：参与制定和实施产品生命周期导向的基于风险、科学决策的化学品安全法规和最佳实践；

(3) 吸引利益相关方参与：了解利益相关方，回应其对运营和产品安全性的顾虑和期望，并就我们的 EHS 业绩和产品展开坦诚沟通；

(4) 保护人和环境：不断提高环境、健康和安全业绩以及装置、工艺和技术的安全性；并在整个供应链内推动化学品安全和监管水平的持续改进；

(5) 带动商业合作伙伴：使其在自身的业务中推动化学品的安全管理；

(6) 为可持续发展做出贡献：通过提高 HSE 业绩，创造更多经济机会，并开发创新技术和解决方案以应对社会挑战。

8.5.2 万华化学企业文化的内涵建设

1. 利益相关方参与下的责任治理

万华化学的主要利益相关方有客户、供应商、股东和投资者、员工、政府和监管机构(含交易所)、公众社会、周边社区、科研机构和行业协会，通过多种途径与这些利益相关方定期或者不定期进行交流，获取各利益相关方的关注点，帮助我们准确、合理地规划和实施可持续发展方案。与各行业协会的互动，也给企业带来非常有价值的信息。

可持续发展委员会下设环境、劳工与人权、商业道德和持续采购工作组。基于可持续发展委员会发布的政策、目标和策略，每个工作组在各自的责任领域内制定具体的可持续发展路线图以及实现方法。

2. 实质性问题框架下的可持续发展的管理体系

基于利益相关方参与和实质性议题分析的结果，万华化学可持续发展委员会确立了可持续发展管理体系的核心内容。包括以下四个内容：

环境	劳工与人权	商业道德	可持续采购
能源与温室气体 水 生物多样 原料、产品及废弃物 客户监管	员工健康与安全 工作条件 社会沟通 职业生涯与培训 歧视与骚扰	反腐败与贿赂 反竞争与垄断 信息安全	供应商与环境 供应商与社会

对21个可持续发展议题进行了讨论和调研：产品安全、废弃物排放、经济影响、合规经营、职业健康安全、经济绩效、雇佣关系、当地社区、能源资源、客户关系、反腐败、知识产权保护和科技创新、培训与发展、信息安全、供应链管理、物料、合法用工、气候变化、采购实践、多元化与机会平等、环境合规等。

3. 合规运营

合规是企业永续经营的基石，万华始终秉承“预防、监督、控制，对舞弊零容忍，促进企业合规管理、健康发展”的合规方针，系统化进行合规管理工作。在深度解读国家合规管理相关法规要求(如《中央企业全面风险管理指引》《企业内部控制基本规范》等)的基础上，结合先进合规管理理念，整合了万华审计部合规管理相关职能，成立了审计合规部，以规范合规管理，守护公司利益，基于业务发展并以风险管理为思路，为公司发展“保驾护航”。

1) 风险管理

为确保方针的实现，万华将合规方针细化到各部门，通过绩效考核(KPI)对合规目标的完成情况进行考核。同时我们还构建了三道防线式风险管理制度(业务部门防控、企业管理部防控和审计防控)，确保从高层到基层，层层风险把控。执行层面，我们对内外部环境、业务活动进行了舞弊风险的识别和评估，风险的识别与评估主要从风险的严重性和可能性两个维度进行。为很好地管控所识别出的风险，降低风险发生的概率，我们设立了四个职能模块(管理审计、法务审计、工程审计、稽查审计)，形成了事前预防、事中控制及事后处理的风险管控模式。

千里之堤毁于蚁穴，风险预防是重中之重，万华对所有子公司均进行了风险评估。基于万华风险矩阵，审计部辨识出与业务相关的高风险点共计 14 个，并制定了相应控制措施。同时，万华还设置了内外部多种渠道以发现、获取问题，并由专业人员对事件进行受理、调查、报告及反馈，分析问题原因，必要时对存在的管理系统漏洞进行纠正，以实现管理体系的持续改进。

2）合规管理与教育

制度的制定及贯彻是实现风险管控的先决条件。万华在集团层面制定了一系列的合规规章制度及措施，如《万华化学反舞弊管理制度》《供应商考察制度与流程》《万华化学反垄断合规管理制度》及其配套专项规则文件《万华化学合规手册——反垄断合规》《同业业务指南》和《与竞争者交流的存档指南》等，用以管理集团及各权属公司的合规风险，以良好的职业操守道德规范在集团全范围进行合规文化的建设。

为确保从高层到基层所有影响合规经营的内外部人员均具备相应的意识与能力，万华将合规管理要求整合进培训体系，由各审计职能部门主导，根据业务环节关键点及岗位风险实施相应的培训，内容包括意识宣贯如监狱参观，岗位操作要求培训如招投标管理等，形式多样，以配合不同的培训需求。所有管治机构成员皆已参加反腐培训，所有投标方及供应商都已签署廉洁承诺书，逐步实现全员接受反贿赂培训。

4. 科技创新

万华的研发秉承“化学，让生活更美好”的理念，坚持走自主创新之路，开发出更多对社会有价值的新产品，引领行业向高质量方向发展。目前，万华化学已建成分布于烟台、北京、宁波、珠海，以及美国、欧洲匈牙利的研发中心，实现“创新万华”的全球化布局；拥有从基础研究、工艺开发、工程化开发到产品应用研发于一体的技术创新组织。

5. 知识产权保护

为保护公司知识产权，万华成立了保密与信息安全委员会，制定《万华化学集团股份有限公司保密管理制度》，从涉密信息、涉密人员、涉密活动、涉密区域、信息化安全、保密审计、泄密隐患及事故的举报、调查等方面开展管理工作。另外，万华也通过在价值链上的知识产权保护积极促进社会对知识产权的尊重。

6. 安全文化建设

1）万华化学在 HSE 管理体系

万华化学在 HSE 管理体系方面不断汲取、创新安全管理理念和管理方法，同时引入并借鉴杜邦、英国石油、通用汽车等国际大公司的 HSE 管理经验，结合公司实际，探索总结出了万华十大安全理念，万华十大不可违背条例，区域安全责任制、全员参与等 HSE 管理实践，以“零伤害、零事故、零排放”为目标，形成了 15 个核心要素的 HSE 管理体系，用理念、目标和制度来指导规范员工的日常行为，使员工的意识不断提升。

万华人最基本的价值准则和行为规范之一是责任关怀，其 HSE 管理体系包含了一套完整的责任关怀体系，其中包含了 15 个核心要素、63 个子要素和 278 项具体要求。

（1）HSE 管理体系框架。

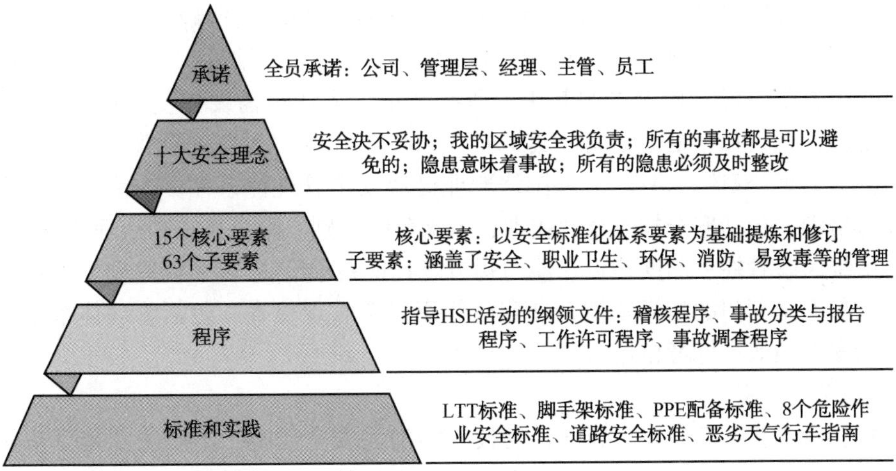

（2）HSE 管理核心要素。

1、领导承诺和全员参与 2、风险管理 3、程序、制度和标准 4、工厂设施 5、培训	6、工作许可 7、变更管理 8、产品监管 9、职业卫生 10、环境管理	11、交通安全 12、公共安全 13、社区认知和应急响应 14、事故管理 15、评估和改进

（3）安全管理行动导向。

行动的方向	·全员安全意识提升 ·过程安全能力提升 ·本质安全水平提升 ·安全管理能力提升
采取的措施	·引入国际本质安全的理念，全员进行本质安全理念培训； ·选派部分骨干管理人员参加过程安全复合型人才培训；开展本质安全研究和风险评估、开展生产自动化和信息化项目的提升、完善功能安全仪表全生命周期管理流程，采用先进的装备监控系统； ·引入国际知名咨询机构开展工艺危害分析； ·建立安全研究实验室，开展反应危害研究。

2）万华化学的职业健康管理

万华 HSE 管理体系职业健康安全部分通过了 ISO 45001 认证审核。基于职业健康安全管理手册和相应的管理策略，争取做到“零伤害、零事故、零排放”。万华成立了职业健康安全委员会，各部门皆有代表参与其中。所有新员工入职都需要接受三级安全教育培训，每年定期复训，每人每年复训时间最低要求不少于 20 学时。万华安全管理推行风险分级管控和隐患排查治理“双体系建设”，并围绕职业健康安全管理体系在多个维度展开安全意识和安全能力培训，包括安全技能系列培训、风险分级识别、隐患排查和治理培训等。

万华围绕风险管控、制度建设、能力提升、HSE 综合信息和平台建设、可持续发展体系职业健康与安全部门的指标定期开展职业健康安全管理检查，包括管理体系审核、日常检查和定期安全绩效指标考核。

3）过程安全控制

新材料、新工艺、新装置、新项目的投入会加大安全风险，本质安全是万华做好安全管理、将安全风险降至最低的根本点。本质安全工作的重点包括开展本质安全研究和风险评估、优化生产自动化控制系统，实现设计和过程本质安全。公司借助内部专业团队和外部咨询机构开展工艺安全研究，借鉴国际一流化工公司的最佳实践、技术规范和标准，建立了过程危害分析(PHA)管理、功能安全仪表管理、安全生命周期管理，对风险进行识别和分级管控。完成了信息化水平提升和功能安全仪表全生命周期管理流程完善，新的管理系统采用先进的装备监控系统，实现对关键机电仪设备、设施实施预防性管理，防患于未然，提升本质安全。

公司已建立科学的自动化全生命周期管理体系，从概念设计、工艺包设计、详细工程设计、项目建设到生产运营维护等阶段均能保证自动化系统和仪表安全设施功能健全，自动化程度处于世界一流化工水平。优化后生产装置实现了主动性监控、自动化控制、自动化密闭采样，自控率从 90%上升到 98.3%，报警率从 25 次/(人·小时)下降到 5 次/(人·小时)，也极大提升了劳动生产效率。

4）产品监管

万华的产品符合全球供应国家或地区对于化工产品的相关规定，通过产品生命周期的全过程管理实现产品安全在产品使用国家或地区的合规性。

（1）设计与开发阶段：通过市场准入申报、毒理测试报告等方法确认产品合规性。同时，将环境效益以及积极的健康和安全特性融入产品设计之中，并对产品进行风险管理，开发出具有较低风险且比当前市场所销售产品具有更少环境、健康危害和安全的产品。当目的地法规发生变化后，及时作出相应的响应，完成市场准入流程。

（2）原材料采购阶段：建立了数字采购系统，明确材料材质要求，确保所有批次材料的符合性。采购部门还建立了供应商考评机制，通过阶段性供应商评估及审核，确保万华所采购产品的质量、包装和运输符合标准。采购量超过 1 吨/年的原料须进行专项合规性评估。

（3）生产阶段：制定了一系列安全环保应对措施，以减少生产阶段造成的环境影响以及对生产人员和工厂周围社区居民的安全卫生影响。

（4）储运、包装与配送阶段：对产品的储运制定了严格的安全管理程序，并对产品包装实行分类管理，确保产品安全地送达。

（5）销售与使用阶段：万华所有交付使用的产品都有物质安全资料表、地管编码。定期拜访客户，为客户提供 HSE 方面的技术支持和解决方案。

（6）重新利用和处置阶段：通过采用先进的处置、分析技术，以及环境监测管理系统，实现对产品使用末端的有效管理。

5）物流、运输安全

万华物流管理以“保障物流安全、满足物流需求、降低物流成本、提高客户满意”为宗旨，秉承“安全、绿色及效率优先，客户满意及持续优化发展为重”的原则，对空运、陆运、水运等过程实施全过程物流安全控制。

6）装卸存储安全

万华制定了严格的装卸和存储安全作业规范，不仅对自有仓库严格管理，还对外设库进行渗透式管理，依据《储罐库区 HSE 评估》对外设库进行定期审计、整改、完善库区操作规程，及时维护储罐，以确保货物安全存储。在装卸过程中，严格落实装卸货的区域日常检查、静电管理，确保安全装卸货。涉及石化产品，万华与石化公司共同梳理石化客户卸货安全隐患，推进客户卸货安全准入标准的建立及落地。

7）应急管理和消防安全建设

（1）消防安全建设。

依照“预防为主、防消结合”的方针和工业园区的消防安全要求，万华按照生产基地的建筑结构特点、生产装置性质、储罐区储存类型和储量、重点危险源性质及其分布等因素配置灭火器、消防栓系统、泡沫灭火系统和火灾报警系统。

万华依照消防法规、标准，编制了基地《消防管理规定》《气防管理规定》《消防设施、器材管理规定》《消防安全责任制》等消防管理文件，确立了消防管理标准。将消防安全责任落实到个人。

万华作为消防重点单位，每年各生产基地组织各岗位、各班组员工参加岗前、在岗消防培训，消防培训和应急演练覆盖所有员工。

（2）应急响应。

为避免因安全事故造成的次生环境事件。公司 HSE 部门每年定期组织应急事故演练。万华强化环境应急管理，按法律法规要求编制《突发环境事件应急预案》并制定相关应急预案演练计划，定期对应急预案进行桌面和实战演练。演练内容涉及安全生产、消防、化学品、食物中毒、疫情等方面。公司应急救援组织机构参考美国事故 ICS（Incident Command System，事故应急指挥系统）设立，建立应急指挥部以及现场行动组和后方支援组，三方联动配合处理紧急事件。

8.5.3 万华的环境保护和社会责任

万华设立了 HSE 部门，负责主导管理体系的整体运行。环境管理体系是 HSE 管理的重要组成部分，包括了产品生命周期管理、废水、废气、噪声、固体废弃物、放射性的污染防治管理、化学品管理、节能清洁生产管理和检测统计与改进。作为与利益相关方信息交流的窗口，HSE 部门建立了信息交流程序，确保信息沟通的畅通。为确保对环境风险进行全面识别及评价，万华开发了环境因素(EA)辨识和环境影响(EI)评价管理工具，识别了公司的重要环境因素(SEA)，并根据所采取的预防和风险减缓措施建立了 SEA 的管控屏障。

万华在环境保护方面始终坚持以国家及地方环境保护法律法规为底线，结合 ISO 14001 环境管理体系标准化管理理念，扎实推进"美丽万华"和"三不到"园区建设，加大环境友好产品的研发力度，积极探索污染防治、环保管理、节能减排的新理念、新举措，进一步提升了万华环保基础管理水平。同时固化了一批先进的环保管理实践，为实现公司"零排放"和建设绿色生态现代化工企业的目标奠定了坚实基础，以积极促进绿色和可持续发展。

1. 能源资源管理

万华始终秉承绿色科技、惠及民生的精神，积极响应政府节能减排号召，发展低碳经济。通过配备完善的公用工程体系，采用新的工艺与设备来降低资源和能源消耗、提高节能效率，增强各装置的可靠性。

万华节能委员会作为最高级节能管理机构，负责审批中长期节能低碳规划和下一年度节能低碳工作计划，生产管理中心与装置工艺优化中心分别对具体节能工作及节能技术进行管理，同时各权属子公司事业部实行属地化节能工作管理，各部门各层级协同工作，共同为实现万华节能目标而努力。

万华的能源消耗主要来自于生产过程中所使用的煤、汽油、柴油、天然气、丙烷液化石油气、电力和蒸汽。为进一步提高能源使用效率，减少能源消耗，制定了《万华化学节能管理办法》，建立以识别适用法律法规确定关键风险点、能源成本考核、新项目节能评估、节能活动(降耗项目、宣传与培训等)、能效对标为主要管控方式的能源管理体系。通过有效的能源管理体系，我们及时监控能源消耗变化，实时优化能源运行；通过标杆比对，找出装置运行差距，制定措施消除差距，提高能效水平。

2. 水资源保护

万华水消耗均为市政供水，未有其他类型的取水源头并受其影响。万华自主研发的 MDI 废盐水处理技术，每年可节水 72 万吨、回用盐 14 万吨；自主研发的高盐、高 COD、难生化丁酯磺化废水资源化处理技术在行业内率先实现工业化，解决了丙烯酸丁酯废水难处理的问题；利用"超滤+反渗透"技术进行中水回用，2018 年仅烟台地区就实现回用污水 719 万吨，在行业内树立起绿色发展的标杆；万华投资五千万元新建的循环水除污系统，通过削减循环水蒸发量而实现节水的目的。

3. 节能减排

万华积极响应国家和地方气候变化主管部门的规定要求，高度关注生产对气候变化的影响，并采取一系列积极措施减少温室气体排放，尽可能降低对环境和周围社区居民的影响。依托能源管理体系，万华建立了碳排放管理体系，制定了一系列碳排放管理办法和数据计算指南，用以指导对碳排放数据的监测及核算，提高全员低碳减排意识，达成降低实际排放强度的目的。

4. 废弃物管理

万华在废弃物管理方面结合"3R"的环保理念，建立了污染物全生命周期管理流程，从项目设计阶段即采用本质环保理念对可能产生的污染物泄漏点进行检测及修复，以确保实现万华建立的"无组织排放为零"的目标。对有组织排放，明确了污染物排放申报、排污口规范化、排放及处理、排放监测的管理要求，实现了有组织排放点源的全面监控。固废管理方面，率先将条形码、GPS、电子锁及监控平台等信息化技术应用至固废产生及转移的过程中，实现了固废从产生到最终处置的全过程监管。

5. 噪声治理

为降低生产过程中产生的噪声对周边环境的影响，打造"听不到设备噪音"的化工园区，万华从噪声源、传播途径及声受体三个维度对噪声污染进行防治。通过使用低噪声设备，设置减震垫、隔音房、隔音门、隔音罩、隔音屏、消声器等措施，降低了设备运行及物料输送过程中产生的噪声量。

6. 环保实践

基于"减量化、再利用、资源化、无害化"的环保方针，万华结合自身生产模式特点，从降低污染物排放、节约能源及资源角度出发，实施了一系列的环保实践，取得了显著的成绩。

习题与练习

一、填空

1. HSE 三个字母的中文含义是________________。
2. 建立实施 HSE 管理体系的基本要求是"写你所作的，作你所写的，______________"。
3. SY/T 6276-2014 标准共有________个一级要素，________个二级要素。
4. HSE-MS 的核心是________。
5. 属地管理的重点是生产作业现场的每一个员工对自己属地区域内人员的________安全、________设施的完好、作业________的安全、工作环境的________负责。
6. ________ HSE《作业指导书》。
7. ________ HSE《作业计划书》。
8. 风险是发生特定危害事件或________的可能性，与随之引发的受伤、健康损害、环境污染等后果严重性的组合。
9. 风险识别有________个基本步骤。
10. 安全的定义是免除了不可接受________的状态。

二、判断题

1. 纠正措施是为消除已发现的不符合或其他不期望情况的原因所采取的措施。(   )
2. 一个不符合只有一个原因。(   )
3. 采取纠正措施是为了防止发生，而采取预防措施是为了防止再发生。(   )
4. 预防措施是为消除潜在不符合原因所采取的措施。(   )
5. 一个潜在不符合可能有若干原因。(   )
6. 识别健康、安全与环境危害因素的存在并确定其特性的过程是危害因素辨识。(   )
7. SY/T 6276-2014 标准的名称是《石油天然气工业健康、安全与环境管理体系》。(   )
8. 危险源辨识时应考虑人的行为、能力和其他人的因素。(   )

9. 危险源辨识的范围应为本组织所管辖的工作场所内的全部范围。(　　)

10. 评估风险程度，考虑现有控制措施的充分性并确定风险是否可接受的过程是风险评价。(　　)

三、单项选择题

1. 纠正措施是：(　　)

A. 为消除已发现的不符合或其他不期望情况的原因所采取的措施

B. 为消除潜在不符合原因所采取的措施

C. 对已发现错误的结果进行校正

D. 都不是

2. 一个不符合可能有(　　)。

A. 一个原因　　B. 两个原因　　C. 若干个原因　　D. 不确定

3. 采取纠正措施是为了(　　)。

A. 防止发生不符合　　B. 防止再发生不符合

C. 预防不符合的发生　　D. 校正后不会再发生不符合

4. 预防措施是(　　)。

A. 防止发生不符合　　B. 防止再发生不符合

C. 预防不符合的发生　　D. 防止措施 100%有效

5. 一个潜在不符合可能有(　　)。

A. 几个原因　　B. 若干个原因　　C. 一个原因　　D. 无法确定

6. HSE 管理体系标准有(　　)个一级要素。

A. 5　　B. 7　　C. 27　　D. 28

7. 正确佩戴安全帽有两个要点：一是安全帽的帽衬与帽壳之间应有一定间隙；二是(　　)。

A. 必须系紧下颚带　　B. 必须时刻佩戴

C. 必须涂上黄色　　D. 戴正安全帽

8. 空气呼吸器日常压力不得低于(　　)MPa。

A. 10　　B. 15　　C. 20　　D. 25

9. 环境影响是全部或部分地由组织的活动、产品或服务给环境造成的任何(　　)。

A. 有害变化　　B. 有益的变化　　C. 严重污染　　D. A+B

10. 健康、安全与环境目标(　　)

A. 必须是绝对指标　　B. 只要可行目标宜量化

C. 必须量化

11. 地面挖掘深度超(　　)米，实施挖掘作业许可。

A. 0.4　　B. 0.5　　C. 0.6　　D. 0.7

12. 健康损害是可确认由工作活动和(或)工作相关状况引起或加重的不良(　　)状态。

A. 身体或精神　　B. 职业病　　C. 身体　　D. 都不是

13. 固体废物分为工业固体废物、生活垃圾和(　　)。

A. 危险废物　　B. 废弃水泥　　C. 弃渣　　D. 废弃设备

14. 事故预防是采用(　　)等措施以避免事故的发生。

A. 技术和管理　　B. 纠正措施　　C. 预防措施　　D. 应急措施

15. 标准规定的健康、安全与环境管理体系基于(　　)的运行原理。

A. 实施—检查—改进—策划　　B. 策划—实施—检查—改进

C. 改进—实施—检查—策划　　D. 实施—策划—改进—检查

16. 灭火的基本方法有四种是冷却法、窒息法、隔离法、(　　)。

A. 控制法　　B. 抑制法　　C. 压制法　　D. 降温法

17. 组织的 HSE 方针应(　　)。

A. 传达到所有在组织控制下工作的人员　　B. 可为相关方所获取

C. 传达到社会公众　　D. A+B

18. 事故产生的基本要素是(　　)。

A. 火的不安全行为　　B. 物的不安全状态

C. 作业环境的不良影响　　D. 管理上的缺陷

E. A+B+C+D

19. 对于拟定的纠正和预防措施，在实施前应先进行(　　)。

A. 向相关方通报　　B. 预评审　　C. 风险评价　　D. 协商交流

20. D=LEC 打分方法属于(　　)的风险评价方法。

A. 定性　　B. 相对　　C. 概率　　D. 故障树

21. 在确定控制措施或考虑变更现有控制措施时，应按如下顺序考虑降低风险；1. 消除；2. 替代；3. 个体防护装备；4. 工程控制措施；5. 标志、警告和(或)管理控制措施。正确的是(　　)。

A. 1-2-3-4-5　　B. 1-2-4-5-3　　C. 1-2-5-4-3　　D. 以上都不是

22. 组织应在其内部(　　)，建立、实施和保持形成文件的健康、安全与环境目标和指标。

A. 基层单位　　B. 机关部门

C. 各有关职能和层次　　D. 所有单位

23. 组织为了实现目标和指标，在制定管理方案时内容应包括(　　)。

A. 有关职能和层次的职责和权限　　B. 实现目标和指标的方法和时间表

C. 财务方案　　D. A+B

24. 为了便于健康、安全与环境管理，组织需要在(　　)建立 HSE 职责。

A. 所有职工　　B. 所有领导和人员

C. 所有部门和单位　　D. 有关的各级职能和层次及岗位

25. 组织的员工应在(　　)方面具有相应的工作能力。

A. 教育、培训和(或)经历　　B. 学历、身体和技能

C. 身体、经历和学历　　D. 培训、身体和经历

26. 三级安全教育指那三级(　　)。

A. 集团公司、厂级、班组级　　B. 油田公司级、厂级、班组级

C. 厂级、车间(大队)级、班组级　　D. 油田公司级、车间(大队)级、区队级

27. 作业许可(　　)对作业许可(　　)的程序进行了规定。
A. 申请、批准与关闭　　B. 申请、批准、实施、变更与关闭
C. 申请、实施与关闭　　D. 申请、批准与变更
28. 运行控制所控制的对象是(　　)。
A. 与所识别的风险无关的运行与活动
B. 与所识别的风险有关但无需加以控制的运行与活动(包括维护活动)
C. 健康、安全与环境风险的活动和任务
D. 以上都不正确
29. 变更管理控制的是组织内的(　　)。
A. 设施、人员、过程(工艺)和程序等的变更
B. 过程(工艺)带来的有害影响及风险
C. 设施、人员、过程(工艺)和程序等的变更带来的有害影响及风险
D. 设施、人员的变更带来的有害影响及风险
30. 组织建立并保持应急准备和响应的计划和程序的目的是(　　)。
A. 对危险源进行全面的辨识和评价
B. 彻底消除各种事故
C. 开展运行控制
D. 为了预防和减少可能引发的疾病、伤害、财产损失和环境影响
31. “四不放过”是(　　)。
① 事故原因分析不查清楚不放过
② 员工没有受到教育不放过
③ 没有制定防范措施不放过
④ 事故责任者没有受到处理不放过
⑤ 事故责任者和员工没有受到教育不放过
A. ①②③④　　B. ①③④⑤　　C. ①②④⑤　　D. ②③④⑤
32. 采油单位发生事故后，基层单位应在(　　)内上报，每级在接到报告后，在2h内以书面形式向上级单位和(或)政府主管部门报告。
A. 30min　　B. 1h　　C. 1.5h　　D. 2h
33. SY/T 6276—2014标准要求管理评审的间隔时间是(　　)。
A. 半年　　B. 一年　　C. 一年半　　D. 二年
34. 声级大于(　　)分贝的作业场所应使用耳塞。
A. 60　　B. 70　　C. 80　　D. 85
35. SY/T 6276—2014标准需要建立程序文件的要素有(　　)个。
A. 17　　B. 19　　C. 25　　D. 27
36. 监护人在动火作业和进入受限空间作业前(　　)内进行气体浓度检测。
A. 15min　　B. 30min　　C. 1h　　D. 2h
37. 上岗前必须经过三级安全教育培训的人员是(　　)。
A. 大学生　　B. 学徒工　　C. 新入厂人员　　D. 转岗人员

38. 采油单位的(　　)应执行安全设施“三同时”制度。
A. 基建项目　　B. 油建项目　　C. 新改扩建项目　　D. 所有项目
39. 作业许可票的填写应符合规定要求，作业许可票证保存期限至少(　　)。
A. 半年　　B. 一年　　C. 二年　　D. 三年
40. 安全生产问题产生的因素有社会因素、(　　)和技术因素。
A. 制度因素　　B. 人为因素　　C. 法律因素　　D. 经济因素
41. 对安全生产五要素的理解正确的是(　　)。
A. 完善安全法制是灵魂　　B. 建设安全文化是根本
C. 增强安全科技是利器　　D. 落实安全责任是手段
42. 安全系统中的“物”是指(　　)。
A. 机器和环境　　B. 环境和产品　　C. 机器和产品　　D. 物品和机器
43. 20 世纪 50 年代以来，安全方法论是属于(　　)的方法论。
A. 无能为力型　　B. 事后、亡羊补牢型
C. 本质安全、超前、主动和预防型　　D. 综合对策、系统工程
44. 企业安全文化包括(　　)。
A. 企业安全文化和个人安全文化　　B. 社会安全文化和企业安全文化
C. 公共安全文化和家庭安全文化　　D. 个人安全文化和集体安全文化
45. 不属于安全文化的特点的是(　　)。
A. 人类安全活动的广泛性　　B. 人的安全素质认识的深刻性
C. 安全对策与手段的系统性　　D. 安全措施与实施的保障性
46. 安全文化的功能有(　　)。
A. 影响力、激励力、导向力和约束力　　B. 影响力、推动力、导向力和约束力
C. 影响力、激励力、控制力和约束力　　D. 影响力、激励力、导向力和控制力
47. 企业安全文化创新的“四个一”工程中，一本手册是指(　　)。
A. 企业文化手册　　B. 企业产品技术手册
C. 企业历史介绍　　D. 企业的一套活动手册
48. 对“HSE 法”理解错误的是(　　)。
A. H 法就是每个岗位的员工都知道在岗位上保障你的职业健康的方法是什么，
B. S 法就是保障职业安全的方法
C. H 法就是防职业病的、保健康的
D. S 法就是致死伤的
49. 班组长掌控的“三条命”是(　　)。
A. 人命、制度之命、环境之命　　B. 人命、设备之命、环境之命
C. 人命、设备之命、企业之命　　D. 人命、设备之命、国家之命
50. 安全文化从形态体系上包括观念文化、(　　)、制度文化和物态文化。
A. 行为文化　　B. 管理文化　　C. 现代文化　　D. 企业文化
51. 下列对人类安全理论发展的阶段表述正确的是(　　)。
A. 事故理论阶段的核心策略是凭经验，是一种系统安全管理模式

B. 事故理论阶段的核心策略是凭经验，是一种事前管理模式

C. 危险理论阶段的核心是用靠教训，是一种事后管理模式

D. 安全原理阶段的核心是新文化，是一种安全系统管理模式

52. 安全系统构成要素是(　　)。

A. 人、物、能量、信息　　B. 人、环境、工艺、机器

C. 人、机、能量和环境　　D. 环境、工艺、管理和物

53. 事故构成四要素是人的不安全行为、机的不安全状态、(　　)。

A. 环境不良和管理欠缺　　B. 制度不完善和流程不到位

C. 环境不良和流程不到位　　D. 管理欠缺和素质不高

54. 加大一国的安全投入是国家建设中的必要(　　)。

A. 措施　　B. 手段　　C. 保障　　D. 策略

四、多选题

1. 危险源辨识时应考虑(　　)。

A. 人的行为　　B. 能力　　C. 其他人的因素　　D. 环境因素

2. 健康、安全与环境管理体系的指导原则是：(　　)。

A. 着眼持续改进、重视事故预防

B. 强调最高管理者的承诺和责任

C. 立足于全员参与、系统化、程序化的管理

D. 必要的文件支持和其他管理体系兼容并协同操作

3. SY/T 6276—2014 标准提出了对健康安全与环境管理体系的要求，目的使一个组织能够(　　)。

A. 控制健康、安全与环境风险　　B. 实现健康、安全与环境目标

C. 持续改进其绩效　　D. 实现质量目标

4. 组织依据 SY/T 6276—2014 标准的要求建立、实施、保持和改进健康、安全与环境管理体系时，应充分考虑其(　　)。

A. 健康、安全与环境方针　　B. 活动性质

C. 运行的风险与复杂性　　D. HSE 目标

5. 事故是指造成(　　)。

A. 死亡

B. 健康损害、伤害

C. 环境污染、损坏或其他损失的意外事件

D. 特指人员的十五事件

6. 健康是指影响(　　)的身体、精神、行为等方面达到良好状态的条件和因素。

A. 工作场所内员工　　B. 临时工作人员、合同方人员、访问者

C. 其他人员　　D. 所有人员

7. 危害因素是指一个组织的活动、产品或服务中可能导致(　　)或这些情况组合的要素，包括根源、状态或行为。

A. 人员伤害或健康损害　　B. 财产损失、工作环境破坏

C. 有害的环境影响　　　　　　　　D. 疾病

8. 方案是为实现健康、安全与环境目标和指标，经策划所编制的规定(　　)的文件。

A. 职责权限　　　　　　　　　　B. 资源

C. 程序(措施)和期限　　　　　　D. A+C

9. 设施完整性是对设施的(　　)等达到规定的准则要求。

A. 设计、建造　　B. 采购、安装　　C. 操作、维修维护　D. 检查

10. 组织在确定承包方和(或)供应方时应当考虑(　　)。

A. 资质　　　　B. 历史业绩　　　C. 能力　　　　D. 健康、安全与环境管理状况

11. SY/T 6276—2014 标准对资源的描述，除人力资源外至少还应包括那些资源(　　)。

A. 基础设施　　B. 专项技能　　　C. 技术资源　　D. 财力资源

12. 组织在建立目标指标时应考虑(　　)。

A. 法律、法规和其他要求

B. 危害因素辨识、风险评价的结果和风险控制的效果

C. 过程指标和结果指标结合

D. 相关方的要求

13. 作业许可的内容应包括(　　)。

A. 区域划分、风险控制措施和应急措施

B. 作业人员的资格和能力、责任和授权

C. 监督和审核

D. 交流沟通

14. SY/T 6276—2014 标准对记录的要求是(　　)。

A. 应字迹清楚、标识明确，并具有可追溯性

B. 便于查阅，避免损坏、变质或遗失

C. 规定保存期限

D. 随意制作

15. 组织定期开展内审的目的，是确定健康安全与环境管理体系是否(　　)。

A. 符合策划安排，包括满足 SY/T 6276—2014 标准的要求

B. 得到了正确实施和保持

C. 有效地满足组织的方针和目标

D. 满足上级要求

16. 组织应对(　　)的有效性进行评审，并根据需要进行改进。

A. 危害因素辨识　　B. 风险评价　　C. 风险控制过程　　D. A+B

17. 采油单位应对适用陆上采油、集输活动的 HSE 法律法规、标准规范进行识别、获取，并及时应用到实际工作中。主要包括：(　　)。

A. 锅炉压力容器等特种设备管理　　B. 采油、集输管理

C. 防火防爆管理　　　　　　　　D. 交通管理

E. 危险化学品管理

18. 员工参与和协商 HSE 事务的主要形式有：(　　)。

A. 员工合理化建议、职代会 HSE 提案　B. 参加事故隐患排查、报告事故隐患

C. 举报违章行为　D. 上访

19. 对 HSE 管理体系文件进行管理的主要环节是(　　)。

A. 编制、评审　B. 批准、发放　C. 修订　D. 销毁

20. 凡是有可能存在(　　)等存在的受限空间作业，应进行气体浓度检测。

A. 缺氧、富氧　B. 有毒有害气体、可燃气体

C. 粉尘　D. 大雾天气

21. 在那些气候条件下不应进行露天高处作业。(　　)

A. 雷电　B. 暴雨

C. 大雾或风力 6 级以上(含 6 级)的　D. 冬天

22. 采油单位应配备应急物资，包括但不限于(　　)。

A. 消防器材　B. 堵漏设备与器材　C. 医疗急救设施　D. 防洪器材

23. 采油单位应对 HSE 管理体系运行情况进行监督检查，包括但不限于(　　)。

A. 日常检查　B. 节假日检查　C. 特殊时段检查　D. 专项检查等

24. 生产固体废物的单位和个人不得擅自(　　)固体废物

A. 倾倒　B. 堆放　C. 丢弃　D. 遗撒

25. 大气污染源主要有：工厂排放、汽车尾气、(　　)。

A. 农垦烧荒　B. 森林失火　C. 炊烟　D. 尘土

26. 劳动者在职业病防治中应当承担(　　)义务。

A. 学习和掌握相关的职业卫生知识

B. 遵守职业病防治法律、法规、规章和操作规程

C. 正确使用和维护职业病防护设备和个人使用的职业病防护用品

D. 发现职业病危害事故隐患及时报告

27. 职业性有害因素分(　　)类。

A. 生产过程中产生的有害因素，包括化学因素，如粉尘、各种毒物

B. 劳动过程中的有害因素，如劳动强度过大，劳动时间过长，精神或视力过度紧张等

C. 与一般卫生条件和卫生技术措施不良有关的有害因素，如厂房矮小狭窄、采光照明不足、通风不良、烈日下室外作业、有毒作业和无毒作业安排在一个车间内等

D. 物理因素和化学因素

28. 什么人禁止高处作业(　　)。

A. 高血压　B. 心脏病　C. 癫痫病　D. 孕妇

E. 职业禁忌证

29. 那些心理现象与事故有关(　　)。

A. 侥幸心理　B. 盲干心理　C. 逞能心理　D. 麻痹心理

30. 目视化管理是(　　)现场(定置)管理方法。

A. 通过颜色、标志等方式区分或鉴别工器具及设备的使用状态

B. 工艺介质及流向

C. 生产作业场所的危险状态

D. 人员身份及资质等

五、简答题

1. 什么是企业文化？企业文化的内涵是什么？
2. 安全文化在安全管理方面的作用？
3. 企业文化的形式层次包括哪些？
4. 杜邦十大安全理念的内容是什么？
5. HSE 管理体系的一般要素有哪些？
6. HSE“两书一表”的内容是什么？在实际工作中如何应用？
7. 你做过的化工实训存在哪些危险源和环境因素，应该如何控制？
8. “责任关怀”的六项执行准则内容是什么？

六、论述题

1. 你认为如何推进化工企业的 HSE 管理体系工作？
2. 分析 HSE 安全管理与传统安全管理的突出特点。
3. “责任关怀”的十项指导原则是什么？如何运用？
4. 万华化学的可持续发展策略对化工园区和生产企业的实际行动有哪些借鉴、指导作用？

扫码获取更多学习资料

致　谢

本书的编写过程中得到了中国石化出版社编辑孙蕊的大力支持和热心指导，提出了很多建设性的宝贵意见，并对本书的编写风格做了规划，作者在教材编写过程中采纳了这些建议，力求使教材更具新颖性、创新性、实用性。

本书编辑过程中得到了中国石油兰州石化公司动力厂安全总监张守贵高级工程师的指导和审核，使教材内容更贴近于生产实际和应用，也避免了教材内容方面的瑕疵，对化工生产的管理更具现实的指导意义。

本书编写过程还查阅了大量的网络文献资料，如：相关法律、法规、标准的原文和解读，这些内容都来自于百度搜索和百度文库，在此对那些文献的贡献者表示由衷的感谢，是你们的无私奉献使这个知识的海洋更加宽广和友爱，一并感谢百度搜索引擎的社会公益功德，贵公司的无私贡献是我们职业的榜样。